2023

Bilingual Annual Federal Tax Refresher

Contenido

Quick Start Guide

WELCOME to the most advanced tax learning system in the United States: Prendo365 powered by Latino Tax Professionals! Our tax education is a powerful, user-friendly e-learning system. An optional textbook is available. The following instructions will provide the steps to create and/or log in to your Prendo365 account.

First-Time User Purchased Online or Through Sales Rep

Step 1: After purchase, open the email you received from adressmailer@workato.com with subject line "Welcome to Prendo365 – DO NOT REPLY" – it contains a password and username to access your created account. Check your spam/junk folder if you do not see it.

Step 2: At login, you MUST complete and save the required fields marked with a red asterisk to continue.

Step 3: Scroll down to "Courses" on the left side of your dashboard and click on your course icon to begin!

First-Time User Through Instructor or Office Manager

Step 1: Enter prendo365.com into your preferred browser then hit enter. (We recommend Google Chrome or Firefox for best user experience.)

Step 2: Click on the "Register" button on the top right.

Step 3: Your username is your email*. (Remember which email and password you used). Complete all required fields.

Step 4: If you have an instructor, click on the drop-down menu, "*do you have an instructor*" and select your instructor. Otherwise, click on the "I Accept the terms of the privacy policy" and click "Next."

Step 5: Enter your PTIN and State information for Continuing Education Credits, if applicable. If you do not have a PTIN, type "N/A." Complete all required fields. You will receive an email from edsupport@latinotaxpro.com. If you do not receive the email within 15 minutes, check your spam folder.

Step 6: Open the email you received from edsupport@latinotaxpro.com — it contains your temporary password. Click the link to confirm your registration and use the temporary password provided to sign in.

Step 7: Enter the temporary password and then create a new password that you will remember. Click "Save Changes."

Step 8: Scroll down to "Courses" on the list to the left side of your dashboard and click on your course icon to begin!

*If you receive a message that your email is already in the system, an account has been created by a staff member, instructor, or by purchasing online. Click on "Forgot your password?" to reset your password or chat at prendo365.com.

Guía de inicio rápido

¡BIENVENIDO al sistema de aprendizaje tributario más avanzado de los Estados Unidos: Prendo365 impulsado por profesionales latinos de impuestos! Nuestra educación fiscal es un sistema de aprendizaje electrónico potente y fácil de usar. Un libro de texto opcional está disponible. Las siguientes instrucciones le proporcionarán los pasos para crear y/o iniciar sesión en su cuenta de Prendo365.

Usuario por primera vez comprado en línea o a través de un representante de ventas

Paso 1: Después de la compra, abra el correo electrónico que recibió de adressmailer@workato.com con línea de asunto "Bienvenido a Prendo365 – NO RESPONDER" – contiene una contraseña y un nombre de usuario para acceder a su cuenta creada. Revise su carpeta de correo no deseado / basura si no la ve.

Paso 2: Al iniciar sesión, DEBE completar y guardar los campos obligatorios marcados con un asterisco rojo en continuar.

Paso 3: Desplácese hacia abajo hasta "Cursos" en el lado izquierdo de su panel de control y haga clic en su curso icono para empezar!

Usuario por primera vez a través del instructor o gerente de oficina

Paso 1: Ingrese prendo365.com en su navegador preferido y luego presione **enter**. (Recomendamos Google Chrome o Firefox para una mejor experiencia de usuario).

Paso 2: Haga clic en el botón "Registrarse" en la parte superior derecha.

Paso 3: Tu nombre de usuario es tu correo electrónico*. (Recuerde qué correo electrónico y contraseña utilizó). Complete todos los campos obligatorios.

Paso 4: Si tiene un instructor, haga clic en el menú desplegable, "*¿tiene un instructor*?" y Seleccione su instructor. De lo contrario, haga clic en "Acepto los términos de la política de privacidad" y haga clic en "Siguiente".

Paso 5: Ingrese su PTIN y la información estatal para créditos de educación continua, si corresponde. Si no tiene un PTIN, escriba "N/A". Complete todos los campos obligatorios. Recibirá un correo electrónico de edsupport@latinotaxpro.com. Si no recibe el correo electrónico en 15 minutos, revise su carpeta de correo no deseado.

Paso 6: Abra el correo electrónico que recibió de edsupport@latinotaxpro.com - contiene su contraseña temporal. Haga clic en el enlace para confirmar su registro y use la contraseña temporal proporcionada para iniciar sesión.

Paso 7: Ingrese la contraseña temporal y luego cree una nueva contraseña que recordará. Haga clic en "Guardar cambios".

Paso 8: Desplácese hacia abajo hasta "Cursos" en la lista en el lado izquierdo de su panel de control y haga clic en su ¡Icono del curso para comenzar!

*Si recibe un mensaje que indica que su correo electrónico ya está en el sistema, un miembro del personal, un instructor o la compra en línea han creado una cuenta. Haga clic en "¿Olvidó su contraseña?" para restablecer su contraseña o chatear en prendo365.com.

Returning User

Step 1: Enter Prendo365.com in your preferred browser. Hit enter.

Step 2: Click the "Sign In" button.

Step 3: Enter your username and password. Forgot your password? Click "Forgot your password?"

Step 4: Click "Sign In."

Step 5: Haven't started your course yet? Find your course on the dashboard. On the left side under "Courses" open your course by clicking on the thumbnail. Then click on "Start Learning Now."

Step 6: Started your course already? Find your course once again on the dashboard under "Courses" and click on the thumbnail to open. Then choose "Resume Where You Left Off" to go to the last section completed.

Still have questions? Chat at prendo365.com, email questions to edsupport@latinotaxpro.com or call 866.936.2587.

You have been placed into a group with other tax pros taking the same course! This community is for you to SHARE knowledge and CONNECT with others.

HOW TO ACCESS YOUR ACCOUNT

1. Once you're in your Prendo365 account, click on the 3 lines on the top left corner to open the menu.
2. With the menu open, click on "Visit the Community" to continue.
3. YOU NEED TO CLICK "Continue with your existing Prendo365 account" to enter your information.
4. You're in! Agree to the Code of Conduct, upload a profile picture, and start posting in the Community!

Have a question? Call or text us for questions at (866) 936-2587!

Course Description

This course is designed to satisfy the 6-Hour course and test requirement. This program is designed to follow the 3 domains that have been predetermined by the IRS and qualifies for the AFTR portion of the IRS Annual Filing Season Program (AFSP) Course. The student will complete an online open-book 100-question, 3-hour timed test.

To receive your LTP Certificate of Completion, you must complete the course, online review questions, and pass the 100-question timed test with a 70% or better. You can take the test as many times as you need to do so. Use your reference guide as a test tool. Your LTP certificate is suitable for framing and should be displayed proudly in your office!

Usuario recurrente

Paso 1: Ingrese Prendo365.com en su navegador preferido. Presiona **enter**.

Paso 2: Haga clic en el botón "Iniciar sesión".

Paso 3: Ingrese su nombre de usuario y contraseña. ¿Olvidó su contraseña? Haga clic en "Olvidó su contraseña?"

Paso 4: Haga clic en "Iniciar sesión".

Paso 5: ¿Aún no has comenzado tu curso? Encuentra tu curso en el panel de control. En el lado izquierdo en "Cursos", abra su curso haciendo clic en la miniatura. Luego haga clic en "Comience a aprender ahora".

Paso 6: ¿Ya comenzaste tu curso? Encuentre su curso una vez más en el panel de control en "Cursos" y haga clic en la miniatura para abrir. Luego elija "Reanudar donde lo dejó" para ir a la última sección completada.

¿Todavía tienes preguntas? Chatea en prendo365.com, envía preguntas por correo electrónico a edsupport@latinotaxpro.com o llama al 866.936.2587.

¡Te han colocado en un grupo con otros profesionales de impuestos que toman el mismo curso! Esta comunidad es para que usted COMPARTA conocimientos y CONECTE con otros.

CÓMO ACCEDER A TU CUENTA

1. Una vez que esté en su cuenta de Prendo365, haga clic en las 3 líneas en la esquina superior izquierda para abrir el menú.
2. Con el menú abierto, haga clic en "Visitar la comunidad" para continuar.
3. DEBE HACER CLIC EN "Continuar con su cuenta de Prendo365 existente" para ingresar su información.
4. ¡Estás dentro! ¡Acepta el Código de conducta, sube una foto de perfil y comienza a publicar en la Comunidad!

¿Tiene alguna pregunta? ¡Llámenos o envíenos un mensaje de texto si tiene preguntas al (866) 936-2587!

Descripción del curso

Este curso está diseñado para satisfacer el curso de 6 horas y el requisito de prueba. Este programa está diseñado para seguir los 3 dominios que han sido predeterminados por el IRS y califica para la parte AFTR del Curso del Programa de Temporada de Presentación Anual (AFSP) del IRS. El estudiante completará una prueba cronometrada en línea de 100 preguntas y 3 horas.

Para recibir su Certificado de finalización LTP, debe completar el curso, revisar las preguntas en línea y aprobar la prueba cronometrada de 100 preguntas con un 70% o más. Puede tomar la prueba tantas veces como sea necesario. Utilice su guía de referencia como herramienta de prueba. ¡Su certificado LTP es adecuado para enmarcar y debe mostrarse con orgullo en su oficina!

LTP will upload continuing education hours to the IRS, provided that you have entered your name and PTIN (preparer tax identification number) correctly in your profile page. If you have not provided us with your PTIN, we will contact you via the email on your account. If you do not respond to the email, your hours will not be uploaded to the IRS.

For LTP staff to upload the continuing education hours, you need to print your certificate. If you forgot to enter your PTIN, you may email your information to edsupport@latinotaxpro.org. In the subject line, please enter PTIN INFO AFTR course. The information needed is your name as it appears on your PTIN and your PTIN number. Please do not send your Certificate of Completion to the IRS, but frame and hang it proudly in your office.

What does the Annual Filing Season Program (AFSP) mean to the Unenrolled Tax Preparer?

The AFSP is a voluntary program designed to recognize the efforts of non-credentialed tax return preparers who desire to take their professionalism to a higher level. The individual needs to complete 18 hours of continuing education, which includes the Annual Federal Tax Refresher Course (AFTR) portion and contains a test. All paid tax preparers must maintain a current PTIN (Preparer Tax Identification Number). Anyone can take the AFTR course. However, the AFTR is considered a basic refresher course, and the IRS does not allow credit for Enrolled Agents. Individuals in the exempt category (CPAs and Attorneys) can receive credit for the AFTR course after passing the required test. The 18 hours include (for non-exempt individuals):

- ➢ 6-Hour Annual Federal Tax Refresher Course & Test
- ➢ 10 Hours of Federal tax law
- ➢ 2 Hours of Ethics

The AFTR course has yearly guidelines. The 100-question, 3-hour test covers three domains that the RPO (Return Preparer Office) determines that individuals need to be "refreshed" on for the upcoming tax season. These domains can change yearly. The IRS does not administer the test; only approved vendors administer the timed test. The IRS sets the test parameters that must be followed by the approved vendors. The test must be passed by December 31 midnight student's local time. The vendor has 10 days to upload hours.

After completing the continuing education hours and applying for or renewing their PTIN, the tax preparer needs to consent to adhere to specific obligations outlined in Subpart B and §10.51 of Circular 230. Watch the video at https://youtu.be/l6n_dAnQCn8.

For exempt individuals, the AFSP course includes:

- ➢ 3 Hours of Federal Tax Law Updates
- ➢ 10 Hours of Federal Tax Law
- ➢ 2 Hours of Ethics

LTP cargará horas de educación continua al IRS, siempre que haya ingresado su nombre y PTIN (número de identificación fiscal del preparador) correctamente en su página de perfil. Si no nos ha proporcionado su PTIN, nos pondremos en contacto con usted a través del correo electrónico de su cuenta. Si no responde al correo electrónico, sus horas no se cargarán en el IRS.

Para que el personal de LTP cargue las horas de educación continua, debe imprimir su certificado. Si olvidó ingresar su PTIN, puede enviar su información por correo electrónico a edsupport@latinotaxpro.org. En la línea de asunto, ingrese el curso PTIN INFO AFTR. La información necesaria es su nombre tal como aparece en su PTIN y su número PTIN. Por favor, no envíe su Certificado de Finalización al IRS, sino enmarque y cuelgue con orgullo en su oficina.

¿Qué significa el Programa de Temporada Anual de Presentación de Impuestos (AFSP) para el preparador de impuestos no inscrito?

El AFSP es un programa voluntario diseñado para reconocer los esfuerzos de los preparadores de declaraciones de impuestos no acreditados que desean llevar su profesionalismo a un nivel superior. El individuo necesita completar 18 horas de educación continua, que incluye la parte del Curso Anual de Actualización de Impuestos Federales (AFTR) y contiene una prueba. Todos los preparadores de impuestos pagados deben mantener un PTIN (Número de Identificación de Preparador de Impuestos) actualizado. Cualquier persona puede tomar el curso AFTR. Sin embargo, el AFTR se considera un curso básico de actualización, y el IRS no permite crédito para los agentes inscritos. Las personas en la categoría exenta (CPA y abogados) pueden recibir crédito por el curso AFTR después de aprobar la prueba requerida. Las 18 horas incluyen (para personas no exentas):

> - Curso y prueba anual de actualización de impuestos federales de 6 horas
> - 10 horas de ley fiscal federal
> - 2 Horas de Ética

El curso AFTR tiene pautas anuales. La prueba de 100 preguntas y 3 horas cubre tres dominios que la RPO (Oficina de Preparación de Devoluciones) determina que las personas necesitan ser "renovadas" para la próxima temporada de impuestos. Estos dominios pueden cambiar anualmente. El IRS no administra la prueba; Solo los proveedores aprobados administran la prueba programada. El IRS establece los parámetros de prueba que deben seguir los proveedores aprobados. La prueba debe aprobarse antes del 31 de diciembre, hora local del estudiante a medianoche. El proveedor tiene 10 días para cargar horas.

Después de completar las horas de educación continua y solicitar o renovar su PTIN, el preparador de impuestos debe dar su consentimiento para cumplir con las obligaciones específicas descritas en la Subparte B y §10.51 de la Circular 230. Vea el video en https://youtu.be/l6n_dAnQCn8.

Para las personas exentas, el curso AFSP incluye:

> - 3 horas de actualizaciones de la Ley Federal de Impuestos
> - 10 horas de Ley Fiscal Federal
> - 2 Horas de Ética

The following individuals are exempt from taking the AFSP course:

➢ Anyone who passed the RTRP test administered by the IRS between November 2011 and January 2013 and have continuously been taken a 15-hour continuing education course. If the tax preparer misses one year, they are required to take the AFSP program.
➢ Established state-based return preparer program participants with testing (Oregon, California, and Maryland).
➢ Those who have passed SEE (Special Enrollment Exam) Part 1 within the past 2 years.
➢ VITA/TCE volunteers: quality reviewers and instructors with active PTINs.
➢ Other accredited tax-focused credential holders such as the following:
   ○ The Accreditation Council for Accountancy.
   ○ Taxation's Accredited Business Accountant/Advisor (ABA).
   ○ Accredited Tax Preparer (ATP).

The directory is a searchable directory available for taxpayers to find tax pros with credentials and other qualifications. The taxpayer can search the directory by individual name, city, state, and zip code. Any individual who wants to be on the list that is not an EA, CPA, or an attorney must check the appropriate box to be bound by the Circular 230 and make sure they have followed the continuing education requirements provided by an IRS-approved vendor.

How and When Will I Receive my AFSP Record of Completion?

When PTIN renewal season begins in October, a Record of Completion will be generated once all continuing education requirements have been met, including the yearly renewal of your PTIN and consent to the Circular 230 obligations. If you have an online PTIN account, you will receive an email from TaxPro_PTIN@irs.gov with instructions on how to sign the Circular 230 consent and receive your certificate in your online secure mailbox. If you do not have an online PTIN account, you will receive a letter with instructions for completing the application process and obtaining your certificate.

Included in this course:

➢ eBook
➢ 100 Question Timed Test

This course has been published by Latino Tax Professionals Association, LLC. We can be contacted at www.latinotaxpro.org or 866-936-2587.

This course expires December 31, 2022, at midnight your local time.

Textbook Updates

The digital version of the textbook accessible in the learning path will be updated frequently throughout the year to make sure it always contains the most recent information. The physical copy of the book will also be updated periodically, but it will not be updated as frequently, as consistently, or as quickly as the online version, so be sure to pay attention to the course notifications on Prendo365.com to make sure you never miss an update.

Las siguientes personas están exentas de tomar el curso AFSP:

➤ Cualquier persona que haya aprobado el examen RTRP administrado por el IRS entre noviembre de 2011 y enero de 2013 y haya tomado continuamente un curso de educación continua de 15 horas. Si el preparador de impuestos pierde un año, debe tomar el programa AFSP.
➤ Participantes establecidos del programa de preparación de declaraciones con sede en el estado con pruebas (Oregón, California y Maryland).
➤ Aquellos que han aprobado SEE (Examen de Inscripción Especial) Parte 1 en los últimos 2 años.
➤ Voluntarios de VITA/TCE: revisores de calidad e instructores con PTIN activos.
➤ Otros titulares de credenciales acreditados enfocados en impuestos, como los siguientes:
  ○ El Consejo de Acreditación de Contabilidad.
  ○ Contador / Asesor de Negocios Acreditado (ABA) de Impuestos.
  ○ Preparador de impuestos acreditado (ATP).

El directorio es un directorio de búsqueda disponible para que los contribuyentes encuentren profesionales de impuestos con credenciales y otras calificaciones. El contribuyente puede buscar en el directorio por nombre individual, ciudad, estado y código postal. Cualquier persona que quiera estar en la lista que no sea un EA, CPA o un abogado debe marcar la casilla correspondiente para estar sujeto a la Circular 230 y asegurarse de haber seguido los requisitos de educación continua proporcionados por un proveedor aprobado por el IRS.

¿Cómo y cuándo recibiré mi registro de finalización de AFSP?

Cuando comience la temporada de renovación de PTIN en octubre, se generará un Registro de finalización una vez que se hayan cumplido todos los requisitos de educación continua, incluida la renovación anual de su PTIN y el consentimiento a las obligaciones de la Circular 230. Si tiene una cuenta PTIN en línea, recibirá un correo electrónico de TaxPro_PTIN@irs.gov con instrucciones sobre cómo firmar el consentimiento de la Circular 230 y recibir su certificado en su buzón seguro en línea. Si no tiene una cuenta PTIN en línea, recibirá una carta con instrucciones para completar el proceso de solicitud y obtener su certificado.

Incluido en este curso:

➤ Libro electrónico
➤ Prueba cronometrada de 100 preguntas

Este curso ha sido publicado por Latino Tax Professionals Association, LLC. Puede comunicarse con nosotros al www.latinotaxpro.org o al 866-936-2587.

Este curso expira el 31 de diciembre de 2022, a la medianoche hora local.

Actualizaciones de libros de texto

La versión digital del libro de texto accesible en la ruta de aprendizaje se actualizará con frecuencia durante todo el año para asegurarse de que siempre contenga la información más reciente. La copia física del libro también se actualizará periódicamente, pero no se actualizará con tanta frecuencia, tan consistentemente o tan rápido como la versión en línea, así que asegúrese de prestar atención a las notificaciones del curso en Prendo365.com para asegurarse de que nunca se pierda una actualización.

Mission Statement

This course is designed to give you the knowledge needed to fulfill the IRS requirements and give you a basic understanding of tax law and practice to ensure you serve your clients with the highest quality. Our courses are convenient, easy-to-use, affordable, and bilingual. Increasing your knowledge of tax law and practice will help you grow your business and increase profits!

Our proprietary Professional Training System combines traditional book courses with online interactive questions. All review questions must be passed with a score of 70% or better. Review questions may be taken as many times as necessary to achieve the required score.

Our Commitment

This publication is designed to provide accurate and authoritative information on the matter covered. It is presented with the understanding that Latino Tax Professionals Association is not engaged in rendering legal or accounting services or other professional advice and assumes no liability in connection with its use.

Pursuant to Circular 230, this text has been prepared with due diligence; however, the possibility of mechanical or human error does exist. The text is not intended to address every situation that may arise. Consult additional sources of information, as needed, to determine the solution of tax questions.

LTP advises the student to do additional research to help ensure that you are fully informed before using the information contained in this publication. Tax laws are constantly changing and are subject to differing interpretation. Facts and circumstances of a particular situation may not be the same as those presented here.

Federal law prohibits unauthorized reproduction of the material in this manual. All reproduction must be approved in writing by Latino Tax Professionals Association.

This is not a free publication. Illegal distribution of this publication is prohibited by international and United States copyright laws and treaties. Any illegal distribution by the purchaser can subject the purchaser to penalties of up to $100,000 per copy distributed.

No claim is made to original government works; however, within this product or publication, the following are subject to LTPA's copyright:

1. The gathering, compilation, and arrangement of such government materials
2. The magnetic translation and digital conversion of data if applicable
3. The historical statutory and other notes and references
4. The commentary and other materials

Declaración de la Misión

Este curso está diseñado para brindarle el conocimiento necesario para cumplir con los requisitos del IRS y brindarle una comprensión básica de la ley y la práctica tributaria para garantizar que sirva a sus clientes con la más alta calidad. Nuestros cursos son convenientes, fáciles de usar, asequibles y bilingües. ¡Aumentar su conocimiento de la ley y la práctica tributaria lo ayudará a hacer crecer su negocio y aumentar las ganancias!

Nuestro sistema de formación profesional patentado combina cursos de libros tradicionales con preguntas interactivas en línea. Todas las preguntas de revisión deben aprobarse con una puntuación del 70% o mejor. Las preguntas de revisión se pueden tomar tantas veces como sea necesario para lograr el puntaje requerido.

Nuestro Compromiso

Esta publicación está diseñada para proporcionar información precisa y autorizada sobre el tema cubierto. Se presenta con el entendimiento de que Latino Tax Professionals Association no se dedica a prestar servicios legales o contables u otro asesoramiento profesional y no asume ninguna responsabilidad en relación con su uso.

De conformidad con la Circular 230, este texto ha sido preparado con la debida diligencia; Sin embargo, existe la posibilidad de error mecánico o humano. El texto no pretende abordar todas las situaciones que puedan surgir. Consulte fuentes adicionales de información, según sea necesario, para determinar la solución de las cuestiones fiscales.

LTP aconseja al estudiante que realice una investigación adicional para ayudar a garantizar que esté completamente informado antes de usar la información contenida en esta publicación. Las leyes fiscales cambian constantemente y están sujetas a diferentes interpretaciones. Los hechos y circunstancias de una situación particular pueden no ser los mismos que los presentados aquí.

Our editorial and production team

Authors:	Kristeena S. Lopez, MA Ed, EA
	Carlos C. Lopez, MDE, EA
Editor:	Fernando Cabrera, MA
Contributing Staff:	Andres Santos, EA
	Niki Young, BS, EA
	Pascual Garcia, EA
	Ricardo Rivas, EA
	Roberto Pons, EA
	Timur Taluy, BS
	Fernando Cabrera, MA
Graphic Designers:	Susan Espinoza, BS
	David Lopez

ISBN: 9798850238513   **Made in California, USA**

Published Date: June 28, 2023

Nuestro equipo editorial y de producción

Autores:	Kristeena S. Lopez, MA Ed, EA
	Carlos C. López, MDE, EA
Editor:	Fernando Cabrera, MA
Personal colaborador:	Andres Santos, EA
	Niki Young, BS, EA
	Pascual García, EA
	Ricardo Rivas, EA
	Roberto Pons, EA
	Timur Taluy, BS
	Fernando Cabrera, MA
Diseñadores gráficos:	Susan Espinoza, BS
	David López

ISBN: 9798850238513   **Hecho en California, EE. UU.**

Fecha de publicación: 28 de junio de 2023

Domain 1 New Tax Law/Recent Updates

1.1 Annual Inflation Adjustment (Rev. Proc. 2022-38)

Tax Rate Tables

For tax year 2023, the top tax rate remains 37% for married filing jointly and surviving spouses with incomes greater than $693,750. The other for married filing jointly and surviving spouses' rates are:

- ➤ 35% for incomes over $462,500
- ➤ 32% for incomes over $364,200
- ➤ 24% for incomes over $190,750
- ➤ 22% for incomes over $89,450
- ➤ 12% for incomes over $22,000
- ➤ 10% for incomes not over $22,000

Tax year 2023 married filing separately taxpayer rates:

- ➤ 37% for incomes over $346,875
- ➤ 35% for incomes over $231,250
- ➤ 32% for incomes over $182,100
- ➤ 24% for incomes over $95,375
- ➤ 22% for incomes over $44,725
- ➤ 12% for incomes over $11,000
- ➤ 10% for incomes not over $11,000

Tax year 2023 head of household taxpayer rates:

- ➤ 37% for incomes over $578,100
- ➤ 35% for incomes over $231,250
- ➤ 32% for incomes over $182,100
- ➤ 24% for incomes over $95,350
- ➤ 22% for incomes over $59,850
- ➤ 12% for incomes over $15,700
- ➤ 10% for incomes not over $15,700

Tax year 2023 unmarried (single) taxpayer rates:

- ➤ 37% for incomes over $578,125

- ➤ 35% for incomes over $231,250
- ➤ 32% for incomes over $182,100
- ➤ 24% for incomes over $95,375
- ➤ 22% for incomes over $44,725
- ➤ 12% for incomes over $11,000
- ➤ 10% for incomes not over $11,000

1.2 New Standard Mileage Provisions (Notice 2023-03)

Standard mileage rate as defined by the IRS as an ordinary and necessary expense is:

Dominio 1 Nueva Ley Tributaria/Actualizaciones Recientes

1.1 Ajuste anual por inflación (Rev. Proc. 2022-38)

Tablas de tasas impositivas

Para el año fiscal 2023, la tasa impositiva máxima sigue siendo del 37% para los cónyuges casados que presentan una declaración conjunta y los cónyuges sobrevivientes con ingresos superiores a $693,750. Las otras para las tasas de cónyuges casados que presentan una declaración conjunta y de cónyuges sobrevivientes son:

- ➢ 35% para ingresos superiores a $462,500
- ➢ 32% para ingresos superiores a $364,200
- ➢ 24% para ingresos superiores a $190,750
- ➢ 22% para ingresos superiores a $89,450
- ➢ 12% para ingresos superiores a $22,000
- ➢ 10% para ingresos no superiores a $22,000

Año fiscal 2023 casado que presenta por separado las tasas de contribuyente:

- ➢ 37% para ingresos superiores a $346,875
- ➢ 35% para ingresos superiores a $231,250
- ➢ 32% para ingresos superiores a $182,100
- ➢ 24% para ingresos superiores a $95,375
- ➢ 22% para ingresos superiores a $44,725
- ➢ 12% para ingresos superiores a $11,000
- ➢ 10% para ingresos no superiores a $11,000

Tasas de contribuyentes del Cabeza de familia del año fiscal 2023:

- ➢ 37% para ingresos superiores a $578,100
- ➢ 35% para ingresos superiores a $231,250
- ➢ 32% para ingresos superiores a $182,100
- ➢ 24% para ingresos superiores a $95,350
- ➢ 22% para ingresos superiores a $59,850
- ➢ 12% para ingresos superiores a $15,700
- ➢ 10% para ingresos no superiores a $15,700

Tasas de contribuyentes solteros (solteros) del año fiscal 2023:

- ➢ 37% para ingresos superiores a $578,125
- ➢ 35% para ingresos superiores a $231,250
- ➢ 32% para ingresos superiores a $182,100
- ➢ 24% para ingresos superiores a $95,375
- ➢ 22% para ingresos superiores a $44,725
- ➢ 12% para ingresos superiores a $11,000
- ➢ 10% para ingresos no superiores a $11,000

1.2 Nuevas disposiciones estándar de kilometraje (Aviso 2023-03)

La tasa de millaje estándar definida por el IRS como un gasto ordinario y necesario es:

1. The deductible costs of operating for business purposes automobiles, including vans, pickups, or panel trucks, owned, or leased
2. Deductible costs of operating automobiles for charitable, medical, or moving expense purposes

Transportation expenses are described as expenses of operating an automobile for local transportation or transportation away from home.

Mileage allowance means a payment under a reimbursement or other expense allowance arrangement that is:

1. Paid for the ordinary and necessary business expenses an employee incurs, for transportation expenses in performing services as an employee.
2. Reasonably calculated not to exceed the amount of the expenses.
3. Paid at the applicable standard mileage rate, a flat rate or stated schedule or under the IRS-specified rate or schedule.

For tax year 2023 the business travel rate is 65.5 cents per mile.

For 2023 the medical rate is 22 cents per mile.

Armed Forces active duty who move due to military orders standard mileage rate is 22 cents per mile. If the military paid for the move, no adjustment is made.

Charitable standard mileage rate is 14 cents per mile.

1.3 Filing Status Name Change

The qualifying widow(er) has been changed to Surviving spouse going forward.

1.4 Updated Digital Asset Question Language and Instructions

A taxpayer and spouse who own or trade digital assets must report the income on their individual tax return. Types of digital assets are:

- ➢ Convertible virtual currency and cryptocurrency.
- ➢ Non-fungible tokens (NFTs)
- ➢ Stablecoins

The IRS defines "virtual currency" (VC) as a digital representation of value that functions as a medium of exchange, a unit of account and a store of value other than a representation of the United States dollar or a foreign currency. Digital asset is virtual currency (VC) that has an equivalent value in real currency, or that acts as a substitute for real currency. Cryptocurrency is generally referred to as coins or tokens and is a type of virtual currency that utilizes cryptography to secure transactions that are digitally recorded on a distributed ledger, such as a blockchain. A taxpayer has gross income when the individual receives the cryptocurrency (i.e., recorded on the distributed ledger) and has dominion and control over it.

Transactions involving a digital asset are reportable on the tax return. Taxable income, gain or loss may result from transactions such as:

- ➢ Sale of a digital asset for agreement
- ➢ Exchange of a digital asset for property, goods, or services

1. Los costos deducibles de operar automóviles con fines comerciales, incluidas camionetas, camionetas o camiones de panel, propios o arrendados
2. Costos deducibles de operar automóviles con fines caritativos, médicos o de mudanza

Los gastos de transporte se describen como los gastos de operar un automóvil para el transporte local o el transporte fuera de casa.

Subsidio de millaje significa un pago bajo un acuerdo de reembolso u otro acuerdo de asignación de gastos que es:

1. Pagado por los gastos comerciales ordinarios y necesarios en los que incurre un empleado, por los gastos de transporte en la prestación de servicios como empleado.
2. Razonablemente calculado para no exceder el monto de los gastos.
3. Pagado a la tarifa de millaje estándar aplicable, una tarifa fija o un horario establecido o bajo la tarifa o programa especificado por el IRS.

Para el año fiscal 2023, la tarifa de viaje de negocios es de 65.5 centavos por milla.

Para 2023 la tarifa médica es de 22 centavos por milla.

La tarifa de kilometraje estándar de las Fuerzas Armadas que se mueve debido a órdenes militares es de 22 centavos por milla. Si los militares pagaron por el traslado, no se hace ningún ajuste.

La tarifa de millaje estándar caritativa es de 14 centavos por milla.

1.3 Cambio de nombre del estado civil

El viudo (a) calificado (a) se ha cambiado a Cónyuge sobreviviente en el futuro.

1.4 Lenguaje e instrucciones actualizados de la pregunta sobre activos digitales

Un contribuyente y su cónyuge que poseen o comercian con activos digitales deben informar los ingresos en su declaración de impuestos individual. Los tipos de activos digitales son:

➢ Moneda virtual convertible y criptomoneda.
➢ Tokens no fungibles (NFT)
➢ Monedas estables

El IRS define "moneda virtual" (VC) como una representación digital de valor que funciona como un medio de intercambio, una unidad de cuenta y una reserva de valor que no sea una representación del dólar de los Estados Unidos o una moneda extranjera. El activo digital es una moneda virtual (VC) que tiene un valor equivalente en moneda real, o que actúa como sustituto de la moneda real. La criptomoneda generalmente se conoce como monedas o tokens y es un tipo de moneda virtual que utiliza criptografía para asegurar las transacciones que se registran digitalmente en un libro mayor distribuido, como una cadena de bloques. Un contribuyente tiene ingresos brutos cuando el individuo recibe la criptomoneda (es decir, registrada en el libro mayor distribuido) y tiene dominio y control sobre ella.

Las transacciones que involucran un activo digital son reportables en la declaración de impuestos. Los ingresos, ganancias o pérdidas imponibles pueden resultar de transacciones tales como:

➢ Venta de un activo digital por acuerdo
➢ Intercambio de un activo digital por propiedades, bienes o servicios

- Swap or trade of one digital asset for another
- Receipt of a digital asset as payment for goods or services
- Receipt of a new digital asset as a result of a hard fork
- Receipt of a new digital asset as a result of mining or staking activities
- Receipt of a digital asset as a result of an airdrop
- Any other disposition of a financial interest in a digital asset

Payment by virtual currency is included as income, the FMV is determined by the United States dollar (USD). Employers paying VC as compensation for services constitute wages for employment tax purposes and are subject to federal tax withholding. VC payments are subject to the same information reporting as other payments (e.g., Forms W-2, 1099, 1042 – Misc., etc.). See Notice 2014-21, 2014-16, and IRB 938.

Payments made by VC are subject to back-up withholding rules to the same extent as other payments. A taxpayer who successfully "mines" virtual currency has gross income equal to the fair market value of the virtual currency as of the date of receipt.

Form 1040 has a question that is to be asked of all taxpayers: "did you receive, sell, exchange, or otherwise dispose of any financial interest in any virtual currency?".

As the tax professional, do not assume the answer is no; ask the taxpayer and mark the appropriate box, based on their answer.

Not reporting the sale or exchange of virtual currencies could resort to a tax consequence. See Publication 544.

1.5 Third Party Network Transaction (Form 1099-K) change in reporting requirement to greater than $600 (Notice 2023-10)

Third-party settlement organizations charge a fee for being the facilitator of the transaction.

Beginning January 1, 2023, a Third Party Settlement Organization (TPSO) is not required to report payments in settlement of third party network transaction with the gross amount of aggregate payments reported to exceeds $20,000 and the amount of transaction exceed 200. See Notice 2023-10.

1.6 Required Minimum Distribution (RMD) Age Requirement (Consolidated Appropriations Act of 2023/ Secure Act 2.0 Act)

The required minimum distribution age requirement is 73 years old.

1.7 Reduction in Excise Tax on Certain Accumulation in Qualified Retirement Plans (Secure 2.0 Act)

Reduction in excise tax from 50% to 25% and 10% for failure to take RMDs. To receive an early distribution penalty of the following could be waived:

- Private firefighters
- Substantially equal periodic payments
- Individuals with terminal illness
- Qualified public safety employees with 25 years of service

> ➢ Intercambio o intercambio de un activo digital por otro
> ➢ Recepción de un activo digital como pago por bienes o servicios
> ➢ Recepción de un nuevo activo digital como resultado de una bifurcación dura
> ➢ Recepción de un nuevo activo digital como resultado de actividades mineras o de replanteo
> ➢ Recepción de un activo digital como resultado de un airdrop
> ➢ Cualquier otra disposición de un interés financiero en un activo digital

El pago por moneda virtual se incluye como ingreso, el FMV está determinado por el dólar estadounidense (USD). Los empleadores que pagan VC como compensación por servicios constituyen salarios para fines de impuestos sobre el empleo y están sujetos a retención de impuestos federales. Los pagos de VC están sujetos a la misma información que otros pagos (por ejemplo, Formularios W-2, 1099, 1042 – Misc., etc.). Consulte el Aviso 2014-21, 2014-16 y el IRB 938.

Los pagos realizados por VC están sujetos a reglas de retención de respaldo en la misma medida que otros pagos. Un contribuyente que "extrae" con éxito la moneda virtual tiene un ingreso bruto igual al valor justo de mercado de la moneda virtual a partir de la fecha de recepción.

El Formulario 1040 tiene una pregunta que debe hacerse a todos los contribuyentes: "¿recibió, vendió, intercambió o dispuso de algún interés financiero en alguna moneda virtual?".

Como profesional de impuestos, no asuma que la respuesta es no; Pregúntele al contribuyente y marque la casilla correspondiente, en función de su respuesta.

No reportar la venta o cambio de monedas virtuales podría recurrir a una consecuencia fiscal. Véase la publicación 544.

1.5 Transacción de red de terceros (Formulario 1099-K) cambio en el requisito de presentación de informes a más de $600 (Aviso 2023-10)

Las organizaciones de liquidación de terceros cobran una tarifa por ser el facilitador de la transacción.

A partir del 1 de enero de 2023, una Organización de Liquidación de Terceros (TPSO) no está obligada a informar los pagos en la liquidación de transacciones de red de terceros con el monto bruto de los pagos agregados reportados que excede los $20,000 y el monto de la transacción excede los 200. Ver Aviso 2023-10.

1.6 Requisito de edad de distribución mínima requerida (RMD) (Ley de Asignaciones Consolidadas de 2023 / Ley Secure 2.0)

El requisito de edad mínima de distribución requerida es de 73 años.

1.7 Reducción del impuesto especial sobre cierta acumulación en planes de jubilación calificados (Ley Secure 2.0)

Reducción del impuesto especial del 50% al 25% y del 10% por no tomar RMD. Para recibir una multa de distribución anticipada de lo siguiente se podría renunciar:

> ➢ Bomberos privados
> ➢ Pagos periódicos sustancialmente iguales
> ➢ Individuos con enfermedad terminal
> ➢ Empleados calificados de seguridad pública con 25 años de servicio

➢ State corrections officers and forensic security employees
➢ Corrective distributions of excess contributions

1.8 Energy Efficient Home Improvement Credit (modified Section 25C credit by the Inflation Reduction Act)

The nonrefundable Nonbusiness Energy Credit available to individuals who make their homes more energy efficient by installing items such as insulation or energy efficient windows and doors is:

➢ Reinstated retroactively to property placed in service after 2021 (the credit had previously only been available for property placed in service prior to 2022);
➢ Renamed the "Energy Efficient Home Improvement Credit"; and
➢ Extended an additional 11 years and is now available for purchases of qualified property placed in service after 2021 and prior to January 1, 2033.
(IRA '22 §13301; IRC §25C(g)(2))

Other changes to the Nonbusiness Energy Credit, applicable to property placed in service after December 31, 2022, except as noted, include:

➢ Increasing the percentage of the credit from 10% of the cost to 30% of cost of the:
  o Amount paid or incurred by the taxpayer for qualified energy efficiency improvements installed during such taxable year.
  o The amount of the residential energy property expenditures paid or incurred by the taxpayer during such taxable year prior to the Inflation Reduction Act.
➢ Allowing the credit to be claimed for home energy audits (up to $150 maximum)
➢ The definition of residential energy property, removed the requirement that the residence be the taxpayer's principal residence and opens up the ability to claim the credit on for second homes and/or vacation home.
➢ Replacing the $500 lifetime cap on the credit with a $1,200 annual credit limitation; however, there may be additional limits for certain purchases, and some taxpayer may qualify for credits in excess of $1,200
➢ Updating the energy efficient standards that must be met for various items
➢ Adding air sealing material or systems to the list of qualified residential energy property for which the credit may be claimed
➢ Expanding the list of qualified energy property to include a natural gas heat pump and a natural gas, propane, or oil furnace or hot water boiler, a biomass stove or boiler, and improvements to or replacements of a qualified panelboard, sub-panelboard, branch circuit, or feeders
➢ Removing asphalt and metal roofs from the list of building envelope components for which the credit may be claimed
➢ Requiring all items placed in service after 2024 for which the credit is claimed to be produced by a qualified manufacturer, and a qualified product identification number must be provided on the tax return filed by the taxpayer.

Credits starting in 2023. They are:

➢ Building envelope components that satisfy specified energy requirements, labor and installation costs excluded:
  o Exterior doors (30% of costs up to $250 per door, up to a total of $500)

➤ Oficiales correccionales estatales y empleados de seguridad forense
➤ Distribuciones correctivas del exceso de contribuciones

1.8 Crédito para mejoras en el hogar energéticamente eficientes (crédito modificado de la Sección 25C por la Ley de Reducción de la Inflación)

El crédito de energía no reembolsable para empresas disponible para las personas que hacen que sus hogares sean más eficientes energéticamente mediante la instalación de elementos como aislamiento o ventanas y puertas energéticamente eficientes es:

➤ Reintegrado retroactivamente a la propiedad puesta en servicio después de 2021 (el crédito anteriormente solo estaba disponible para la propiedad puesta en servicio antes de 2022);
➤ Se cambió el nombre de "Crédito para mejoras en el hogar energéticamente eficientes"; y
➤ Se extendió por 11 años adicionales y ahora está disponible para compras de propiedades calificadas puestas en servicio después de 2021 y antes del 1 de enero de 2033. (IRA '22 §13301; IRC §25C(g)(2))

Otros cambios al Crédito de Energía No Comercial, aplicable a la propiedad puesta en servicio después del 31 de diciembre de 2022, excepto como se indique, incluyen:

➤ Aumentar el porcentaje del crédito del 10% del costo al 30% del costo de:
  o Monto pagado o incurrido por el contribuyente por mejoras calificadas de eficiencia energética instaladas durante dicho año fiscal.
  o El monto de los gastos de propiedad de energía residencial pagados o incurridos por el contribuyente durante dicho año fiscal antes de la Ley de Reducción de Inflación.
➤ Permitir que se reclame el crédito para auditorías de energía en el hogar (hasta un máximo de $150)
➤ La definición de propiedad residencial de energía eliminó el requisito de que la residencia sea la residencia principal del contribuyente y abre la capacidad de reclamar el crédito para segundas residencias y / o casas de vacaciones.
➤ Reemplazar el límite de por vida de $500 en el crédito con una limitación de crédito anual de $1,200; Sin embargo, puede haber límites adicionales para ciertas compras, y algunos contribuyentes pueden calificar para créditos que excedan los $1,200
➤ Actualización de los estándares de eficiencia energética que deben cumplirse para varios artículos
➤ Agregar material o sistemas de sellado de aire a la lista de propiedades energéticas residenciales calificadas para las cuales se puede reclamar el crédito
➤ Ampliar la lista de propiedades energéticas calificadas para incluir una bomba de calor de gas natural y un horno de gas natural, propano o aceite o caldera de agua caliente, una estufa o caldera de biomasa, y mejoras o reemplazos de un tablero de panel, súbanle, circuito de derivación o alimentadores calificados.
➤ Eliminar los techos de asfalto y metal de la lista de componentes de la envolvente del edificio por los cuales se puede reclamar el crédito
➤ Exigir que todos los artículos puestos en servicio después de 2024 para los cuales se reclama el crédito sean producidos por un fabricante calificado, y se debe proporcionar un número de identificación de producto calificado en la declaración de impuestos presentada por el contribuyente.

Créditos a partir de 2023. Son los siguientes:

➤ Componentes de la envolvente del edificio que satisfagan los requisitos de energía especificados, mano de obra y costos de instalación excluidos:
  o Puertas exteriores (30% de los costos hasta $250 por puerta, hasta un total de $500)

- Exterior windows and skylights (30% of costs up to $600)
- Insulation materials or systems and air sealing materials or systems (30% of costs with no specific dollar credit limit)
- Home energy audits (30% of costs up to $150) (subject to the $1,200 aggregate cap discussed above)
- Residential energy property (30% of costs, including labor and installation, up to $600 for each item) (subject to the $1,200 aggregate cap discussed above):
  - Central air conditioners;
  - Natural gas, propane, or oil water heaters;
  - Natural gas, propane, or oil furnaces and hot water boilers; and
  - Improvements to or replacements of panelboards, sub-panelboards, branch circuits, or feeders that are installed along with building envelope components or other energy property listed here; and
- Heat pumps and biomass stoves and biomass boilers (30% of costs, including labor) (subject to the $2,000 aggregate cap discussed above):
  - Electric or natural gas heat pump water heaters;
  - Electric or natural gas heat pumps; and
  - Biomass stoves and biomass boilers.

If taxpayers made energy-saving improvements to their main home in the United States, they might be able to claim the residential energy efficient property credit and report it on Form 1040, Schedule 3, line 5. The credit and its ability to carry forward any portion are still available from 2022 to 2032. The following residential energy efficient property credits are available for the 2022 tax year if the taxpayer made such improvements to the main home located in the United States:

- Qualified solar electric property costs.
- Qualified solar water heating property costs.
- Qualified small wind energy property costs.
- Qualified geothermal heat pump property costs.
- Qualified biomass fuel property costs.

If the taxpayer is a condominium owner or a tenant-stockholder in a cooperative housing corporation and has paid their proportionate share of the cost, the taxpayer could qualify for the credit. There is a 30% credit for installing qualified solar water-heating property, qualified solar electric property, geothermal heat pumps, and small wind-energy property. The credit applies for property placed in service for 2022 and 2032.

Energy efficient home improvement credit reported on Part II of Form 5695 may be able to take a credit equal to the sum of:

1. 10% of the amount paid or incurred by the taxpayer for qualified energy efficiency improvements installed during such taxable year, and
2. any residential energy property expenditures paid or incurred by the taxpayer during such taxable year.

The credit is limited to the following:

- A total of $500 for all tax years after 2005.
- A combined credit limit of $200 for windows.

- o Ventanas exteriores y tragaluces (30% de los costos hasta $600)
- o Materiales o sistemas de aislamiento y materiales o sistemas de sellado de aire (30% de los costos sin límite de crédito específico en dólares)
- ➤ Auditorías de energía en el hogar (30% de los costos hasta $150) (sujeto al límite agregado de $1,200 discutido anteriormente)
- ➤ Propiedad de energía residencial (30% de los costos, incluida la mano de obra y la instalación, hasta $600 por cada artículo) (sujeto al límite agregado de $1,200 discutido anteriormente):
  - o Acondicionadores de aire centrales;
  - o Calentadores de agua de gas natural, propano o aceite;
  - o Hornos de gas natural, propano o petróleo y calderas de agua caliente; y
  - o Mejoras o reemplazos de tableros, sub-paneles, circuitos de derivación o alimentadores que se instalan junto con los componentes de la envolvente del edificio u otras propiedades energéticas enumeradas aquí; y
- ➤ Bombas de calor y estufas de biomasa y calderas de biomasa (30% de los costos, incluida la mano de obra) (sujeto al límite agregado de $2,000 discutido anteriormente):
  - o Calentadores de agua con bomba de calor eléctrica o de gas natural;
  - o Bombas de calor eléctricas o de gas natural; y
  - o Estufas de biomasa y calderas de biomasa.

Si los contribuyentes hicieron mejoras de ahorro de energía a su hogar principal en los Estados Unidos, podrían reclamar el crédito de propiedad residencial de eficiencia energética e informarlo en el Formulario 1040, Anexo 3, línea 5. El crédito y su capacidad para trasladar cualquier porción todavía están disponibles de 2022 a 2032. Los siguientes créditos de propiedad residencial de eficiencia energética están disponibles para el año fiscal 2022 si el contribuyente realizó tales mejoras en la casa principal ubicada en los Estados Unidos:

- ➤ Costos calificados de propiedad eléctrica solar.
- ➤ Costos calificados de la propiedad de calentamiento solar de agua.
- ➤ Costos calificados de propiedad de energía eólica pequeña.
- ➤ Costos de propiedad de bomba de calor geotérmica calificada.
- ➤ Costos calificados de propiedad de combustible de biomasa.

Si el contribuyente es propietario de un condominio o un inquilino-accionista en una corporación de vivienda cooperativa y ha pagado su parte proporcional del costo, el contribuyente podría calificar para el crédito. Hay un crédito del 30% para instalar propiedades calificadas de calentamiento solar de agua, propiedades eléctricas solares calificadas, bombas de calor geotérmicas y pequeñas propiedades de energía eólica. El crédito se aplica a la propiedad puesta en servicio para 2022 y 2032.

El crédito para mejoras en el hogar de eficiencia energética reportado en la Parte II del Formulario 5695 puede tomar un crédito igual a la suma de:

1. 10% del monto pagado o incurrido por el contribuyente por mejoras calificadas de eficiencia energética instaladas durante dicho año fiscal, y
2. cualquier gasto de propiedad de energía residencial pagado o incurrido por el contribuyente durante dicho año fiscal.

El crédito se limita a lo siguiente:

- ➤ Un total de $500 para todos los años fiscales posteriores a 2005.
- ➤ Un límite de crédito combinado de $200 para Windows.

Any subsidized energy financing cannot be used to figure the energy credit. See Instructions Form 5695.

1.9 Residential Clean Energy Property Credit (Modified Section 25D credit by the Inflation Reduction Act)

The Residential Energy Efficient Property (REEP) Credit is renamed the Residential Clean Energy Credit. It is now available for property placed in service prior to January 1, 2035. (IRA '22 §13302; IRC §25D(g)(2))

The Residential Clean Energy Credit is often referred to as the Solar Energy Credit, although it also applies to qualified fuel cell property, qualified small wind energy property, geothermal heat pump property, and biomass stove and water heater property.

The Inflation Reduction Act also adds qualified battery storage technology expenditures to the list of qualified expenditures eligible for the credit, applicable to expenditures made after December 31, 2022.

Full 30% credit retroactively reinstated

The Inflation Reduction Act retroactively reinstates the full 30% credit for properties placed in service after 2021. (IRC §25D(g)) Under pre-Inflation Reduction Act law, the amount of the credit was phased down to 26% for solar energy property placed in service in 2021 and 2022 and was scheduled to be further reduced to 22% if the property was placed in service in 2023.

The Inflation Reduction Act limits the application of the 26% rate to those properties that were placed in service in 2021. This means taxpayers will be able to claim a 30% credit on their 2022 return if the property was placed in service in 2022.

The full 30% credit is now available for eligible expenditures through the end of 2032. The credit is phased down to 26% in 2033 and then to 22% in 2034.

1.10 Clean Vehicle Credits (Modified Section 30D and 25E by the Inflation Reduction Act)

The Inflation Reduction Act renamed and significantly modified the plug-in car credit under IRC §30D. The credit, now known simply as the Clean Vehicle Credit, generally applies to new four-wheel vehicles placed in service after December 31, 2022, and sunsets at the end of 2032. (IRA '22 §13401; IRC§30D) A new clean vehicle is generally viewed to be placed in service on the date the taxpayer takes ownership of the vehicle.

The Clean Vehicle Credit can only be claimed once per vehicle, but taxpayers can claim a Clean Vehicle Credit for every eligible new vehicle they purchase, even if multiple vehicles are purchased in the same year.

The credit is nonrefundable and cannot be carried forward if claimed for a personal-use vehicle. If the credit is claimed for a business-use vehicle, then the credit (or potentially only a portion of it) is included in the general business credit and therefore unused credit may be carried forward.

Cualquier financiamiento de energía subsidiada no se puede utilizar para calcular el crédito de energía. Consulte el Formulario de instrucciones 5695.

1.9 Crédito a la Propiedad de Energía Limpia Residencial (Crédito modificado de la Sección 25D por la Ley de Reducción de la Inflación)

El Crédito de Propiedad Residencial de Eficiencia Energética (REEP) pasa a llamarse Crédito de Energía Limpia Residencial. Ahora está disponible para la propiedad puesta en servicio antes del 1 de enero de 2035. (IRA '22 §13302; IRC §25D(g)(2))

El Crédito de Energía Limpia Residencial a menudo se conoce como el Crédito de Energía Solar, aunque también se aplica a la propiedad calificada de celdas de combustible, la propiedad calificada de energía eólica pequeña, la propiedad de bomba de calor geotérmica y la propiedad de estufas y calentadores de agua de biomasa.

La Ley de Reducción de la Inflación también agrega los gastos calificados de tecnología de almacenamiento de baterías a la lista de gastos calificados elegibles para el crédito, aplicable a los gastos realizados después del 31 de diciembre de 2022.

Crédito total del 30% reinstalado retroactivamente

La Ley de Reducción de la Inflación restablece retroactivamente el crédito total del 30% para las propiedades puestas en servicio después de 2021. (IRC §25D(g)) Según la ley anterior a la Ley de Reducción de la Inflación, el monto del crédito se redujo gradualmente al 26% para la propiedad de energía solar puesta en servicio en 2021 y 2022 y estaba programado para reducirse aún más al 22% si la propiedad se ponía en servicio en 2023.

La Ley de Reducción de la Inflación limita la aplicación de la tasa del 26% a aquellas propiedades que se pusieron en servicio en 2021. Esto significa que los contribuyentes podrán reclamar un crédito del 30% en su declaración de 2022 si la propiedad se puso en servicio en 2022.

El crédito total del 30% ya está disponible para gastos elegibles hasta finales de 2032. El crédito se reduce gradualmente al 26% en 2033 y luego al 22% en 2034.

1.10 Créditos para vehículos limpios (Sección 30D y 25E modificadas por la Ley de Reducción de la Inflación)

La Ley de Reducción de la Inflación cambió el nombre y modificó significativamente el crédito para automóviles enchufables bajo IRC §30D. El crédito, ahora conocido simplemente como el Crédito de Vehículo Limpio, generalmente se aplica a los vehículos nuevos de cuatro ruedas puestos en servicio después del 31 de diciembre de 2022 y las puestas de sol a fines de 2032. (IRA '22 §13401; IRC§30D) Un vehículo nuevo y limpio generalmente se considera puesto en servicio en la fecha en que el contribuyente toma posesión del vehículo.

El Crédito para Vehículos Limpios solo se puede reclamar una vez por vehículo, pero los contribuyentes pueden reclamar un Crédito para Vehículos Limpios por cada vehículo nuevo elegible que compren, incluso si se compran varios vehículos en el mismo año.

El crédito no es reembolsable y no se puede transferir si se reclama para un vehículo de uso personal. Si el crédito se reclama para un vehículo de uso comercial, entonces el crédito (o potencialmente solo una parte de este) se incluye en el crédito comercial general y, por lo tanto, el crédito no utilizado puede transferirse.

2-Wheeled Plug-in Electric Vehicle

The taxpayer could qualify for purchasing a qualified 2-wheeled electric vehicle that was acquired before 2022 and with certain characteristics:

- ➢ Can go 45+ miles per hour.
- ➢ Is propelled by an electric motor that the battery is not less than 2.5 kilowatt hours and can be recharged.
- ➢ Is manufactured primarily for use on public streets, roads, and highways.
- ➢ Has a gross vehicle weight of less than 14,000 pounds.
- ➢ Other certain additional requirements. See Instructions Form 8936.

Qualified 4-Wheel Plug-in Electric Drive Motor Vehicle (EV)

The taxpayer could receive a credit for purchasing a 4-wheel vehicle (placed in service before 2023), with gross weight of less than 14,000 pounds and the battery with at least 4 kilowatt hours and is rechargeable. The electric motor must draw electricity from a rechargeable battery with not less than 4 kilowatt hours. The vehicle must be manufactured primarily to be used on public streets, roads, and highways. The owner is the only one that can claim the credit. If the vehicle is leased, only the lessor and not the lessee is able to claim the credit. The vehicle must be used primarily in the United States and the final assembly of the car must occur in North America. See IRC Code Section 30D.

200,000-unit limitation no longer applies

The 200,000 per-vehicle manufacturer phaseout of the credit is repealed applicable to vehicles sold after December 31, 2022. As such, vehicles from manufacturers such as Tesla and General Motors qualify for the Clean Vehicle Credit for vehicles sold after 2022 if all other requirements are met. However, credit cannot be claimed for these vehicles if they were purchased in 2022.

Leased vehicles

The IRS, through its FAQs, interprets the Inflation Reduction Act's leased vehicle verbiage to mean that the lessee of vehicles does not qualify for the Clean Vehicle Credit. The Inflation Reduction Act states that a qualified vehicle is one whose original use commences with the taxpayer, which is "acquired for use or lease by the taxpayer and not for resale." (IRC §30D(d)(1)(A) and (B))

However, the IRS FAQ at Q&A 8 of Topic A states: "Where a vehicle is acquired for lease to another person, the lessor is the original user." (IRS Fact Sheet 2023-08) This means that a taxpayer who leases a new vehicle is unable to claim the Clean Vehicle Credit because the credit belongs to the lessor. Similar language is contained in the IRS FAQs regarding the Qualified Commercial Clean Vehicle Credit under IRC §45W.

Vehículo eléctrico enchufable de 2 ruedas

El contribuyente podría calificar para comprar un vehículo eléctrico de 2 ruedas calificado que fue adquirido antes de 2022 y con ciertas características:

➢ Puede ir 45+ millas por hora.
➢ Está propulsado por un motor eléctrico que la batería no es inferior a 2,5 kilovatios hora y se puede recargar.
➢ Se fabrica principalmente para su uso en calles públicas, carreteras y autopistas.
➢ Tiene un peso bruto del vehículo de menos de 14,000 libras.
➢ Otros requisitos adicionales. Consulte el Formulario de instrucciones 8936.

Vehículo de motor (EV) eléctrico enchufable en las 4 ruedas calificado

El contribuyente podría recibir un crédito por comprar un vehículo de 4 ruedas (puesto en servicio antes de 2023), con un peso bruto de menos de 14,000 libras y la batería con al menos 4 kilovatios hora y es recargable. El motor eléctrico debe extraer electricidad de una batería recargable con no menos de 4 kilovatios hora. El vehículo debe fabricarse principalmente para ser utilizado en calles, carreteras y autopistas públicas. El propietario es el único que puede reclamar el crédito. Si el vehículo está arrendado, solo el arrendador y no el arrendatario puede reclamar el crédito. El vehículo debe usarse principalmente en los Estados Unidos y el ensamblaje final del automóvil debe ocurrir en América del Norte. Véase la sección 30D del Código IRC.

La limitación de 200.000 unidades ya no se aplica

Se deroga la eliminación gradual del crédito de 200,000 por fabricante por vehículo aplicable a los vehículos vendidos después del 31 de diciembre de 2022. Como tal, los vehículos de fabricantes como Tesla y General Motors califican para el Crédito para Vehículos Limpios para vehículos vendidos después de 2022 si se cumplen todos los demás requisitos. Sin embargo, no se puede reclamar crédito por estos vehículos si se compraron en 2022.

Vehículos arrendados

El IRS, a través de sus preguntas frecuentes, interpreta que la verborrea de vehículos arrendados de la Ley de Reducción de la Inflación significa que el arrendatario de vehículos no califica para el Crédito para Vehículos Limpios. La Ley de Reducción de la Inflación establece que un vehículo calificado es aquel cuyo uso original comienza con el contribuyente, que es "adquirido para uso o arrendamiento por el contribuyente y no para reventa". (IRC §30D(d)(1)(A) y (B))

Sin embargo, las preguntas frecuentes del IRS en la pregunta y respuesta 8 del Tema A establecen: "Cuando un vehículo se adquiere para arrendarlo a otra persona, el arrendador es el usuario original". (Hoja informativa del IRS 2023-08) Esto significa que un contribuyente que arrienda un vehículo nuevo no puede reclamar el Crédito para Vehículos Limpios porque el crédito pertenece al arrendador. Un lenguaje similar está contenido en las Preguntas frecuentes del IRS con respecto al Crédito Calificado para Vehículos Limpios Comerciales bajo IRC §45W.

Credit amount

The maximum amount of the Clean Vehicle Credit is $7,500 per qualified vehicle if the vehicle meets both the critical materials and battery component requirements, which essentially require that a specified percentage (which increases each year) of the critical materials and battery components be manufactured, processed, extracted, or produced in the U.S. or in countries with which the U.S. has entered a free trade agreement. (IRC §30D(b)) However, this new limitation only applies to vehicles for which the taxpayer takes delivery after April 17, 2023, the day after the IRS published the requisite guidance in the Federal Register. (IRS Notice 2023-1, IRS FAQ Topic 6)

The transition relief discussed in the box on page 2-1 for taxpayers who enter into a binding written agreement to purchase a qualifying vehicle before August 17, 2022, still applies to those taxpayers, meaning the critical material and battery component criteria do not apply to these taxpayers.

If the vehicle only meets one of the requirements, then the credit is limited to $3,750.
If a vehicle is purchased before guidance is issued but delivered to the taxpayer after guidance is issued, then the critical materials requirement will apply to the vehicle.

Importe del crédito

El monto máximo del Crédito para Vehículos Limpios es de $7,500 por vehículo calificado si el vehículo cumple con los requisitos de materiales críticos y componentes de la batería, que esencialmente requieren que un porcentaje específico (que aumenta cada año) de los materiales críticos y componentes de la batería se fabriquen, procesen, extraigan o produzcan en los Estados Unidos o en países con los que los Estados Unidos han firmado un acuerdo de libre comercio. (IRC §30D(b)) Sin embargo, esta nueva limitación solo se aplica a los vehículos para los cuales el contribuyente recibe la entrega después del 17 de abril de 2023, el día después de que el IRS publicó la guía requerida en el Registro Federal. (Aviso del IRS 2023-1, Preguntas frecuentes del IRS Tema 6)

El alivio de transición discutido en el recuadro en la página 2-1 para los contribuyentes que celebran un acuerdo vinculante por escrito para comprar un vehículo calificado antes del 17 de agosto de 2022, todavía se aplica a esos contribuyentes, lo que significa que los criterios de materiales críticos y componentes de batería no se aplican a estos contribuyentes.

Si el vehículo solo cumple con uno de los requisitos, entonces el crédito está limitado a $3,750. Si un vehículo se compra antes de que se emita la guía, pero se entrega al contribuyente después de que se emita la guía, entonces el requisito de materiales críticos se aplicará al vehículo.

Domain 2 General Review

The IRS has the authority to tax all income from whatever source it is derived. This includes compensation for services, gains from dispositions of property, interest and dividends, rent and royalties, pensions and annuities, gambling winnings, and even illegal activities. All such income a person receives is collectively referred to as "worldwide income." However, not all money or property is taxable or subject to tax. This chapter will cover the different types of taxable and nontaxable income and show you where and how to report such wages on a professionally prepared tax return. A tax professional must recognize the different kinds of taxable income, tax-exempt income, and other income included in Schedule 1, line 21, and must know how to figure out the taxable percentage on Social Security benefits.

2.1 Taxability of Earnings (wages, salaries, tips)

There are two major types of income: *earned income* and *unearned income*. Earned income is income the taxpayer received for working and includes the following types of income:

- ➢ Wages, salaries, tips, and other types of taxable employee pay.
- ➢ Net earnings from self-employment.
- ➢ Gross income received as a statutory employee.
- ➢ Union strike benefits.
- ➢ Long-term disability benefits received prior to reaching the minimum retirement age.

Unearned income is any amount received indirectly and not as a direct repayment of any services rendered or work provided. Unearned income includes:

- ➢ Interest and dividends.
- ➢ Pensions and annuities.
- ➢ Social Security and railroad retirement benefits (including disability benefits).
- ➢ Alimony and child support.
- ➢ Welfare benefits.
- ➢ Workers' compensation benefits.
- ➢ Unemployment compensation.
- ➢ Income while an inmate.
- ➢ Workfare payments (see Publication 596 for a definition).

If a taxpayer is an employee, they should receive a Form W-2 from their employer that shows the wages the taxpayer earned in exchange for services performed. A W-2 is a tax form created by employers that details the earnings and government withholdings of their employees for a given tax year. A tax year's W-2 should be distributed to the employees by the end of the first month after the tax year ends; for example, W-2s for tax year 2023 should be delivered before the end of January 31, 2024. A taxpayer will receive a W-2 from each employer the individual was employed by and should present each W-2 received to their tax professional. Most taxpayers will only receive one W-2; it is possible to receive more than one if a taxpayer has worked multiple jobs during a given tax year. If employees notice an error on their Form W-2, they should notify their employer and request a corrected Form W-2 before filing their taxes.

Dominio 2 Repaso general

El IRS tiene la autoridad para gravar todos los ingresos de cualquier fuente que se deriven. Esto incluye compensación por servicios, ganancias de disposiciones de propiedad, intereses y dividendos, alquileres y regalías, pensiones y anualidades, ganancias de juegos de azar e incluso actividades ilegales. Todos los ingresos que recibe una persona se denominan colectivamente "ingresos mundiales". Sin embargo, no todo el dinero o la propiedad están sujetos a impuestos o sujetos a impuestos. Este capítulo cubrirá los diferentes tipos de ingresos imponibles y no imponibles y le mostrará dónde y cómo informar dichos salarios en una declaración de impuestos preparada profesionalmente. Un profesional de impuestos debe reconocer los diferentes tipos de ingresos imponibles, ingresos exentos de impuestos y otros ingresos incluidos en el Anexo 1, línea 21, y debe saber cómo calcular el porcentaje imponible de los beneficios del Seguro Social.

2.1 Tributación de las ganancias (sueldos, salarios, propinas)

Hay dos tipos principales de ingresos: *ingresos del trabajo* e *ingresos no ganados*. El ingreso del trabajo es el ingreso que el contribuyente recibió por trabajar e incluye los siguientes tipos de ingresos:

➢ Salarios, propinas y otros tipos de pago de empleados sujetos a impuestos.
➢ Ingresos netos del trabajo por cuenta propia.
➢ Ingresos brutos percibidos como empleado estatutario.
➢ Beneficios de la huelga sindical.
➢ Beneficios por discapacidad a largo plazo recibidos antes de alcanzar la edad mínima de jubilación.

Los ingresos no devengados son cualquier cantidad recibida indirectamente y no como reembolso directo de ningún servicio o trabajo prestado. Los ingresos no devengados incluyen:

➢ Intereses y dividendos.
➢ Pensiones y rentas vitalicias.
➢ Seguro Social y beneficios de jubilación ferroviaria (incluidos los beneficios por discapacidad).
➢ Pensión alimenticia y manutención de los hijos.
➢ Prestaciones sociales.
➢ Beneficios de compensación para trabajadores.
➢ Compensación por desempleo.
➢ Ingresos mientras está preso.
➢ Pagos de tarifas de trabajo (consulte la Publicación 596 para una definición).

Si un contribuyente es un empleado, debe recibir un Formulario W-2 de su empleador que muestre los salarios que el contribuyente ganó a cambio de los servicios prestados. Un W-2 es un formulario de impuestos creado por los empleadores que detalla las ganancias y las retenciones gubernamentales de sus empleados para un año fiscal determinado. El W-2 de un año fiscal debe distribuirse a los empleados al final del primer mes después de que finalice el año fiscal; por ejemplo, los W-2 para el año fiscal 2023 deben entregarse antes del final del 31 de enero de 2024. Un contribuyente recibirá un W-2 de cada empleador por el que el individuo fue empleado y debe presentar cada W-2 recibido a su profesional de impuestos. La mayoría de los contribuyentes solo recibirán un W-2; Es posible recibir más de uno si un contribuyente ha trabajado en varios trabajos durante un año fiscal determinado. Si los empleados notan un error en su Formulario W-2, deben notificar a su empleador y solicitar un Formulario W-2 corregido antes de presentar sus impuestos.

The total amount of wages is reported on line 1 of Form 1040. Wages include salaries, vacation allowances, bonuses, commissions, and fringe benefits. Compensation includes everything received in payment for personal services.

Tips and Gratuities

All tips (also called gratuities) received are income, subject to federal income tax, and must be reported to employers regardless of whether they were received directly or indirectly via a tip-splitting pool, a tip-pooling arrangement, or some other method. Noncash tips, such as tickets, passes, or other items of value must also be reported to employers. The market value of the item is counted as income and subject to tax, although the taxpayer does not pay Social Security or Medicare taxes on them. The IRS states that all tips received from customers must be included as income regardless of what an employer considers to be a tip; an employer's characterization of a payment as a "tip" is not determinative for withholding purposes.

Employees who receive tips should keep daily records of the tips received. A daily report will help the employee when it comes to filing their tax return. Employees should do the following:

➢ Report tips accurately to their employer.
➢ Report all tips accurately on their tax return.
➢ Provide their tip income report if their tax return is ever audited.

There are two ways to keep a daily tip log. Employees can:

➢ Write information about their tips in a tip diary.
➢ Keep copies of documents that show their tips.

This daily record should be kept with tax and other personal records. The daily tip report should include:

➢ The date and time of work.
➢ Cash tips received directly from customers or other employees.
➢ Credit and debit card charges that customers paid directly to the employer.
➢ Total tips paid out to other employees through tip pools or tip splitting.
➢ The value of noncash tips received, such as tickets, passes, etc.

If $20 worth of tips or more are received per month from one employer, they must be reported to the taxpayer's employer on Form 4070: *Employee's Report of Tips to Employer.* Just like with normal earned wages, the employer will withhold Social Security, Medicare, federal taxes, and state taxes from the employee's reported tips based on the total amount of the employee's regular wages and reported tips. Form 4070 should be filed with the employer no later than the 10th of each month. If the 10th of the month falls on a Saturday, Sunday, or legal holiday, the due date to report tips becomes the next business day. Tips not reported to the employer are still required to be reported as income on Form 1040.

El monto total de los salarios se informa en la línea 1 del Formulario 1040. Los salarios incluyen salarios, subsidios de vacaciones, bonificaciones, comisiones y beneficios complementarios. La compensación incluye todo lo recibido en pago por servicios personales.

Propinas y propinas

Todas las propinas (también llamadas propinas) recibidas son ingresos, sujetas al impuesto federal sobre la renta, y deben informarse a los empleadores, independientemente de si se recibieron directa o indirectamente a través de un grupo de división de propinas, un acuerdo de agrupación de propinas o algún otro método. Las propinas que no son en efectivo, como boletos, pases u otros artículos de valor también deben informarse a los empleadores. El valor de mercado del artículo se cuenta como ingreso y está sujeto a impuestos, aunque el contribuyente no paga impuestos de Seguro Social o Medicare sobre ellos. El IRS establece que todas las propinas recibidas de los clientes deben incluirse como ingresos, independientemente de lo que un empleador considere una propina; La caracterización de un pago por parte de un empleador como una "propina" no es determinante para fines de retención.

Los empleados que reciben propinas deben mantener registros diarios de las propinas recibidas. Un informe diario ayudará al empleado a la hora de presentar su declaración de impuestos. Los empleados deben hacer lo siguiente:

➢ Informe las propinas con precisión a su empleador.
➢ Informe todos los consejos con precisión en su declaración de impuestos.
➢ Proporcione su informe de ingresos de propinas si alguna vez se audita su declaración de impuestos.

Hay dos formas de mantener un registro diario de propinas. Los empleados pueden:

➢ Escriba información sobre sus consejos en un diario de consejos.
➢ Guarde copias de los documentos que muestren sus consejos.

Este registro diario debe mantenerse con impuestos y otros registros personales. El informe diario de propinas debe incluir:

➢ La fecha y hora del trabajo.
➢ Propinas en efectivo recibidas directamente de los clientes u otros empleados.
➢ Cargos de tarjetas de crédito y débito que los clientes pagaron directamente al empleador.
➢ El total de propinas pagadas a otros empleados a través de grupos de propinas o división de propinas.
➢ El valor de las propinas recibidas que no son en efectivo, como boletos, pases, etc.

Si se reciben $20 en propinas o más por mes de un empleador, deben ser reportadas al empleador del contribuyente en el Formulario 4070: *Informe del empleado de propinas al empleador.* Al igual que con los salarios normales ganados, el empleador retendrá el Seguro Social, Medicare, los impuestos federales y los impuestos estatales de las propinas reportadas por el empleado en función del monto total de los salarios regulares del empleado y las propinas reportadas. El formulario 4070 debe presentarse ante el empleador a más tardar el día 10 de cada mes. Si el día 10 del mes cae en sábado, domingo o feriado legal, la fecha de vencimiento para reportar propinas se convierte en el siguiente día hábil. Las propinas no reportadas al empleador aún deben ser reportadas como ingresos en el Formulario 1040.

If the taxpayer fails to report tips, the taxpayer may be subject to a penalty equal to 50% of the Social Security and Medicare taxes or railroad retirement tax owed on unreported tips. This penalty amount is in addition to the taxes owed; although the taxpayer can try to avoid this penalty by attaching a statement to the return showing he or she had a reasonable cause for not reporting tips to the employer. The taxpayer must use Form 4137: *Social Security Tax on Unreported Tip Income*, to report unreported tips to the IRS.

Service charges that are added to the customer's bill and paid to the employee are treated as wages, not tips. Taxpayers should not include service charges in their tip diary. The absence of any of the following factors creates doubt as to whether a payment is a tip and indicates that the payment may be a service charge:

> ➢ The payment must be made free from obligation.
> ➢ The customer must have an unrestricted right to determine the amount.
> ➢ The payment should not be subject to negotiation or dictated by employer policy.
> ➢ The customer has the right to determine who receives the payment.

Example: Fish 'n' Chips for You specifies that an 18% service charge will be added to bills with parties of six or more. Julio's bill included the service charge for food and beverages for the party of eight he served. Under these circumstances, Julio did not have the unrestricted right to determine the amount of payment because it was dictated by Fish 'n' Chips for You. The 18% charge is not a tip; it is distributed to the employees as wages. Julio would not include that amount in his tip diary.

Employees who work in an establishment that must allocate tips to its employees or who fail to earn or report an amount of tips that is equal to at least 8% of the total amount of their gross receipts are subject to "allocated tips". In this case, the employer will assign them (or "allocate") additional tips to ensure they reach the 8% minimum. Allocated tips are calculated by adding the tips reported by all employees from food and drink sales (this does not include carryout sales or sales with a service charge of 10% or more). The employee's share is then determined using his or her sales or his or her hours worked.

Allocated tips are shown separately in box 8 of Form W-2 and are reported as wages on Form 1040, line 7. Social Security and Medicare taxes have not been taken out of allocated tips, but since they are still subject to them, they must be reported on Form 4137: *Social Security Tax on Unreported Tip Income*. Employers must also report them by filing Form 8027: *Employer's Annual Information Return of Tip Income and Allocated Tips*. The purpose of Form 4137 is to calculate the Social Security and Medicare tax on tips that were not reported to the taxpayer's employer. Once calculated, report the amount of unreported Social Security and Medicare tax on Form 1040, Schedule 2, line 5.

Sick Pay

Pay received from an employer while the employee is sick or injured is part of the employee's salary or wages. Taxpayers must include sick pay benefits in their income that are received from any of the following sources:

> ➢ A welfare fund.
> ➢ A state sickness or disability fund.

Si el contribuyente no reporta propinas, el contribuyente puede estar sujeto a una multa igual al 50% de los impuestos del Seguro Social y Medicare o el impuesto de jubilación ferroviaria adeudado por propinas no declaradas. Este monto de multa es adicional a los impuestos adeudados; Aunque el contribuyente puede tratar de evitar esta multa adjuntando una declaración a la declaración que demuestre que tenía una causa razonable para no informar las propinas al empleador. El contribuyente debe usar el Formulario 4137: *Impuesto del Seguro Social sobre los ingresos por propinas* no declaradas, para reportar propinas no declaradas al IRS.

Los cargos por servicio que se agregan a la factura del cliente y se pagan al empleado se tratan como salarios, no como propinas. Los contribuyentes no deben incluir cargos por servicio en su diario de propinas. La ausencia de cualquiera de los siguientes factores crea dudas sobre si un pago es una propina e indica que el pago puede ser un cargo por servicio:

> ➢ El pago debe realizarse libre de obligación.
> ➢ El cliente debe tener un derecho ilimitado para determinar la cantidad.
> ➢ El pago no debe estar sujeto a negociación o dictado por la política del empleador.
> ➢ El cliente tiene derecho a determinar quién recibe el pago.

Ejemplo: Fish 'n' Chips for You especifica que se agregará un cargo por servicio del 18% a las facturas con grupos de seis o más. La factura de Julio incluía el cargo por servicio de alimentos y bebidas para el grupo de ocho que servía. Bajo estas circunstancias, Julio no tenía el derecho irrestricto de determinar el monto del pago porque fue dictado por Fish 'n' Chips for You. El cargo del 18% no es una propina; Se distribuye a los empleados como salarios. Julio no incluyó esa cantidad en su diario de consejos.

Los empleados que trabajan en un establecimiento que debe asignar propinas a sus empleados o que no ganan o informan una cantidad de propinas que es igual a al menos el 8% del monto total de sus ingresos brutos están sujetos a "propinas asignadas". En este caso, el empleador les asignará (o "asignará") propinas adicionales para garantizar que alcancen el mínimo del 8%. Las propinas asignadas se calculan sumando las propinas reportadas por todos los empleados de las ventas de alimentos y bebidas (esto no incluye las ventas para llevar o las ventas con un cargo por servicio del 10% o más). La participación del empleado se determina utilizando sus ventas o sus horas trabajadas.

Las propinas asignadas se muestran por separado en la casilla 8 del Formulario W-2 y se informan como salarios en el Formulario 1040, línea 7. Los impuestos del Seguro Social y Medicare no se han deducido de las propinas asignadas, pero como todavía están sujetos a ellas, deben informarse en el Formulario 4137: *Impuesto del Seguro Social sobre los ingresos por propinas no declaradas.* Los empleadores también deben informarlos presentando el Formulario 8027: *Declaración de información anual del empleador sobre los ingresos de propinas y las propinas asignadas.* El propósito del Formulario 4137 es calcular el impuesto del Seguro Social y Medicare sobre las propinas que no se informaron al empleador del contribuyente. Una vez calculado, informe el monto del impuesto no declarado del Seguro Social y Medicare en el Formulario 1040, Anexo 2, línea 5.

Pago por enfermedad

El pago recibido de un empleador mientras el empleado está enfermo o lesionado es parte del salario o salarios del empleado. Los contribuyentes deben incluir beneficios de pago por enfermedad en sus ingresos que se reciben de cualquiera de las siguientes fuentes:

> ➢ Un fondo de bienestar.
> ➢ Un fondo estatal de enfermedad o discapacidad.

> ➢ An association of employers or employees.
> ➢ An insurance company if the employer paid for the plan.

If the employee paid the premiums on an accident or health insurance policy, the benefits received under the policy are not taxable.

Sick pay is intended to replace regular wages while an employee is unable to work due to injury or illness. Payments received from the employer or an agent of the employer that qualify as sick pay must have federal withholding, just as any other wage compensation. Payments under a plan in which the employer does not participate (i.e., the taxpayer paid all the premiums) are not considered sick pay and are not taxable.

Sick pay does not include any of the following payments:

> ➢ Disability retirement payments.
> ➢ Workers' compensation.
> ➢ Payments to public employees as workers' compensation.
> ➢ Medical expense payments.
> ➢ Payments unrelated to absences from work.

Disability Income

Disability income is the amount paid to an employee under the employee or employer's insurance or pension plan (under some plans, employees can also contribute) while the employee is absent from work due to a disability. Disability income reported as wages on Form W-2 is taxable, but income attributable to employee contributions would not be taxable. If the employee pays for the entire cost of the accident or health plan, he or she should not include any amount received as income. If the premiums of a health or accident plan were paid through a cafeteria plan, and the amount of the premium was not included as taxable income, then it is assumed that the employer paid the premiums, and the disability benefits are taxable.

If a taxpayer retires using disability payments before reaching the minimum retirement age of 59½, the payments will be treated as wages until the taxpayer reaches the minimum retirement age. Once a taxpayer is over the age of 59½, their disability payments will be taxed as a pension and not as regular income. Tax professionals should not confuse disability income (which may be taxable) with workers' compensation (which may not be taxable) for those who are injured at work.

2.2 Schedule B: Interest, Dividends, Foreign Accounts and Trusts

Interest

Any interest or dividends can be taxable income if they are credited to the taxpayer's account and can be withdrawn. Interest is constructively received when it is credited to the taxpayer's account or made available to the taxpayer; the taxpayer does not need to have physical possession of the money. The taxpayer is considered to have received interest, dividends, or other earnings from any deposit, bank accounts, savings, loans, similar financial institution, or life insurance policy when the income has been credited to the taxpayer's account and becomes subject to withdrawal.

> ➢ Una asociación de empleadores o empleados.
> ➢ Una compañía de seguros si el empleador pagó por el plan.

Si el empleado pagó las primas de una póliza de seguro de accidentes o de salud, los beneficios recibidos bajo la póliza no están sujetos a impuestos.

El pago por enfermedad está destinado a reemplazar los salarios regulares mientras un empleado no puede trabajar debido a una lesión o enfermedad. Los pagos recibidos del empleador o de un agente del empleador que califican como pago por enfermedad deben tener retención federal, al igual que cualquier otra compensación salarial. Los pagos bajo un plan en el que el empleador no participa (es decir, el contribuyente pagó todas las primas) no se consideran pagos por enfermedad y no están sujetos a impuestos.

El pago por enfermedad no incluye ninguno de los siguientes pagos:

> ➢ Pagos de jubilación por discapacidad.
> ➢ Compensación de trabajadores.
> ➢ Pagos a empleados públicos como compensación de trabajadores.
> ➢ Pagos de gastos médicos.
> ➢ Pagos no relacionados con ausencias del trabajo.

Ingresos por discapacidad

El ingreso por discapacidad es la cantidad pagada a un empleado bajo el seguro o plan de pensiones del empleado o empleador (bajo algunos planes, los empleados también pueden contribuir) mientras el empleado está ausente del trabajo debido a una discapacidad. Los ingresos por discapacidad reportados como salarios en el Formulario W-2 están sujetos a impuestos, pero los ingresos atribuibles a las contribuciones de los empleados no estarían sujetos a impuestos. Si el empleado paga el costo total del accidente o plan de salud, no debe incluir ninguna cantidad recibida como ingreso. Si las primas de un plan de salud o accidente se pagaron a través de un plan de cafetería, y el monto de la prima no se incluyó como ingreso imponible, entonces se supone que el empleador pagó las primas y los beneficios por discapacidad están sujetos a impuestos.

Si un contribuyente se jubila utilizando pagos por discapacidad antes de alcanzar la edad mínima de jubilación de 591/2, los pagos se tratarán como salarios hasta que el contribuyente alcance la edad mínima de jubilación. Una vez que un contribuyente tiene más de 59 años y medio, sus pagos por discapacidad se gravarán como una pensión y no como ingresos regulares. Los profesionales de impuestos no deben confundir los ingresos por discapacidad (que pueden estar sujetos a impuestos) con la compensación de los trabajadores (que puede no estar sujeta a impuestos) para aquellos que se lesionan en el trabajo.

2.2 Anexo B: Intereses, dividendos, cuentas extranjeras y fideicomisos

Interés

Cualquier interés o dividendo puede ser ingreso imponible si se acreditan a la cuenta del contribuyente y pueden retirarse. El interés se recibe constructivamente cuando se acredita en la cuenta del contribuyente o se pone a disposición del contribuyente; el contribuyente no necesita tener posesión física del dinero. Se considera que el contribuyente ha recibido intereses, dividendos u otras ganancias de cualquier depósito, cuentas bancarias, ahorros, préstamos, institución financiera similar o póliza de seguro de vida cuando los ingresos se han acreditado en la cuenta del contribuyente y están sujetos a retiro.

Interest is a cost created by those who lend money (lenders) that is charged to the people they lent money to (borrowers). A taxpayer will pay interest whenever one borrows money and will earn money whenever one lends or deposits money, such as into a bank account. Any interest is taxable income if it is credited to the taxpayer's account and can be withdrawn. Interest is typically not calculated based on the original amount of borrowed money (called the principal) but is instead usually determined by multiplying a predetermined percentage point by the total amount of money currently owed to the lender by the borrower. For example, John borrowed $5,000 at a 5% interest rate. Although his principal was $5,000, after making several payments, he now owes $4,365, making his interest payment for the month 5% of $4,365, or $218.25.

Taxpayers should always keep a list showing their sources of income. For example, all Forms 1099-INT and Forms 1099-DIV should be kept with their yearly tax return. If parents elect to claim the investment income of their child, those forms should be kept with their tax returns as well. Interest earned as a beneficiary of an estate or trust is generally taxable income. Taxpayers should receive a Schedule K-1 for their portion of the interest. A copy of the Schedule K-1 should be kept with the tax return as well.

Constructively Received

Interest is constructively received when it is credited to the taxpayer's account or made available to the taxpayer; the taxpayer does not need to have physical possession of the money. The taxpayer is considered to have received interest, dividends, or other earnings from any deposit, bank accounts, savings, loans, similar financial institution, or life insurance policy when the income has been credited to the taxpayer's account and becomes subject to withdrawal.

Income is constructively received on the deposit or account even if the taxpayer must do any of the following:

➢ Make withdrawals in multiples of even amounts.
➢ Give notice of a withdrawal before making the withdrawal.
➢ Withdraw all or part of the account to be able to withdraw the earnings.
➢ Pay a penalty on early withdrawals unless the interest received on an early withdrawal or redemption is substantially less than the interest payable at maturity of the account.

Under the *accrual method*, interest income is reported when the income is earned, whether it was received or not. Interest is earned over the life of the debt. With *coupon bonds*, interest is taxable the year the coupon becomes due and payable; it does not matter when the coupon payment is mailed.

Underreported Interest and Dividends

The taxpayer may be considered to have underreported interest and dividends if either of the following has been determined:

➢ The taxpayer failed to include any part of a reportable interest or dividend payment.
➢ The taxpayer was required to file a return and include a reportable interest or dividend payment on the tax return and the taxpayer failed to do so.

El interés es un costo creado por aquellos que prestan dinero (prestamistas) que se cobra a las personas a las que prestaron dinero (prestatarios). Un contribuyente pagará intereses cada vez que pida dinero prestado y ganará dinero cada vez que preste o deposite dinero, como en una cuenta bancaria. Cualquier interés es ingreso imponible si se acredita a la cuenta del contribuyente y se puede retirar. Por lo general, el interés no se calcula en función de la cantidad original de dinero prestado (llamado principal), sino que generalmente se determina multiplicando un punto porcentual predeterminado por la cantidad total de dinero que el prestatario debe actualmente al prestamista. Por ejemplo, John pidió prestados $5,000 a una tasa de interés del 5%. Aunque su capital era de $5,000, después de hacer varios pagos, ahora debe $4,365, lo que hace que su pago de intereses para el mes sea del 5% de $4,365, o $218.25.

Los contribuyentes siempre deben mantener una lista que muestre sus fuentes de ingresos. Por ejemplo, todos los Formularios 1099-INT y 1099-DIV deben conservarse con su declaración anual de impuestos. Si los padres eligen reclamar los ingresos de inversión de su hijo, esos formularios también deben mantenerse con sus declaraciones de impuestos. Los intereses devengados como beneficiario de un patrimonio o fideicomiso generalmente son ingresos imponibles. Los contribuyentes deben recibir un Anexo K-1 por su parte del interés. También se debe guardar una copia del Anexo K-1 con la declaración de impuestos.

Recibido constructivamente

Los intereses se reciben constructivamente cuando se acreditan en la cuenta del contribuyente o se ponen a disposición del contribuyente; El contribuyente no necesita tener posesión física del dinero. Se considera que el contribuyente ha recibido intereses, dividendos u otras ganancias de cualquier depósito, cuentas bancarias, ahorros, préstamos, institución financiera similar o póliza de seguro de vida cuando los ingresos se han acreditado en la cuenta del contribuyente y están sujetos a retiro.

Los ingresos se reciben constructivamente en el depósito o cuenta, incluso si el contribuyente debe hacer cualquiera de los siguientes:

➢ Hacer retiros en múltiplos de cantidades pares.
➢ Notifique un retiro antes de realizar el retiro.
➢ Retire la totalidad o parte de la cuenta para poder retirar las ganancias.
➢ Pagar una multa por retiros anticipados a menos que el interés recibido en un retiro o redención anticipada sea sustancialmente menor que el interés pagadero al vencimiento de la cuenta.

Según el *método de devengo*, los ingresos por intereses se declaran cuando se obtienen los ingresos, ya sea que se hayan recibido o no. Los intereses se devengan durante la vida de la deuda. Con *los bonos de cupón*, el interés está sujeto a impuestos el año en que el cupón vence y es pagadero; no importa cuándo se envíe el pago del cupón.

Intereses y dividendos no declarados

Se puede considerar que el contribuyente tiene intereses y dividendos no declarados si se ha determinado cualquiera de los siguientes:

➢ El contribuyente no incluyó ninguna parte de un pago de intereses o dividendos reportables.
➢ Se requirió que el contribuyente presentara una declaración e incluyera un pago de intereses o dividendos reportables en la declaración de impuestos y el contribuyente no lo hizo.

Dividends

Dividends are a share of the profits generated by a company that can be paid in money, stock, stock rights, other property, or services; they can also be paid by a corporation, mutual fund, partnership, estate, trust, or association that is taxed as a corporation. Distributions are benefits from a closely held entity such as the S-corporation, Partnership, Limited Liability Company, and Trusts.

Dividends can be paid in the form of additional stock sometimes referred to as a reinvested dividend. These are fully taxable to the recipient and must be reported, although some amounts reported as dividends may be taxed at different rates.

Qualified Dividends Form 1040, line 3a

Qualified dividends are taxed at the capital gains rate for the taxpayer. If the taxpayer has $38,600 or less of ordinary income, the tax will be zero. If the taxpayer has $38,600 to $425,799 of ordinary income, then the tax rate will be 15% on qualified dividends. For amounts above $425,800 or more, the tax rate is 20%. Qualified dividends are included with ordinary dividends on Form 1040, page 2, line 3b. Qualified dividends are shown in box 1b of Form 1099-DIV.

Ordinary Dividends Form 1040, line 3b

Ordinary dividends are the most common type of dividend distributions and are taxed as ordinary income (as are mutual fund dividends) at the same tax rate as wages and other ordinary income of the taxpayer. All dividends are considered ordinary unless they are specifically classified as qualified dividends. Dividends received from common or preferred stock are considered ordinary dividends and are reported in box 1a of Form 1099-DIV. Ordinary dividends received on common or preferred stock can be reinvested and taxed as ordinary income.

Dividends That Are Really Interest

Certain distributions that are often reported as "dividends" are actually interest income. The taxpayer will report as interest any received dividends from deposits, or shared accounts, from the following sources:

> ➢ Credit unions.
> ➢ Cooperative banks.
> ➢ Domestic building and loan associations.
> ➢ Federal savings and loan associations.
> ➢ Mutual savings banks.

These dividends will be reported as interest in box 1 of Form 1099-INT. Generally, amounts received from money market funds are dividends and should not be reported as interest.

Dividendos

Los dividendos son una parte de las ganancias generadas por una empresa que se pueden pagar en dinero, acciones, derechos de acciones, otra propiedad o servicios; También pueden ser pagados por una corporación, fondo mutuo, sociedad, patrimonio, fideicomiso o asociación que se grava como una corporación. Las distribuciones son beneficios de una entidad cerrada como la corporación S, la sociedad, la compañía de responsabilidad limitada y los fideicomisos.

Los dividendos se pueden pagar en forma de acciones adicionales a veces denominadas dividendos reinvertidos. Estos son totalmente imponibles para el destinatario y deben ser reportados, aunque algunas cantidades reportadas como dividendos pueden ser gravadas a diferentes tasas.

Formulario de dividendos calificados 1040, línea 3a

Los dividendos calificados se gravan a la tasa de ganancias de capital para el contribuyente. Si el contribuyente tiene $38,600 o menos de ingresos ordinarios, el impuesto será cero. Si el contribuyente tiene $38,600 a $425,799 de ingresos ordinarios, entonces la tasa impositiva será del 15% sobre los dividendos calificados. Para montos superiores a $425,800 o más, la tasa impositiva es del 20%. Los dividendos calificados se incluyen con los dividendos ordinarios en el Formulario 1040, página 2, línea 3b. Los dividendos calificados se muestran en la casilla 1b del Formulario 1099-DIV.

Formulario de dividendos ordinarios 1040, línea 3b

Los dividendos ordinarios son el tipo más común de distribuciones de dividendos y se gravan como ingresos ordinarios (al igual que los dividendos de fondos mutuos) a la misma tasa impositiva que los salarios y otros ingresos ordinarios del contribuyente. Todos los dividendos se consideran ordinarios a menos que se clasifiquen específicamente como dividendos calificados. Los dividendos recibidos de acciones ordinarias o preferentes se consideran dividendos ordinarios y se informan en la casilla 1a del Formulario 1099-DIV. Los dividendos ordinarios recibidos en acciones ordinarias o preferentes pueden reinvertirse y gravarse como ingresos ordinarios.

Dividendos que son realmente de interés

Ciertas distribuciones que a menudo se reportan como "dividendos" son en realidad ingresos por intereses. El contribuyente reportará como intereses cualquier dividendo recibido de depósitos, o cuentas compartidas, de las siguientes fuentes:

- ➢ Cooperativas de ahorro y crédito.
- ➢ Bancos cooperativos.
- ➢ Asociaciones nacionales de construcción y préstamo.
- ➢ Asociaciones federales de ahorro y préstamo.
- ➢ Cajas de ahorro mutuo.

Estos dividendos se reportarán como intereses en la casilla 1 del Formulario 1099-INT. En general, los montos recibidos de los fondos del mercado monetario son dividendos y no deben reportarse como intereses.

Dividends Used to Buy More Stock

The corporation in which the taxpayer owns stock may have a dividend reinvestment plan. This plan allows the taxpayer to choose whether to use the dividends to purchase more shares of stock or to simply receive the dividends in cash. If the reinvestment plan is chosen, the taxpayer still reports the dividends as income.

The taxpayer may choose to use dividends to purchase additional shares of stock if the corporation has such a plan. The plan is called a "dividend reinvestment plan." If the taxpayer chooses to have the dividends reinvested, the taxpayer is still required to report the dividends as income in the year they are received. The amount of the dividend is then considered part of the purchase price of the stock. Taxpayers should be reminded to keep records of reinvested dividends to help establish an accurate cost basis for their stocks at the time of purchase. "Reinvested dividend" is not a tax term; it is a phrase that is used by investors to refer to dividends earned by reinvesting dividend distributions to purchase more stock instead of receiving money.

Dividends and other distributions that earn $10 or more are reported to the taxpayer on Form 1099-DIV by the income provider. If the taxpayer's ordinary dividends are more than $1,500, the taxpayer would complete Schedule B, Part III, in addition to Form 1099-DIV. Ordinary dividends stated in box 1a are reported on Form 1040, page 2, line 3b. Qualified dividends are reported on line 9b of Form 1040. The amount reported on 1b is a portion of the amount shown in box 1a.

The taxpayer must answer the questions in Part III of Schedule B if their interest and ordinary dividends are over $1,500. Answering the questions will determine if the taxpayer has a Financial Crimes Enforcement Network (FinCEN) reporting requirement. FinCEN is part of the Department of Treasury, whose mission is to safeguard the financial system in the United States and combat money laundering.

Money Market Funds

Income received from money market funds is considered dividend income. Money market funds are a kind of mutual fund and should not be confused with money market accounts that one may get at the local bank, which report the income earned as interest, not dividends. A mutual fund is a regulated investment company generally created by "pooling" funds of investors to allow them to take advantage of a diversity of investments and professional management.

A distribution received from a mutual fund may be an ordinary dividend, a capital gain distribution, an exempt-interest dividend, a nontaxable return of capital, or a combination of two or more of these types of distributions. The fund company reports the distributions on Form 1099-DIV or a similar statement that indicates the type of distributions received.

If a mutual fund or another regulated investment company declares a dividend, including any exempt-interest dividend or capital gain distribution in the last quarter of the tax year, the dividend is considered paid in the year that the dividend was declared.

Dividendos utilizados para comprar más acciones

La corporación en la que el contribuyente posee acciones puede tener un plan de reinversión de dividendos. Este plan permite al contribuyente elegir si usar los dividendos para comprar más acciones o simplemente recibir los dividendos en efectivo. Si se elige el plan de reinversión, el contribuyente aún informa los dividendos como ingresos.

El contribuyente puede optar por usar dividendos para comprar acciones adicionales si la corporación tiene dicho plan. El plan se llama "plan de reinversión de dividendos". Si el contribuyente elige que los dividendos se reinviertan, el contribuyente aún debe informar los dividendos como ingresos en el año en que se reciben. El monto del dividendo se considera parte del precio de compra de la acción. Se debe recordar a los contribuyentes que mantengan registros de los dividendos reinvertidos para ayudar a establecer una base de costos precisa para sus acciones en el momento de la compra. "Dividendo reinvertido" no es un término fiscal; Es una frase que utilizan los inversores para referirse a los dividendos obtenidos al reinvertir las distribuciones de dividendos para comprar más acciones en lugar de recibir dinero.

Los dividendos y otras distribuciones que ganan $10 o más son reportados al contribuyente en el Formulario 1099-DIV por el proveedor de ingresos. Si los dividendos ordinarios del contribuyente son más de $1,500, el contribuyente completaría el Anexo B, Parte III, además del Formulario 1099-DIV. Los dividendos ordinarios indicados en la casilla 1a se informan en el Formulario 1040, página 2, línea 3b. Los dividendos calificados se informan en la línea 9b del Formulario 1040. El importe notificado en el punto 1b es una parte del importe indicado en el recuadro 1a.

El contribuyente debe responder las preguntas en la Parte III del Anexo B si sus intereses y dividendos ordinarios son superiores a $1,500. Responder las preguntas determinará si el contribuyente tiene un requisito de presentación de informes de la Red de Control de Delitos Financieros (FinCEN). FinCEN es parte del Departamento del Tesoro, cuya misión es salvaguardar el sistema financiero en los Estados Unidos y combatir el lavado de dinero.

Fondos del mercado monetario

Los ingresos recibidos de los fondos del mercado monetario se consideran ingresos por dividendos. Los fondos del mercado monetario son un tipo de fondo mutuo y no deben confundirse con las cuentas del mercado monetario que uno puede obtener en el banco local, que informan los ingresos obtenidos como intereses, no dividendos. Un fondo mutuo es una compañía de inversión regulada generalmente creada mediante la "agrupación" de fondos de inversionistas para permitirles aprovechar una diversidad de inversiones y administración profesional.

Una distribución recibida de un fondo mutuo puede ser un dividendo ordinario, una distribución de ganancias de capital, un dividendo de interés exento, un retorno de capital no imponible o una combinación de dos o más de estos tipos de distribuciones. La compañía del fondo reporta las distribuciones en el Formulario 1099-DIV o una declaración similar que indique el tipo de distribuciones recibidas.

Si un fondo mutuo u otra compañía de inversión regulada declara un dividendo, incluido cualquier dividendo de interés exento o distribución de ganancias de capital en el último trimestre del año fiscal, el dividendo se considera pagado en el año en que se declaró el dividendo.

Capital Gains Distributions

Capital gains distributions (CGD) received as part of dividends from a mutual fund or real estate investment trusts (REIT) are taxed on Schedule D. These distributions are found in box 2a of Form 1099-DIV. These dividends should be considered long-term regardless of the length of time the taxpayer owned the share in the REIT.

Non-dividend Distributions

Non-dividend distributions are a return of a shareholder's original investment. These distributions are not treated the same as ordinary dividends or capital gain distributions. Non-dividend distributions reduce the taxpayer's basis in the stock. Return of capital distributions are not taxable until the taxpayer's remaining basis (investment) is reduced to zero. The basis of the stock has been reduced to zero when the taxpayer receives a distribution, and then it is reported as a capital gain. The holding period determines the reporting of short-term or long-term capital gain.

Return of Capital

A return of capital is a distribution that is not paid out of the earnings and profits of a corporation. It is a return of the taxpayer's investment in the stock of the company. The taxpayer will receive Form 1099-DIV or another statement from the corporation showing which part of the distribution is a return of capital. If the taxpayer does not receive such a statement, he will report the distribution as an ordinary dividend.

Liquidating Distributions

Liquidating distributions, also known as liquidating dividends, are distributions received during a partial or complete liquidation of a corporation. These distributions are, at least in part, one form of a "return of capital" and may be paid in two or more installments.

Any liquidating dividend received is not taxable until the basis of the stock has been recovered. However, the basis of the stock, which earned the right to the dividends, must be reduced by the amount of the dividends. After the basis of the stock is reduced to zero, the liquidating dividend must be reported as a capital gain.

Exempt-Interest Dividends

Exempt-interest dividends received from a regulated investment company or mutual fund are not included in taxable income. Exempt-interest dividends are reported on Form 1099-DIV, box 11. The taxpayer should receive a notice from the mutual fund giving information concerning the dividends the taxpayer received. The exempt-interest dividends should be shown on the return (if the taxpayer is required to file) as tax-exempt interest on line 8b of Form 1040.

Specified private activity bonds that have paid tax-exempt interest may be subject to alternative minimum tax. The exempt-interest dividends subject to alternative minimum tax should be shown on Form 1099-DIV, box 12.

Distribuciones de ganancias de capital

Las distribuciones de ganancias de capital (CGD) recibidas como parte de los dividendos de un fondo mutuo o fideicomisos de inversión inmobiliaria (REIT) se gravan en el Anexo D. Estas distribuciones se encuentran en la casilla 2a del Formulario 1099-DIV. Estos dividendos deben considerarse a largo plazo independientemente del tiempo que el contribuyente haya sido propietario de la acción en el REIT.

Distribuciones sin dividendos

Las distribuciones sin dividendos son un retorno de la inversión original de un accionista. Estas distribuciones no se tratan igual que los dividendos ordinarios o las distribuciones de ganancias de capital. Las distribuciones sin dividendos reducen la base del contribuyente en las acciones. La declaración de las distribuciones de capital no está sujeta a impuestos hasta que la base restante del contribuyente (inversión) se reduzca a cero. La base de la acción se ha reducido a cero cuando el contribuyente recibe una distribución, y luego se reporta como una ganancia de capital. El período de tenencia determina la declaración de la ganancia de capital a corto o largo plazo.

Retorno de capital

Un retorno de capital es una distribución que no se paga con las ganancias y ganancias de una corporación. Es un retorno de la inversión del contribuyente en las acciones de la empresa. El contribuyente recibirá el Formulario 1099-DIV u otra declaración de la corporación que muestre qué parte de la distribución es una devolución de capital. Si el contribuyente no recibe dicha declaración, reportará la distribución como un dividendo ordinario.

Liquidación de distribuciones

Las distribuciones de liquidación, también conocidas como dividendos de liquidación, son distribuciones recibidas durante una liquidación parcial o completa de una corporación. Estas distribuciones son, al menos en parte, una forma de "retorno de capital" y pueden pagarse en dos o más cuotas.

Cualquier dividendo de liquidación recibido no está sujeto a impuestos hasta que se haya recuperado la base de las acciones. Sin embargo, la base de la acción, que ganó el derecho a los dividendos, debe reducirse por el monto de los dividendos. Después de que la base de la acción se reduce a cero, el dividendo de liquidación debe reportarse como una ganancia de capital.

Dividendos de intereses exentos

Los dividendos de intereses exentos recibidos de una compañía de inversión regulada o fondo mutuo no se incluyen en los ingresos imponibles. Los dividendos de intereses exentos se reportan en el Formulario 1099-DIV, casilla 11. El contribuyente debe recibir un aviso del fondo mutuo con información sobre los dividendos que recibió el contribuyente. Los dividendos de interés exento deben mostrarse en la declaración (si se requiere que el contribuyente presente) como intereses exentos de impuestos en la línea 8b del Formulario 1040.

Los bonos de actividad privada especificados que han pagado intereses exentos de impuestos pueden estar sujetos a un impuesto mínimo alternativo. Los dividendos de interés exento sujetos a un impuesto mínimo alternativo deben mostrarse en el Formulario 1099-DIV, casilla 12.

Dividends on Insurance Policies

Insurance policy dividends that the insurer keeps and uses to pay premiums are not taxable. However, the taxpayer must report the interest that is paid or credited on dividends left with the insurance company as taxable income.

Patronage Dividends

Patronage dividends received as money from a cooperative organization are included as income. Do not include the following patronage dividends as income:

➤ Property bought for personal use.
➤ Capital assets or depreciable property bought for use in business. If the dividend is more than the adjusted basis of the asset, it is reported as excess income.

Foreign Accounts and Trusts

The reporting rules apply to a U.S. person who:

➤ Creates a foreign trust.
➤ Transfers any money or property to a foreign trust.
➤ Receives a distribution from a foreign trust.
➤ Is treated as the U.S. owner of a foreign trust.

Tax consequences can apply to the U.S. owners and U.S. beneficiaries of a foreign trust, and to the foreign trust itself.

The U.S. government passed the Foreign Account Tax Compliance Act (FATCA) in 2010. The intent since inception was based on seeking out undeclared foreign assets and requires anyone with a U.S. tax liability to be compliant with a set of laws in the U.S. tax code. In addition, certain business and financial institutions are required by law to divulge sensitive taxpayer information. The IRS is responsible for the collection of information and declaration of penalties.

FATCA also entails intergovernmental agreements (IGAs) between the U.S. and various countries exchanging tax-related information.

Form 8938, *Statement of Specified Foreign Financial Assets,* is used to report foreign assets. It is filed with the annual tax return and applies to individuals and businesses with foreign assets above the reporting thresholds (dependent on location of residence and filing status).

Domestic Taxpayer

Unmarried Taxpayers: The reporting threshold for specified foreign financial assets is more than $50,000 on the last day of the tax year or more than $75,000 at any time during the tax year.

Married Filing Joint: If the taxpayer and spouse file a joint tax return, the reporting threshold for specified foreign financial assets is more than $100,000 on the last day of the tax year or more than $150,000 at any time during the tax year.

Dividendos en pólizas de seguro

Los dividendos de la póliza de seguro que la aseguradora mantiene y utiliza para pagar las primas no están sujetos a impuestos. Sin embargo, el contribuyente debe reportar el interés que se paga o acredita sobre los dividendos dejados con la compañía de seguros como ingreso imponible.

Dividendos de patrocinio

Los dividendos de patrocinio recibidos como dinero de una organización cooperativa se incluyen como ingresos. No incluya los siguientes dividendos de patrocinio como ingresos:

➢ Propiedad comprada para uso personal.
➢ Bienes de capital o bienes depreciables comprados para su uso en negocios. Si el dividendo es mayor que la base ajustada del activo se reporta como exceso de ingresos.

Cuentas y fideicomisos extranjeros

Las reglas de reporte se aplican a una persona estadounidense que:

➢ Crea una confianza extranjera.
➢ Transfiere cualquier dinero o propiedad a un fideicomiso extranjero.
➢ Recibe una distribución de un fideicomiso extranjero.
➢ Es tratado como el propietario estadounidense de un fideicomiso extranjero.

Las consecuencias fiscales pueden aplicarse a los propietarios estadounidenses y a los beneficiarios estadounidenses de un fideicomiso extranjero, y al fideicomiso extranjero en sí.

El gobierno de los Estados Unidos aprobó la Ley de Cumplimiento Tributario de Cuentas Extranjeras (FATCA) en 2010. La intención desde el inicio se basó en la búsqueda de activos extranjeros no declarados y requiere que cualquier persona con una obligación tributaria de los Estados Unidos cumpla con un conjunto de leyes en el código tributario de los Estados Unidos. Además, ciertas instituciones comerciales y financieras están obligadas por ley a divulgar información confidencial de los contribuyentes. El IRS es responsable de la recopilación de información y la declaración de sanciones.

FATCA también implica acuerdos intergubernamentales (IGA) entre los Estados Unidos y varios países que intercambian información relacionada con los impuestos.

El Formulario 8938, *Estado de Activos Financieros Extranjeros Especificados,* se utiliza para reportar activos extranjeros. Se presenta con la declaración anual de impuestos y se aplica a individuos y empresas con activos extranjeros por encima de los umbrales de declaración (dependiendo de la ubicación de residencia y el estado civil).

Contribuyente Nacional

Contribuyentes solteros: El umbral de reporte para activos financieros extranjeros específicos es más de $50,000 el último día del año tributario o más de $75,000 en cualquier momento durante el año fiscal.

Casado que presenta una declaración conjunta: Si el contribuyente y el cónyuge presentan una declaración de impuestos conjunta, el umbral de presentación de informes para activos financieros extranjeros específicos es más de $ 100,000 el último día del año fiscal o más de $ 150,000 en cualquier momento durante el año fiscal.

Married Filing Separate: If the taxpayer and spouse are filing separate tax returns, the reporting threshold for specified foreign financial assets is more than $50,000 on the last day of the tax year or more than $75,000 at any time during the tax year.

Foreign Taxpayer

Unmarried Taxpayers: The reporting threshold for specified foreign financial assets is more than $200,000 on the last day of the tax year or more than $300,000 at any time during the tax year.

Married Filing Joint: If the taxpayer and spouse file a joint tax return, the reporting threshold for specified foreign financial assets is more than $400,000 on the last day of the tax year or more than $600,000 at any time during the tax year.

Married Filing Separate: If the taxpayer and spouse are filing separate tax returns, the reporting threshold for specified foreign financial assets is more than $200,000 on the last day of the tax year or more than $300,000 at any time during the tax year.

2.3 Reporting and Taxability of Retirement Income (Social Security Benefits, Pensions, Annuities, 401(k) Distributions)

Social Security

The Social Security system was designed to provide supplemental monthly benefits to taxpayers who contributed to the system. It is indexed for inflation, provides Medicare benefits, disability, and certain death insurance, and is reported on Form SSA-1099 based on the amount listed in Box 5 of W-2. Taxpayers also have the option to have federal taxes withheld from Social Security.

Social Security benefits are not taxable if income does not exceed these base amounts:

> ➢ $25,000: If Single, Head of Household, or Qualifying widow(er).
> ➢ $25,000: If Married filing separately and they lived apart from spouse the entire year.
> ➢ $32,000: If Married Filing Jointly.
> ➢ $0: If Married filing separately and lived with spouse at some time during the year.

The taxpayer should receive Form SSA-1099 from the SSA, which reports the total amount of Social Security benefits paid in box 3. Box 4 of the form shows the amount of any benefits that were repaid from a prior year. Railroad retirement benefits that should be treated as Social Security benefits are reported on Form RRB-1099.

How Much Is Taxable?

50% taxable: If the income plus half of the Social Security benefits is more than the above stated base amounts, up to half of the benefits must be included as taxable income. The following are base amounts for the applicable filing statuses:

Casado que presenta una declaración separada: Si el contribuyente y el cónyuge presentan declaraciones de impuestos separadas, el umbral de presentación de informes para activos financieros extranjeros específicos es más de $50,000 el último día del año fiscal o más de $75,000 en cualquier momento durante el año fiscal.

Contribuyente Extranjero

Contribuyentes solteros: El umbral de presentación de informes para activos financieros extranjeros específicos es de más de $200,000 el último día del año fiscal o más de $300,000 en cualquier momento durante el año fiscal.

Casado que presenta una declaración conjunta: Si el contribuyente y el cónyuge presentan una declaración de impuestos conjunta, el umbral de presentación de informes para activos financieros extranjeros específicos es más de $400,000 el último día del año fiscal o más de $600,000 en cualquier momento durante el año fiscal.

Casados que presentan declaraciones de impuestos por separado: Si el contribuyente y el cónyuge presentan declaraciones de impuestos separadas, el umbral de presentación de informes para activos financieros extranjeros específicos es más de $200,000 el último día del año fiscal o más de $300,000 en cualquier momento durante el año fiscal.

2.3 Declaración e imponibilidad de los ingresos de jubilación (beneficios del Seguro Social, pensiones, anualidades, distribuciones 401 (k))

Seguridad social

El sistema de Seguro Social fue diseñado para proporcionar beneficios mensuales suplementarios a los contribuyentes que contribuyeron al sistema. Está indexado por inflación, proporciona beneficios de Medicare, discapacidad y cierto seguro por fallecimiento, y se reporta en el Formulario SSA-1099 basado en la cantidad que figura en la Caja 5 de W-2. Los contribuyentes también tienen la opción de que se retengan los impuestos federales del Seguro Social.

Los beneficios del Seguro Social no están sujetos a impuestos si los ingresos no exceden estos montos base:

> ➤ $25,000: Si es soltero, Cabeza de familia o viudo (a) calificado.
> ➤ $25,000: Si está casado presenta una declaración por separado y vivieron separados del cónyuge todo el año.
> ➤ $32,000: Si está casado y presenta una declaración conjunta.
> ➤ $0: Si está casado y presenta una declaración por separado y vivió con su cónyuge en algún momento durante el año.

El contribuyente debe recibir el Formulario SSA-1099 de la SSA, que reporta el monto total de los beneficios del Seguro Social pagados en la casilla 3. En la casilla 4 del formulario se indica el importe de las prestaciones reembolsadas de un año anterior. Los beneficios de jubilación ferroviaria que deben tratarse como beneficios del Seguro Social se reportan en el Formulario RRB-1099.

¿Cuánto está sujeto a impuestos?

50% imponible: Si el ingreso más la mitad de los beneficios del Seguro Social es mayor que los montos base mencionados anteriormente, hasta la mitad de los beneficios deben incluirse como ingresos imponibles. Los siguientes son montos base para los estados de presentación aplicables:

➢ $25,000–$34,000: Single, Head of Household, Qualifying widow(er), and Married filing separately and lived apart from spouse
➢ $32,000–$44,000: Married Filing Jointly
➢ $0: Married filing separately and lived with spouse

85% Taxable: For taxpayers who file MFS and live with their spouse, 85% of their benefits will always be taxable. If the income plus half the benefits is more than the following adjusted base amounts, up to 85% of the benefits must be included as taxable income.

➢ $34,000: Single, Head of Household, or Qualifying widow(er)
➢ $34,000: Married filing separately and lived apart from spouse for entire year
➢ $44,000: Married Filing Jointly
➢ $0: Married filing separately and lived with spouse at any time during the tax year

Most taxpayers assume they will not be taxed if their income falls below the base amount, but they fail to include tax-exempt interest or half of their Social Security income when determining the amount.

Example: Napoleon and Ilene file a joint return. Both are over the age of 65 and have received Social Security benefits during the current tax year. In January, Napoleon's Form SSA-1099 showed benefits of $7,500 in box 5. Ilene's Form SSA-1099 showed a net benefit of $3,500 in box 5. Napoleon received a taxable pension of $20,800 and interest income of $500, which was tax exempt. Their benefits are not taxable for the current year because their income is not more than the base amount of $32,000.

Any benefit repayments made during the current year would be subtracted from the gross benefits received. It does not matter whether the repayment was for a benefit received in the current year or in an earlier year; it only matters what year the repayment was received.

Form 4137, Unreported Social Security and Medicare Tax

Form 4137 is used to calculate the Social Security and Medicare tax on tips not reported to the taxpayer's employer. Please refer back to that section if you wish to review the information. If this form is used and needed, mark box a on this line, attach the form to the return, and report the amount on line 58 in the space provided.

Form 8919, Uncollected Social Security and Medicare Tax on Wages

If the taxpayer was an employee but was treated as an independent contractor by the employer, Form 8919, *Uncollected Social Security and Medicare Tax on Wages*, is used to figure and report the taxpayer's share of uncollected Social Security and Medicare taxes due on compensation. Filing this form ensures that the Social Security and Medicare taxes will be credited to the correct Social Security record. Form 8919 must be filed if all the following apply:

> ➤ $25,000–$34,000: Soltero, Cabeza de familia, Viudo (a) calificado (a) y Casado que presenta una declaración por separado y vivió separado del cónyuge
> ➤ $32,000–$44,000: Casados que presentan una declaración conjunta
> ➤ $0: Casados que presentan una declaración por separado y vivieron con su cónyuge

85% imponible: Para los contribuyentes que presentan MFS y viven con su cónyuge, el 85% de sus beneficios siempre estarán sujetos a impuestos. Si el ingreso más la mitad de los beneficios es mayor que los siguientes montos base ajustados, hasta el 85% de los beneficios deben incluirse como ingresos imponibles.

> ➤ $34,000: Soltero, Cabeza de familia o viudo (a) calificado
> ➤ $34,000: Casados que presentan una declaración por separado y vivieron separados de su cónyuge durante todo el año
> ➤ $44,000: Casados que presentan una declaración conjunta
> ➤ $0: Casados que presentan una declaración por separado y vivieron con su cónyuge en cualquier momento durante el año tributario

La mayoría de los contribuyentes asumen que no serán gravados si sus ingresos caen por debajo del monto base, pero no incluyen intereses exentos de impuestos o la mitad de sus ingresos del Seguro Social al determinar el monto.

Ejemplo: Napoleón e Ilene presentan una declaración conjunta. Ambos son mayores de 65 años y han recibido beneficios del Seguro Social durante el año fiscal actual. En enero, el Formulario SSA-1099 de Napoleón mostró beneficios de $7,500 en la casilla 5. El formulario SSA-1099 de Ilene mostró un beneficio neto de $3,500 en la casilla 5. Napoleón recibió una pensión imponible de $20,800 e ingresos por intereses de $500, que estaban exentos de impuestos. Sus beneficios no están sujetos a impuestos para el año en curso porque sus ingresos no son más que el monto base de $32,000.

Los reembolsos de prestaciones efectuados durante el año en curso se restarían de las prestaciones brutas recibidas. No importa si el reembolso fue por una prestación recibida en el año en curso o en un año anterior; Solo importa en qué año se recibió el reembolso.

Formulario 4137, Impuesto no declarado sobre el Seguro Social y Medicare

El Formulario 4137 se utiliza para calcular el impuesto del Seguro Social y Medicare sobre las propinas no reportadas al empleador del contribuyente. Consulte esa sección si desea revisar la información. Si este formulario es utilizado y necesario, marque la casilla a en esta línea, adjunte el formulario a la declaración e informe la cantidad en la línea 58 en el espacio provisto.

Formulario 8919, Impuesto no cobrado del Seguro Social y Medicare sobre los salarios

Si el contribuyente era un empleado, pero fue tratado como un contratista independiente por el empleador, el Formulario 8919, *Impuesto no recaudado del Seguro Social y Medicare sobre los salarios, se utiliza para calcular y reportar la parte del contribuyente de los impuestos no recaudados del Seguro Social y Medicare* adeudados en concepto de compensación. Presentar este formulario garantiza que los impuestos del Seguro Social y Medicare se acreditarán al registro correcto del Seguro Social. El Formulario 8919 debe presentarse si se aplican todas las condiciones siguientes:

➢ The taxpayer performed services for a firm.
➢ The firm did not withhold the taxpayer's share of Social Security and Medicare taxes from the employee's pay.
➢ The pay from the firm was not for services as an independent contractor.
➢ One of the reasons listed below and taken from the Form 8919 under "Reason Codes" applies to the taxpayer.

A—The taxpayer filed Form SS-8, *Determination of Worker Status for Purposes of Federal Employment Taxes and Income Tax Withholding,* and received a determination letter stating that the taxpayer was an employee of the firm. A taxpayer would file Form SS-8 if their income was reported to them on the 1099-MISC, but the IRS determined that the income should have been reported to the taxpayer on a W-2.

C—The taxpayer received other correspondence from the IRS that states, "I am an employee."

G—The taxpayer filed Form SS-8 with the IRS and has not received a reply.

H—The taxpayer received Form W-2 and Form 1099-NEC from their employer for the tax year 2021, but the amount on Form 1099-NEC should have been included as wages on Form W-2. Do not file Form SS-8 if code *H* was selected on Form 8919.

Pensions and Annuities

A distribution is a payment received by taxpayers from their pension or annuity. If taxpayers contributed "after-tax" dollars to their pension or annuity plan, they could exclude part of each annuity payment from income as a recovery of their cost. This tax-free part of the payment is figured when their annuity starts and remains the same each year, even if the amount of the payment changes. Pension is a contract for a fixed sum to be paid regularly following retirement from service. The rest of each payment is taxable.

401(k) Distributions

If a taxpayer borrows money from their retirement plan such as a 401(k), the money received is treated as a nonperiodic distribution from the plan unless the distribution qualifies for an exception. The exceptions to the loan-as-a distribution rule occur only if one of the following applies:

1. Loan is used to acquire taxpayer main home.
2. Must be repaid within 5 years.

If the loan qualifies for the exception, it is treated as a nonperiodic distribution up to the extent of the loan. For tax year 2020, taxpayer was able to withdraw up to $100,000 and pay back within 3 years.

2.4 IRAs (contributions, deductions, distributions, and 10% penalty)

Taxpayers may participate in a personal savings plan that offers tax advantages to set aside money for retirement or education expenses. This personal savings plan is known as an individual retirement account or IRA. There are different types of IRAs: traditional, Roth, SIMPLE, or education.

➢ El contribuyente realizó servicios para una empresa.
➢ La firma no retuvo la parte del contribuyente de los impuestos del Seguro Social y Medicare del salario del empleado.
➢ El pago de la empresa no era por servicios como contratista independiente.
➢ Una de las razones enumeradas a continuación y tomadas del Formulario 8919 bajo "Códigos de Razón" se aplica al contribuyente.

A—El contribuyente presentó el Formulario SS-8, *Determinación de la condición de trabajador para fines de Impuestos sobre el empleo y retención del impuesto sobre la renta,* y recibió una carta de determinación que indica que el contribuyente era un empleado de la empresa. Un contribuyente presentaría el Formulario SS-8 si sus ingresos se le informaron en el 1099-MISC, pero el IRS determinó que los ingresos deberían haberse informado al contribuyente en un W-2.

C—El contribuyente recibió otra correspondencia del IRS que dice: "Soy un empleado".

G—El contribuyente presentó el Formulario SS-8 ante el IRS y no ha recibido respuesta.

H—El contribuyente recibió el Formulario W-2 y el Formulario 1099-NEC de su empleador para el impuesto año 2021, pero la cantidad en el Formulario 1099-NEC debería haberse incluido como salarios en el Formulario W-2. No presente el Formulario SS-8 si *se seleccionó el código H* en el Formulario 8919.

Pensiones y Rentas Vitalicias

Una distribución es un pago recibido por los contribuyentes de su pensión o anualidad. Si los contribuyentes contribuyeran dólares "después de impuestos" a su plan de pensiones o anualidades, podrían excluir parte de cada pago de anualidad de los ingresos como una recuperación de su costo. Esta parte libre de impuestos del pago se calcula cuando comienza su anualidad y sigue siendo la misma cada año, incluso si el monto del pago cambia. La pensión es un contrato por una suma fija que debe pagarse regularmente después de la jubilación del servicio. El resto de cada pago está sujeto a impuestos.

Distribuciones 401(k)

Si un contribuyente pide dinero prestado de su plan de jubilación, como un 401(k), el dinero recibido se trata como una distribución no periódica del plan, a menos que la distribución califique para una excepción. Las excepciones a la regla de préstamo como distribución solo se producen si se aplica una de las siguientes condiciones:

1. El préstamo se utiliza para adquirir la vivienda principal del contribuyente.
2. Debe ser reembolsado dentro de los 5 años.

Si el préstamo califica para la excepción, se trata como una distribución no periódica hasta la medida del préstamo. Para el año tributario 2020, el contribuyente pudo retirar hasta $100,000 y pagar dentro de 3 años.

2.4 IRA (contribuciones, deducciones, distribuciones y multa del 10%)

Los contribuyentes pueden participar en un plan de ahorro personal que ofrece ventajas fiscales para reservar dinero para gastos de jubilación o educación. Este plan de ahorro personal se conoce como cuenta de jubilación individual o IRA. Hay diferentes tipos de IRA: tradicionales, Roth, SIMPLE o educación.

It is necessary to understand the difference between a contribution and a deduction. Contributions are amounts paid to a taxpayer's plan whereas deductions are actual amounts by which the taxpayer may reduce their taxable income. Any money received from a traditional IRA is a distribution and must be reported as income in the year it was received. On Form 1040, report the nontaxable distribution on line 4a and report the taxable distributions on line 4b.

Beginning tax year 2020, there is no age limit on making contributions to traditional or Roth IRAs. Compensation for IRA purposes includes wages, salaries, commissions, tips, professional fees, bonuses, and other amounts received for personal services. Also included are taxable alimony and separate maintenance payments.

The deductible amount of the IRA contributions may be limited depending on the following two factors:

➤ If the taxpayer or spouse had an employer-provided pension plan.
➤ The amount of the modified adjusted gross income.

The maximum a single taxpayer can contribute is either $6,000 or the taxpayer's taxable compensation, whichever is lowest. If the taxpayers are married and only one spouse has taxable compensation, the maximum contribution the couple can make is $12,000. The maximum that can be contributed to one account is $6,000. If the married spouses have compensation in excess of $6,000 each, they both may contribute $6,000.

If the taxpayer is 50-years-old or older, they may make a "catch-up" contribution to their IRA account in the amount of $1,000. Taxpayers may not contribute more than $7,000 to their IRA account during the tax year. Contributions must be in the form of money. Property cannot be contributed to an IRA.

If a taxpayer contributes more than $6,000 ($7,000 if age 50 or older) in one year to an IRA, the taxpayer will be penalized with a tax on the excess contribution and its earnings each year until the taxpayer withdraws the excess contribution and its earnings. This penalty is not limited to the year in which the excess contribution is made. The excess contributions must be reported on Form 5329, *Additional Taxes Attributable to IRAs, Other Qualified Retirement Plans, Annuities, Modified Endowment Contracts, and MSAs*, Part II.

In addition to the adjustment to the taxpayer's gross income, interest earned on a traditional IRA account is accumulated tax-deferred until it is withdrawn, thus benefiting the taxpayer.

Distributions from a traditional IRA are taxed as ordinary income. Not all distributions will be taxable if the taxpayer made nondeductible contributions. Complete Form 8606 to report the taxable and nontaxable portions of the IRA distribution.

The following distributions are not subject to the early withdrawal penalty:

➤ A rollover from one IRA to another.
➤ Tax-free withdrawals of contributions.
➤ The return of nondeductible contributions.

Es necesario entender la diferencia entre una contribución y una deducción. Las contribuciones son montos pagados al plan de un contribuyente, mientras que las deducciones son montos reales por los cuales el contribuyente puede reducir su ingreso imponible. Cualquier dinero recibido de una IRA tradicional es una distribución y debe ser reportado como ingreso en el año en que fue recibido. En el Formulario 1040, reporte la distribución no imponible en la línea 4a y reporte las distribuciones imponibles en la línea 4b.

A partir del año fiscal 2020, no hay límite de edad para hacer contribuciones a las cuentas IRA tradicionales o Roth. La compensación para fines de IRA incluye sueldos, salarios, comisiones, propinas, honorarios profesionales, bonificaciones y otros montos recibidos por servicios personales. También se incluyen la pensión alimenticia imponible y los pagos de manutención por separado.

El monto deducible de las contribuciones de la IRA puede limitarse dependiendo de los siguientes dos factores:

> ➢ Si el contribuyente o cónyuge tenía un plan de pensiones proporcionado por el empleador.
> ➢ El importe del ingreso bruto ajustado modificado.

El máximo que un solo contribuyente puede contribuir es de $6,000 o la compensación imponible del contribuyente, lo que sea más bajo. Si los contribuyentes están casados y solo uno de los cónyuges tiene una compensación imponible, la contribución máxima que la pareja puede hacer es de $12,000. El máximo que se puede contribuir a una cuenta es de $6,000. Si los cónyuges casados tienen una compensación superior a $6,000 cada uno, ambos pueden contribuir con $6,000.

Si el contribuyente tiene 50 años o más, puede hacer una contribución de "recuperación" a su cuenta IRA por un monto de $1,000. Los contribuyentes no pueden contribuir con más de $7,000 a su cuenta IRA durante el año tributario. Las contribuciones deben ser en forma de dinero. La propiedad no puede ser aportada a una IRA.

Si un contribuyente contribuye con más de $6,000 ($7,000 si tiene 50 años o más) en un año a una IRA, el contribuyente será penalizado con un impuesto sobre el exceso de contribución y sus ganancias cada año hasta que el contribuyente retire el exceso de contribución y sus ganancias. Esta penalización no se limita al año en el que se realiza el exceso de contribución. El exceso de contribuciones debe reportarse en el Formulario 5329, *Impuestos adicionales atribuibles a las IRA, otros planes de jubilación calificados, anualidades, contratos de dotación modificados y MSA*, Parte II.

Además del ajuste a los ingresos brutos del contribuyente, los intereses devengados en una cuenta IRA tradicional se acumulan con impuestos diferidos hasta que se retiran, beneficiando así al contribuyente.

Las distribuciones de una IRA tradicional se gravan como ingresos ordinarios. No todas las distribuciones estarán sujetas a impuestos si el contribuyente hizo contribuciones no deducibles. Complete el Formulario 8606 para reportar las partes imponibles y no gravables de la distribución de IRA.

Las siguientes distribuciones no están sujetas a la penalización por retiro anticipado:

> ➢ Una reinversión de una IRA a otra.
> ➢ Retiros de contribuciones libres de impuestos.
> ➢ La declaración de las cotizaciones no deducibles.

These funds will be reported as received, but the taxable portion will be reduced or eliminated.

Normal IRA distributions are usually fully taxable because contributions to the IRA account were fully tax-deferred when they were originally contributed. Form 5329, *Additional Taxes on Qualified Plans*, is not required if the early withdrawal penalty is the only reason for using the form. This penalty is in addition to any tax due on the distributions, though some exceptions to it exist.

Tax on Lump-Sum Distributions

A qualified lump-sum distribution is a distribution or payment in one tax year of the entire balance of the participants' funds, but only if the participant was born before January 2, 1936. Form 4972 is used to calculate the tax on a qualified lump-sum distribution that was received in the current tax year. There are two formulas that are used to figure the tax: the 20% capital gain election and the 10-year tax option. The tax is paid only once and not over a 10-year period. The formulas are used to calculate an independent tax that could result in a lower tax than if the entire distribution was treated as ordinary income. Distributions that do not qualify for the 20% capital gain election or the 10-year tax option are as follows:

➢ The part of the distribution not rolled over if the distribution is partially rolled over to another qualified plan or an IRA.
➢ Any distribution if an earlier election to use either the 5 or 10-year tax option had been made after 1986 for the same plan participant.
➢ U.S. Retirement Plan Bonds distributed with the lump sum.
➢ A distribution made during the first 5 tax years that included the participant in the plan, unless it was paid because the participant died.
➢ The current actuarial value of any annuity contract included in the lump sum, Form 1099-R, box 8, shows the total amount, which is used to calculate the tax on the distribution as ordinary income.
➢ A distribution that is subject to penalties under IRC §72(m)(5)(A), but only if it is to an individual who owns at least 5% of the company.
➢ A distribution from an IRA.
➢ A distribution from a tax shelter annuity from a section 403(b) plan.
➢ A distribution of the redemption proceeds of bonds rolled over tax free from a qualified bond purchase plan to a qualified pension plan.
➢ A distribution from a qualified plan, but only if the participant or the participant's surviving spouse previously received an eligible rollover distribution from the same plan or another plan of the employer. The distribution must be combined with the first plan to meet the lump-sum distribution rules.
➢ A distribution from a qualified plan that received a rollover from an IRA after 2001, a governmental section 457 plan, or a section 403(b) tax shelter annuity on behalf of the plan participant.
➢ A distribution from a qualified plan that received a rollover after 2001 from another qualified plan on behalf of that plan participant's surviving spouse.
➢ A corrective distribution of excess deferrals, excess contributions, excess aggregate contributions, or excess annual additions.
➢ A lump-sum credit or payment under the alternative annuity option from the Federal Civil Service Retirement System or the Federal Employees' Retirement System.

Estos fondos se reportarán como recibidos, pero la parte imponible se reducirá o eliminará.

Las distribuciones normales de IRA generalmente están totalmente sujetas a impuestos porque las contribuciones a la cuenta IRA fueron totalmente diferidas cuando se contribuyeron originalmente. El Formulario 5329, *Impuestos adicionales sobre planes calificados*, no se requiere si la multa por retiro anticipado es la única razón para usar el formulario. Esta multa es adicional a cualquier impuesto adeudado sobre las distribuciones, aunque existen algunas excepciones.

Impuesto sobre las distribuciones a tanto alzado

Una distribución calificada de suma global es una distribución o pago en un año fiscal de todo el saldo de los fondos de los participantes, pero solo si el participante nació antes del 2 de enero de 1936. El Formulario 4972 se utiliza para calcular el impuesto sobre una distribución de suma global calificada que se recibió en el año fiscal actual. Hay dos fórmulas que se utilizan para calcular el impuesto: la elección de ganancia de capital del 20% y la opción de impuestos a 10 años. El impuesto se paga una sola vez y no durante un período de 10 años. Las fórmulas se utilizan para calcular un impuesto independiente que podría resultar en un impuesto más bajo que si toda la distribución se tratara como ingreso ordinario. Las distribuciones que no califican para la elección de ganancia de capital del 20% o la opción de impuestos de 10 años son las siguientes:

➢ La parte de la distribución no se transfiere si la distribución se transfiere parcialmente a otro plan calificado o una IRA.
➢ Cualquier distribución si una elección anterior para usar la opción de impuestos de 5 o 10 años se había hecho después de 1986 para el mismo participante del plan.
➢ U.S. Plan de Bonos de Jubilación distribuido con la suma global.
➢ Una distribución realizada durante los primeros 5 ejercicios fiscales que incluyó al participante en el plan, a menos que se haya pagado porque el participante falleció.
➢ El valor actuarial actual de cualquier contrato de anualidad incluido en la suma global, formulario 1099-R, casilla 8, muestra el monto total, que se utiliza para calcular el impuesto sobre la distribución como ingreso ordinario.
➢ Una distribución que está sujeta a sanciones bajo IRC §72 (m) (5) (A), pero solo si es a un individuo que posee al menos el 5% de la compañía.
➢ Una distribución de una IRA.
➢ Una distribución de una anualidad de refugio fiscal de un plan de la sección 403(b).
➢ Una distribución de los ingresos de rescate de bonos reinvertidos libres de impuestos de un plan de compra de bonos calificado a un plan de pensiones calificado.
➢ Una distribución de un plan calificado, pero solo si el participante o el cónyuge sobreviviente del participante recibieron previamente una distribución de reinversión elegible del mismo plan u otro plan del empleador. La distribución debe combinarse con el primer plan para cumplir con las reglas de distribución de suma global.
➢ Una distribución de un plan calificado que recibió una reinversión de una IRA después de 2001, un plan gubernamental de la sección 457 o una anualidad de refugio fiscal de la sección 403(b) en nombre del participante del plan.
➢ Una distribución de un plan calificado que recibió una reinversión después de 2001 de otro plan calificado en nombre del cónyuge sobreviviente de ese participante del plan.
➢ Una distribución correctiva de aplazamientos excesivos, contribuciones en exceso, contribuciones agregadas en exceso o adiciones anuales en exceso.
➢ Un crédito o pago de suma global bajo la opción de anualidad alternativa del Sistema Federal de Jubilación del Servicio Civil o el Sistema de Jubilación de Empleados Federales.

Only one Form 4972 can be attached to the current Form 1040 or Form 1040NR for each plan participant. If there are multiple distributions in the same tax year, combine all distributions on one form. If the election is made for a deceased participant, it will not affect the taxpayer who is filing for the decedent. For more information, see Instructions Form 4972.

Self-Employment Retirement Plans

This line item for adjustments is for self-employed taxpayers who provide retirement plans for themselves and their employees.

The plans that can be deducted on this line are as follows:

- ➢ Simplified Employee Pension (SEP) plans.
- ➢ Savings Incentive Match Plan for Employees (SIMPLE).
- ➢ Qualified plans, including HR (10) or Keogh plans, which are beyond the scope of this course.

SEP (Simplified Employee Pension)

A business of any size may establish a specific type of traditional IRA for their employees called a Simplified Employee Pension (SEP), also referred to as a SEP-IRA. A self-employed individual is also eligible to participate in this plan. There are three basic steps in starting a SEP:

- ➢ Must have a formal written agreement to provide benefits to all eligible employees.
- ➢ Must give each eligible employee certain information.
- ➢ A SEP-IRA must be set up for each employee.

The formal written agreement must state that the employer will provide benefits to all eligible employees under the SEP. The employer may adopt an IRS-provided model by filing Form 5305-SEP. Professional advice should be sought when setting up the SEP. Form 5305-SRP cannot be filed if any of the following apply:

- ➢ The company already has a qualified retirement plan other than a SEP.
- ➢ The company has eligible employees whose IRAs have not been set up.
- ➢ The company uses the service of leased employees who are not common-law employees.
- ➢ The company is a member of one of the following trades or businesses:
  - o An affiliated service group described in section 414(m).
  - o A controlled group of corporations described in section 414(b).
  - o A trade or business under common control described in section 414(c).
- ➢ The company does not pay the cost of the SEP contributions.

The contributions are made to IRAs (SEP-IRAs) of the eligible participants in that plan. Interest accumulates tax-free until the participant begins to make withdrawals. Contribution limits are based on net profits.

Solo se puede adjuntar un Formulario 4972 al Formulario 1040 o al Formulario 1040NR actual para cada participante del plan. Si hay varias distribuciones en el mismo año fiscal, combine todas las distribuciones en un formulario. Si la elección se hace para un participante fallecido, no afectará al contribuyente que está presentando la solicitud para el difunto. Para obtener más información, vea el Formulario de instrucciones 4972.

Planes de jubilación por cuenta propia

Esta partida para ajustes es para contribuyentes que trabajan por cuenta propia que proporcionan planes de jubilación para ellos y sus empleados.

Los planos que se pueden deducir en esta línea son los siguientes:

➢ Planes simplificados de pensión de empleados (SEP).
➢ Plan de igualación de incentivos de ahorro para empleados (SIMPLE).
➢ Planes calificados, incluidos los planes HR (10) o Keogh, que están más allá del alcance de este curso.

SEP (Pensión Simplificada de Empleados)

Una empresa de cualquier tamaño puede establecer un tipo específico de IRA tradicional para sus empleados llamada Pensión Simplificada para Empleados (SEP), también conocida como SEP-IRA. Una persona que trabaja por cuenta propia también es elegible para participar en este plan. Hay tres pasos básicos para iniciar un SEP:

➢ Debe tener un acuerdo formal por escrito para proporcionar beneficios a todos los empleados elegibles.
➢ Debe dar a cada empleado elegible cierta información.
➢ Se debe establecer una SEP-IRA para cada empleado.

El acuerdo formal por escrito debe indicar que el empleador proporcionará beneficios a todos los empleados elegibles bajo el SEP. El empleador puede adoptar un Formulario proporcionado por el IRS presentando el Formulario 5305-SEP. Se debe buscar asesoramiento profesional al establecer el SEP. El Formulario 5305-SRP no se puede presentar si se aplica alguna de las siguientes condiciones:

➢ La compañía ya tiene un plan de jubilación calificado que no sea un SEP.
➢ La compañía tiene empleados elegibles cuyas cuentas IRA no se han establecido.
➢ La compañía utiliza el servicio de empleados arrendados que no son empleados de derecho consuetudinario.
➢ La compañía es miembro de uno de los siguientes oficios o negocios:
  o Un grupo de servicio afiliado descrito en la sección 414(m).
  o Un grupo controlado de corporaciones descritas en la sección 414(b).
  o Un comercio o negocio bajo control común descrito en la sección 414(c).
➢ La empresa no paga el costo de las contribuciones de la SEP.

Las contribuciones se realizan a las IRA (SEP-IRA) de los participantes elegibles en ese plan. Los intereses se acumulan libres de impuestos hasta que el participante comienza a hacer retiros. Los límites de contribución se basan en los beneficios netos.

A taxpayer is eligible for a SEP if they meet the following requirements:

➢ Has reached age 21.
➢ Has worked for the employer for at least 3 of the past 5 years.
➢ Has received at least $600 in compensation from the employer during each of the last three tax years.

The least of the following amounts is the maximum amount that an employer may annually contribute to an employee's IRA:

➢ $61,000 (for 2022).
➢ $66,000 (for 2023).
➢ 25% of the employee's compensation, or 20% for the self-employed taxpayer.

Contributions made by the employer are not reported as income by the employee, nor can they be deducted as an IRA contribution. Excess contributions are included in the employee's income for the year and are treated as contributions. Do not include SEP contributions on the employee's Form W-2 unless the contributions are pretax contributions.

Example: Susan Plant earned $21,000 in 2022. Because the maximum employer contribution for 2022 is 25% of the employee's compensation, the employer can contribute only $5,250 to her SEP-IRA (25% x $21,000).

SIMPLE Retirement Plan

A SIMPLE retirement plan is a tax-favored retirement plan that certain small employers (including self-employed individuals) can set up for the benefit of their employees.

A SIMPLE plan can be established for any employee who received at least $5,000 in compensation during the two years prior to the current calendar year and is reasonably expected to receive at least $5,000 during the current calendar year. Self-employed individuals are also eligible. The plan may also use less restrictive guidelines, but it may not use more stringent ones.

The employee's elective deferrals from salary reduction are limited to $14,000; or $17,000 (an additional $3,000) if age 50 or older (for 2022). For 2023 the limit is $15,500. Salary-reduction contributions are not treated as catch-up contributions. The employer can match employee deferrals dollar-for-dollar up to 3% of the employee's compensation.

SIMPLE IRA

A SIMPLE IRA is a plan that uses separate IRA accounts for each eligible employee. A SIMPLE plan is a written agreement (salary-reduction agreement) between the taxpayer and their employer that allows the taxpayer to choose to do either of the following:

➢ Reduce the taxpayer's compensation by a certain percentage each pay period.
➢ Have the employer contribute the salary reductions to a SIMPLE IRA on the taxpayer's behalf. These contributions are called "salary-reduction contributions."

Un contribuyente es elegible para un SEP si cumple con los siguientes requisitos:

➢ Ha cumplido 21 años.
➢ Ha trabajado para el empleador durante al menos 3 de los últimos 5 años.
➢ Ha recibido al menos $600 en compensación del empleador durante cada uno de los últimos tres años fiscales.

La menor de las siguientes cantidades es la cantidad máxima que un empleador puede contribuir anualmente a la IRA de un empleado:

➢ $61,000 (para 2022).
➢ $66,000 (para 2023).
➢ 25% de la indemnización del empleado, o 20% para el contribuyente autónomo.

Las contribuciones hechas por el empleador no se reportan como ingresos por el empleado, ni pueden deducirse como una contribución IRA. Las contribuciones excedentes se incluyen en los ingresos del empleado para el año y se tratan como contribuciones. No incluya contribuciones SEP en el Formulario W-2 del empleado a menos que las contribuciones sean contribuciones antes de impuestos.

Ejemplo: Susan Plant ganó $21,000 en 2022. Debido a que la contribución máxima del empleador para 2022 es del 25% de la compensación del empleado, el empleador puede contribuir solo $5,250 a su SEP-IRA (25% x $21,000).

Plan de jubilación SIMPLE

Un plan de jubilación SIMPLE es un plan de jubilación favorecido por los impuestos que ciertos pequeños empleadores (incluidas las personas que trabajan por cuenta propia) pueden establecer para el beneficio de sus empleados.

Se puede establecer un plan SIMPLE para cualquier empleado que haya recibido al menos $5,000 en compensación durante los dos años anteriores al año calendario actual y se espera razonablemente que reciba al menos $5,000 durante el año calendario actual. Las personas que trabajan por cuenta propia también son elegibles. El plan también puede usar pautas menos restrictivas, pero puede no usar pautas más estrictas.

Los aplazamientos electivos del empleado de la reducción salarial están limitados a $14,000; o $17,000 ($3,000 adicionales) si tiene 50 años o más (para 2022). Para 2023 el límite es de $15,500. Las contribuciones de reducción salarial no se tratan como contribuciones de recuperación. El empleador puede igualar los aplazamientos de los empleados dólar por dólar hasta el 3% de la compensación del empleado.

SIMPLE IRA

Una IRA simple es un plan que utiliza cuentas IRA separadas para cada empleado elegible. Un plan SIMPLE es un acuerdo escrito (acuerdo de reducción salarial) entre el contribuyente y su empleador que le permite elegir hacer cualquiera de los siguientes:

➢ Reducir la compensación del contribuyente en un cierto porcentaje en cada período de pago.
➢ Haga que el empleador contribuya con las reducciones salariales a una cuenta IRA SIMPLE en nombre del contribuyente. Estas contribuciones se denominan "contribuciones de reducción salarial".

All contributions under a SIMPLE IRA plan must be made to SIMPLE IRAs, not to any other type of IRA. The SIMPLE IRA can be an individual retirement account or an individual retirement annuity. In addition to salary-reduction contributions, the employer must make either matching contributions or non-elective contributions. The taxpayer is eligible to participate in the employer's SIMPLE plan if the taxpayer meets the following requirements:

➢ The individual received compensation from their employer during any two years prior to the current year.
➢ The individual is reasonably expected to receive at least $5,000 in compensation during the calendar year in which contributions were made.

The difference between the SIMPLE retirement plan and the SIMPLE IRA is that the retirement plan is part of a 401(k) plan, and the IRA plan uses individual IRAs for each employee. See Publication 560.

2.5 Reporting and Taxability of Unemployment Compensation

Unemployment compensation is taxable, and the taxpayer may elect to have taxes withheld for income tax purposes. To make this choice, the taxpayer must complete Form W-4V, *Voluntary Withholding Request.* The recipient of unemployment compensation will receive Form 1099-G to report the income.

If the taxpayer had to repay unemployment compensation for a prior year because they received unemployment while employed, he or she would subtract the total amount repaid for the year from the total amount received and enter the difference on Form 1040, Schedule 1, line 7. On the dotted line, next to the entry on the tax return, write "Repaid" and enter the amount repaid.

Paid Medical Family Leave

Paid family leave is an element of a state disability insurance program, and workers covered by State Disability Insurance (SDI) could be covered for this benefit. The maximum claim is six weeks; this is reported as unemployment on the individual's tax return. In some states, paid family leave and unemployment could be reported on separate forms. Be aware of how the individual state reports the two programs. Both are considered a form of unemployment compensation that must be reported on Form 1040, Schedule 1, line 7.

2.6 Alimony (divorce agreements executed before 2018; executed after 2018; and modified after 2018)

Alimony is a payment or series of payments to a spouse or former spouse required under a divorce or separation instrument that must meet certain requirements. Alimony payments are deductible by the payer and are includable as income by the recipient. Alimony received should be reported on Form 1040, Schedule 1, line 2a. Alimony paid should be deducted as an adjustment on Form 1040, Schedule 1, line 18a. The Tax Cuts and Jobs Act changed the alimony rule; alimony will no longer be an adjustment to income or a source of income if the divorce or separation agreement is completed after December 31, 2018.

Todas las contribuciones bajo un plan SIMPLE IRA deben hacerse a SIMPLE IRA, no a ningún otro tipo de IRA. La cuenta IRA SIMPLE puede ser una cuenta de jubilación individual o una anualidad de jubilación individual. Además de las contribuciones de reducción salarial, el empleador debe hacer contribuciones equivalentes o contribuciones no electivas. El contribuyente es elegible para participar en el plan SIMPLE del empleador si cumple con los siguientes requisitos:

> ➤ El individuo recibió una compensación de su empleador durante los dos años anteriores al año en curso.
> ➤ Se espera razonablemente que la persona reciba al menos $5,000 en compensación durante el año calendario en el que se hicieron las contribuciones.

La diferencia entre el plan de jubilación SIMPLE y el SIMPLE IRA es que el plan de jubilación es parte de un plan 401 (k), y el plan IRA utiliza IRA individuales para cada empleado. Véase la Publicación 560.

2.5 Declaración e imponibilidad de la compensación por desempleo

La compensación por desempleo está sujeta a impuestos, y el contribuyente puede optar por que se retengan los impuestos para fines del impuesto sobre la renta. Para hacer esta elección, el contribuyente debe completar el Formulario W-4V, Solicitud de *Retención Voluntaria.* El beneficiario de la compensación por desempleo recibirá el Formulario 1099-G para reportar los ingresos.

Si el contribuyente tuviera que pagar la compensación por desempleo de un año anterior porque recibió desempleo mientras estaba empleado, restaría el monto total reembolsado para el año del monto total recibido e ingresaría la diferencia en el Formulario 1040, Anexo 1, línea 7. En la línea punteada, junto a la entrada en la declaración de impuestos, escriba "Reembolsado" e ingrese el monto reembolsado.

Licencia familiar médica pagada

La licencia familiar pagada es un elemento de un programa estatal de seguro de discapacidad, y los trabajadores cubiertos por el Seguro Estatal de Discapacidad (SDI) podrían estar cubiertos por este beneficio. La reclamación máxima es de seis semanas; Esto se reporta como desempleo en la declaración de impuestos del individuo. En algunos estados, la licencia familiar pagada y el desempleo podrían reportarse en formularios separados. Tenga en cuenta cómo el estado individual reporta los dos programas. Ambos se consideran una forma de compensación por desempleo que debe reportarse en el Formulario 1040, Anexo 1, línea 7.

2.6 Pensión alimenticia (acuerdos de divorcio ejecutados antes de 2018; ejecutados después de 2018; y modificados después de 2018)

La pensión alimenticia es un pago o serie de pagos a un cónyuge o excónyuge requerido bajo un instrumento de divorcio o separación que debe cumplir con ciertos requisitos. Los pagos de pensión alimenticia son deducibles por el pagador y son incluibles como ingresos por el receptor. La pensión alimenticia recibida debe reportarse en el Formulario 1040, Anexo 1, línea 2a. La pensión alimenticia pagada debe deducirse como un ajuste en el Formulario 1040, Anexo 1, línea 18a. La Ley de Empleos y Reducción de Impuestos cambió la regla de pensión alimenticia; La pensión alimenticia ya no será un ajuste a los ingresos o una fuente de ingresos si el acuerdo de divorcio o separación se completa después del 31 de diciembre de 2018.

Payments are alimony if *all* the following are true:

> ➢ Payments are required by a divorce or separation agreement.
> ➢ The taxpayer and the recipient spouse do not file a joint return.
> ➢ Payments are in cash (including checks or money orders).
> ➢ Payments are not designated in the instrument as "not alimony."
> ➢ Spouses are legally separated under a decree of divorce or separate maintenance agreement and are not members of the same household.
> ➢ Payments are not required after the death of the recipient spouse.
> ➢ Payments are not designated as child support.

Payments are not alimony if *any* of the following are true:

> ➢ Payments are designated as child support.
> ➢ A noncash property settlement.
> ➢ Payments that are the spouse's part of community property income.
> ➢ Used for property upkeep of the alimony payer's house.

These payments are neither deductible by the payer nor includable in income by the recipient.

For additional information regarding rules for payments under a pre-1985 instrument, see Publication 504: *Divorced or Separated Individuals.*

Payments made by cash, check, or money order for the taxpayer's spouse's medical expenses, rent, utilities, mortgage, taxes, tuition, etc., are considered third-party payments. If the payments are made on behalf of the taxpayer's spouse under the terms of the divorce or separation agreement, they may be considered alimony.

If the payer must pay all mortgage payments (both principal and interest) on a jointly-owned home and if the payments otherwise qualify, they may deduct one-half of the payments as alimony payments. The spouse will report one-half as alimony received.

The deductibility of real estate taxes and insurance depend on how the title is held. Additional research may be needed to determine how to handle the taxpayer's situation.

Example: In November 1984, Kael and Braxton executed a written separation agreement. In February 1985, a decree of divorce was substituted for the written separation agreement. The decree of divorce did not change the terms for the alimony that Kael had to pay Braxton because it is treated as having executed before 1985 because the terms of the alimony are still the same as the original agreement made in 1984. Alimony payments under this decree are not subject to the rules for payments under instruments after 1984.

Los pagos son pensión alimenticia si *todo* lo siguiente es cierto:

➢ Los pagos son requeridos por un acuerdo de divorcio o separación.
➢ El contribuyente y el cónyuge beneficiario no presentan una declaración conjunta.
➢ Los pagos son en efectivo (incluyendo cheques o giros postales).
➢ Los pagos no se designan en el instrumento como "no pensión alimenticia".
➢ Los cónyuges están separados legalmente en virtud de una sentencia de divorcio o un acuerdo de alimentos separado y no son miembros del mismo hogar.
➢ No se requieren pagos después de la muerte del cónyuge receptor.
➢ Los pagos no se designan como manutención infantil.

Los pagos no son pensión alimenticia si *se cumple alguna* de las siguientes condiciones:

➢ Los pagos se designan como manutención infantil.
➢ Un acuerdo de propiedad no monetario.
➢ Pagos que son parte del cónyuge de los ingresos de la comunidad de bienes.
➢ Se utiliza para el mantenimiento de la propiedad de la casa del pagador de pensión alimenticia.

Estos pagos no son deducibles por el pagador ni incluyen en los ingresos del receptor.

Para obtener información adicional sobre las normas para los pagos en virtud de un instrumento anterior a 1985, véase la Publicación 504: *Personas divorciadas o separadas.*

Los pagos realizados en efectivo, cheque o giro postal por los gastos médicos, alquiler, servicios públicos, hipoteca, impuestos, matrícula, etc. del cónyuge del contribuyente se consideran pagos de terceros. Si los pagos se realizan en nombre del cónyuge del contribuyente bajo los términos del acuerdo de divorcio o separación, pueden considerarse pensión alimenticia.

Si el pagador debe pagar todos los pagos de la hipoteca (tanto el capital como los intereses) de una casa de propiedad conjunta y si los pagos califican de otra manera, puede deducir la mitad de los pagos como pagos de pensión alimenticia. El cónyuge reportará la mitad como pensión alimenticia recibida.

La deducibilidad de los impuestos inmobiliarios y el seguro dependen de cómo se mantenga el título. Es posible que se necesite investigación adicional para determinar cómo manejar la situación del contribuyente.

Ejemplo: En noviembre de 1984, Kael y Braxton ejecutaron un acuerdo de separación por escrito. En febrero de 1985, el acuerdo escrito de separación sustituyó por un decreto de divorcio. El decreto de divorcio no cambió los términos de la pensión alimenticia que Kael tuvo que pagar a Braxton porque se considera que se ejecutó antes de 1985 porque los términos de la pensión alimenticia siguen siendo los mismos que el acuerdo original hecho en 1984. Los pagos de pensión alimenticia en virtud de este decreto no están sujetos a las normas para los pagos en virtud de instrumentos después de 1984.

Alimony Recapture Rule

If the amount of alimony paid by the taxpayer decreases or terminates within the first three calendar years, the payments may be subject to the recapture rule. If the taxpayer is subject to the rule, he will include a portion of the previously deducted alimony payments as income in the third year. The spouse would then be entitled to deduct previously included alimony that was received as income in the same year. The three-year period begins with the first calendar year in which the payer makes a qualifying alimony payment under a decree of divorce or separate maintenance or a written separation agreement. No further discussion of alimony recapture will be covered in this course.

Alimony will no longer be an adjustment to income or a source of income if the divorce or separation agreement was completed after December 31, 2018. If an agreement was executed on or before December 31, 2018, and then modified after that date, the new law also applies. The new law applies if the modification does these two things:

➢ It changes the terms of the alimony or separate maintenance payments.
➢ It specifically says that alimony or separate maintenance payments are not deductible by the payer spouse or includable in the income of the receiving spouse.

Agreements executed on or before December 31, 2018, follow the previous rules. If an agreement was modified after January 1, 2019, the new agreement should state that they are following the 2018 laws, if the modifications didn't change what's described above.

2.7 Schedule C, Profit or Loss from Business (Sole Proprietorship)

A sole proprietor is an individual owner of a business or a self-employed individual. Taxable income is reported on Schedule C and flows to Form 1040, Schedule 1, line 3. A business owner could have to pay self-employment tax reported, which is reported on Schedule SE.

A sole proprietorship reports the income and expenses from the owner's business on Schedule C, *Profit or Loss from a Business*. An individual is self-employed if the following apply:

➢ Conducts a trade or business as a sole proprietorship.
➢ Is an independent contractor.
➢ Is in business for themself.

Self-employment can include work in addition to regular full-time business activities. It can also include certain part-time work done at home or in addition to a regular job.

Chapter 2 Excess Business Loss Threshold

To determine a taxpayer's excess business loss, the amount for joint filers need to be less than $578,000 and $289,000 for all others.

Regla de recaptura de pensión alimenticia

Si el monto de la pensión alimenticia pagada por el contribuyente disminuye o termina dentro de los primeros tres años calendario, los pagos pueden estar sujetos a la regla de recuperación. Si el contribuyente está sujeto a la regla, incluirá una parte de los pagos de pensión alimenticia previamente deducidos como ingresos en el tercer año. El cónyuge tendría derecho a deducir la pensión alimenticia previamente incluida que se recibió como ingreso en el mismo año. El período de tres años comienza con el primer año calendario en el que el pagador realiza un pago de pensión alimenticia calificado bajo un decreto de divorcio o manutención separada o un acuerdo de separación por escrito. No se cubrirá ninguna otra discusión sobre la recuperación de la pensión alimenticia en este curso.

La pensión alimenticia ya no será un ajuste a los ingresos o una fuente de ingresos si el acuerdo de divorcio o separación se completó después del 31 de diciembre de 2018. Si un acuerdo se ejecutó en o antes del 31 de diciembre de 2018, y luego se modificó después de esa fecha, también se aplica la nueva ley. La nueva ley se aplica si la modificación hace estas dos cosas:

> Cambia los términos de la pensión alimenticia o pagos de manutención por separado.
> Dice específicamente que la pensión alimenticia o los pagos de manutención separados no son deducibles por el cónyuge pagador o incluidos en los ingresos del cónyuge receptor.

Los acuerdos ejecutados en o antes del 31 de diciembre de 2018, siguen las reglas anteriores. Si un acuerdo se modificó después del 1 de enero de 2019, el nuevo acuerdo debe indicar que están siguiendo las leyes de 2018, si las modificaciones no cambiaron lo descrito anteriormente.

2.7 Anexo C, Ganancias o pérdidas del negocio (empresa individual)

Un propietario único es un propietario individual de un negocio o un individuo que trabaja por cuenta propia. El ingreso imponible se reporta en el Anexo C y fluye al Formulario 1040, Anexo 1, línea 3. El propietario de un negocio podría tener que pagar el impuesto de trabajo por cuenta propia, que se reporta en el Anexo SE.

Una empresa unipersonal informa los ingresos y gastos del negocio del propietario en el Anexo C, *Ganancias o pérdidas de un negocio*. Una persona trabaja por cuenta propia si se aplica lo siguiente:

> Lleva a cabo un comercio o negocio como propietario único.
> Es un contratista independiente.
> Está en el negocio por sí mismos.

El trabajo por cuenta propia puede incluir trabajo además de las actividades comerciales regulares a tiempo completo. También puede incluir cierto trabajo a tiempo parcial realizado en casa o además de un trabajo regular.

Umbral de exceso de pérdida de negocio

Para determinar el exceso de pérdida comercial de un contribuyente, el monto para los contribuyentes conjuntos debe ser inferior a $578,000 y $289,000 para todos los demás.

2.7.1 Determination of Gross Income & Deductions

Self-employment income is income earned from the performance of personal services that cannot be classified as wages because an employer-employee relationship does not exist between the payer and the payee because they are the same person. A self-employment tax is imposed on any U.S. citizen or resident alien who has self-employment income. If one is self-employed in a business that provides services (where products are not a factor), the gross income goes on line 7 of Schedule C and includes amounts reported on Form 1099-MISC.

Chapter 3 Sole Proprietorship

A sole proprietor is an individual owner of a business or a self-employed individual. Taxable income is reported on Schedule C and on Form 1040, Schedule 1, line 12. A business owner may also be required to pay self-employment tax reported on Schedule SE.

A sole proprietorship reports the income and expenses from the owner's business on Schedule C, *Profit or Loss from a Business*. One is self-employed if some of the following apply:

➢ Conducts a trade or business as a sole proprietorship.
➢ Is an independent contractor.
➢ Is in business for himself or herself in any way.

Self-employment can include work in addition to regular full-time business activities. It can also include certain part-time work done at home or in addition to a regular job.

Chapter 4 Minimum Income Reporting Requirements for Schedule C Filers

If the taxpayer's net earnings from self-employment is $400 or more, the taxpayer is required to file a tax return. If net earnings from self-employment was less than $400, the taxpayer may still have to file a tax return if one meets other filing requirements.

Chapter 5 Different Kinds of Income

The taxpayer must report on their tax return all income received in business unless it is excluded by law. In most circumstances, income will be in the form of cash, checks, and credit card charges. Bartering is another form of income, and its fair market value must be included as income.

Example: Ernest operates a plumbing business and uses the cash method of accounting. Jim owns a computer store and contacted Ernest to discuss fixing the clogged pipes in his store in exchange for a laptop for Ernest's business. This is business-to-business bartering. If Ernest accepts the deal, he must report the fair market value of the laptop as income because it was the "wage" he received in exchange for his service.

2.7.1 Determinación de ingresos brutos y deducciones

Los ingresos del trabajo por cuenta propia son ingresos obtenidos de la prestación de servicios personales que no pueden clasificarse como salarios porque no existe una relación empleador-empleado entre el pagador y el beneficiario porque son la misma persona. Se impone un impuesto sobre el trabajo por cuenta propia a cualquier ciudadano estadounidense o extranjero residente que tenga ingresos de trabajo por cuenta propia. Si uno trabaja por cuenta propia en un negocio que brinda servicios (donde los productos no son un factor), el ingreso bruto va en la línea 7 del Anexo C e incluye los montos reportados en el Formulario 1099-MISC.

Empresa individual

Un propietario único es un propietario individual de un negocio o un individuo que trabaja por cuenta propia. El ingreso imponible se reporta en el Anexo C y en el Formulario 1040, Anexo 1, línea 12. El propietario de un negocio también puede estar obligado a pagar el impuesto sobre el trabajo por cuenta propia reportado en el Anexo SE.

Una empresa unipersonal reporta los ingresos y gastos del negocio del propietario en el Anexo C, *Ganancias o pérdidas de un negocio*. Uno trabaja por cuenta propia si se aplican algunas de las siguientes condiciones:

> ➤ Lleva a cabo un comercio o negocio como propietario único.
> ➤ Es un contratista independiente.
> ➤ Está en el negocio por sí mismo de alguna manera.

El trabajo por cuenta propia puede incluir trabajo además de las actividades comerciales regulares a tiempo completo. También puede incluir cierto trabajo a tiempo parcial realizado en casa o además de un trabajo regular.

Requisitos de declaración de ingresos mínimos para los declarantes del Anexo C

Si las ganancias netas del contribuyente por cuenta propia son de $400 o más, el contribuyente debe presentar una declaración de impuestos. Si las ganancias netas del trabajo por cuenta propia fueron inferiores a $400, es posible que el contribuyente aún tenga que presentar una declaración de impuestos si cumple con otros requisitos de presentación.

Diferentes tipos de ingresos

El contribuyente debe reportar en su declaración de impuestos todos los ingresos recibidos en el negocio, a menos que esté excluido por la ley. En la mayoría de las circunstancias, los ingresos serán en forma de efectivo, cheques y cargos de tarjetas de crédito. El trueque es otra forma de ingreso, y su valor justo de mercado debe incluirse como ingreso.

Ejemplo: Ernest opera un negocio de plomería y utiliza el método de contabilidad en efectivo. Jim es dueño de una tienda de computadoras y contactó a Ernest para discutir la reparación de las tuberías obstruidas en su tienda a cambio de una computadora portátil para el negocio de Ernest. Esto es trueque de empresa a empresa. Si Ernest acepta el trato, debe reportar el valor justo de mercado de la computadora portátil como ingreso porque era el "salario" que recibió a cambio de su servicio.

Miscellaneous Income

If one is self-employed in a business involving manufacturing, merchandising, or mining, the gross income on line 7 of Schedule C is the total sales from that business, minus the cost of goods sold, and plus any income from investments and incidental or outside operations or sources. If the taxpayer is involved in more than one business, a separate Schedule C is filed for each business (for example, newspaper delivery and computer consulting). Other income commonly includes bank interest, rebates, and reimbursements from government food programs.

Expenses

An expense must meet the following requirements (the taxpayer must keep written records of expenses):

> ➤ Paid within the taxable year (for cash-basis taxpayers).
> ➤ Not a capital investment (most capital investments are depreciated).
> ➤ Must be ordinary and necessary.
> ➤ Not start-up or organization costs.
> ➤ Not inventory.
> ➤ Not prepaid expenses (e.g., paying 2 years' worth of insurance).

Other expenses are deducted in Part V, Schedule C. Other expenses include any expense that does not fit the description of another category and is ordinary and necessary in the operation of the taxpayer's business (Line 27). Include all ordinary and necessary business expense not deducted elsewhere on Schedule C. Do not include the following:

> ➤ Charitable contributions.
> ➤ Cost of business equipment or furniture.
> ➤ Replacements or permanent improvements to property.
> ➤ Personal, living, and family expenses.
> ➤ Fines or penalties paid to a government for violating any law.

However, do include these items:

> ➤ Amortization that began in 2018.
> ➤ Bad debts.
> ➤ At-risk loss deduction.
> ➤ Business start-up costs.
> ➤ Cost of making commercial buildings energy efficient.
> ➤ Deductions for removing barriers to the elderly and to individuals with disabilities.
> ➤ Excess farm loss.
> ➤ Film and television production expenses.
> ➤ Forestation and reforestation costs.

See Publication 535 for more information.

Ingresos varios

Si uno trabaja por cuenta propia en un negocio relacionado con la fabricación, la comercialización o la minería, el ingreso bruto en la línea 7 del Anexo C es el total de ventas de ese negocio, menos el costo de los bienes vendidos, y más cualquier ingreso de inversiones y operaciones o fuentes incidentales o externas. Si el contribuyente está involucrado en más de un negocio, se presenta un Anexo C separado para cada negocio (por ejemplo, entrega de periódicos y consultoría informática). Otros ingresos comúnmente incluyen intereses bancarios, reembolsos y reembolsos de programas de alimentos del gobierno.

Expensas

Un gasto debe cumplir con los siguientes requisitos (el contribuyente debe mantener registros escritos de los gastos):

➢ Pagado dentro del año fiscal (para contribuyentes en efectivo).
➢ No es una inversión de capital (la mayoría de las inversiones de capital se deprecian).
➢ Debe ser ordinario y necesario.
➢ No costos de puesta en marcha u organización.
➢ No inventario.
➢ No pagar gastos prepagados (por ejemplo, pagar 2 años de seguro).

Otros gastos se deducen en la Parte V, Anexo C. Otros gastos incluyen cualquier gasto que no se ajuste a la descripción de otra categoría y sea ordinario y necesario en la operación del negocio del contribuyente (Línea 27). Incluya todos los gastos comerciales ordinarios y necesarios que no se deduzcan en otra parte del Anexo C. No incluya lo siguiente:

➢ Contribuciones caritativas.
➢ Costo del equipo o mobiliario comercial.
➢ Reemplazos o mejoras permanentes a la propiedad.
➢ Gastos personales, de manutención y familiares.
➢ Multas o sanciones pagadas a un gobierno por violar cualquier ley.

Sin embargo, incluya estos elementos:

➢ Amortización que comenzó en 2018.
➢ Deudas incobrables.
➢ Deducción por pérdida por riesgo.
➢ Costes de puesta en marcha de empresas.
➢ Costo de hacer que los edificios comerciales sean energéticamente eficientes.
➢ Deducciones para eliminar barreras para los ancianos y para las personas con discapacidades.
➢ Exceso de pérdida de explotación.
➢ Gastos de producción de cine y televisión.
➢ Costos de forestación y reforestación.

Consulte la Publicación 535 para obtener más información.

2.7.2 Business vs Hobby

Since TCJA eliminated Form 2106, a taxpayer does not have a place to deduct the allowable hobby deductions. An ordinary expense is one that is customary and recognized for the activity. A necessary expense is one that is suitable for the activity. Income still needs to be reported on Form 1040.

Income received through activities from which the taxpayer does not expect to make a profit (such as money made from a hobby) must be reported on Form 1040, Schedule 1, line 8. Deductions for the business or investment activity cannot offset other income. To determine if the taxpayer is carrying on an activity for profit, you must consider the following factors:

➢ The taxpayer carries on the activity in a businesslike manner.
➢ The time and effort put into the activity indicate the taxpayer intended to make a profit.
➢ Losses are due to circumstances beyond the taxpayer's control.
➢ Methods of operation were changed to improve profitability.
➢ The taxpayer or the taxpayer's advisor(s) have the knowledge needed to carry on the activity as a successful business.
➢ The taxpayer was successful in making a profit in similar activities in the past.
➢ The activity makes a profit in some years.
➢ The taxpayer can expect to make a future profit from the appreciation of the assets used in the activity.
➢ The taxpayer depends on the income for their livelihood.

An activity is presumed to be carried on for profit if it produced a profit in at least three of the last five years, including the current year. Activities that consist of breeding, training, showing, or racing horses are presumed to be carried on for profit if they produced a profit in at least two of the last seven years. The activity must be substantially the same for each year within the period, and the taxpayer has a profit when the gross income from the activity exceeds the deductions.

Not-for-profit income could include income from a hobby or rental income from tangible property; both are reported on Form 1040, Schedule 1, line 8. See Publication 527.

Hobby income is one example of an activity not for profit; however, a hobby can become a business. The ability to claim losses on a hobby have been suspended until 2026 due to the Tax Cuts and Jobs Act (TCJA). In order to show the IRS that an activity is a business, the taxpayer should maintain the following:

➢ Comprehensive recordkeeping.
➢ A separate business checking account for the income.
➢ Separate credit cards for business and personal purchases.
➢ Logbook(s) to keep records of business and personal use of such items as computers, charter boats, camcorders, etc.
➢ Required licenses, insurance, certifications, etc.
➢ If operated from home, keeping a separate phone line for business use.
➢ An attempt to make a profit.

2.7.2 Negocios vs Hobby

Desde que TCJA eliminó el Formulario 2106, un contribuyente no tiene un lugar para deducir las deducciones permitidas por pasatiempos. Un gasto ordinario es aquel que es habitual y reconocido para la actividad. Un gasto necesario es aquel que es adecuado para la actividad. Los ingresos aún deben reportarse en el Formulario 1040.

Los ingresos recibidos a través de actividades de las cuales el contribuyente no espera obtener ganancias (como el dinero obtenido de un pasatiempo) deben reportarse en el Formulario 1040, Anexo 1, línea 8. Las deducciones por el negocio o la actividad de inversión no pueden compensar otros ingresos. Para determinar si el contribuyente está llevando a cabo una actividad con fines de lucro, debe considerar los siguientes factores:

> El contribuyente lleva a cabo la actividad de manera profesional.
> El tiempo y el esfuerzo invertidos en la actividad indican que el contribuyente tenía la intención de obtener un beneficio.
> Las pérdidas se deben a circunstancias fuera del control del contribuyente.
> Se cambiaron los métodos de operación para mejorar la rentabilidad.
> El contribuyente o el(los) asesor(es) del contribuyente tienen los conocimientos necesarios para llevar a cabo la actividad como un negocio exitoso.
> El contribuyente tuvo éxito en obtener ganancias en actividades similares en el pasado.
> La actividad obtiene ganancias en algunos años.
> El contribuyente puede esperar obtener un beneficio futuro de la apreciación de los activos utilizados en la actividad.
> El contribuyente depende de los ingresos para su sustento.

Se presume que una actividad se lleva a cabo con fines de lucro si produjo un beneficio en al menos tres de los últimos cinco años, incluido el año en curso. Se presume que las actividades que consisten en criar, entrenar, mostrar o correr caballos se llevan a cabo con fines de lucro si produjeron un beneficio en al menos dos de los últimos siete años. La actividad debe ser sustancialmente la misma para cada año dentro del período, y el contribuyente tiene una ganancia cuando los ingresos brutos de laactividad exceden las deducciones.

Los ingresos sin fines de lucro podrían incluir ingresos de un pasatiempo o ingresos de alquiler de bienes tangibles; ambos se reportan en el Formulario 1040, Anexo 1, línea 8. Véase la Publicación 527.

Los ingresos de pasatiempos son un ejemplo de una actividad sin fines de lucro; Sin embargo, un pasatiempo puede convertirse en un negocio. La capacidad de reclamar pérdidas en un pasatiempo se ha suspendido hasta 2026 debido a la Ley de Recortes de Impuestos y Empleos (TCJA). Para demostrarle al IRS que una actividad es un negocio, el contribuyente debe mantener lo siguiente:

> Mantenimiento integral de registros.
> Una cuenta de cheques comercial separada para los ingresos.
> Tarjetas de crédito separadas para compras comerciales y personales.
> Cuaderno de bitácora para mantener registros del uso comercial y personal de artículos tales como computadoras, barcos de alquiler, videocámaras, etc.
> Licencias requeridas, seguros, certificaciones, etc.
> Si se opera desde casa, mantenga una línea telefónica separada para uso comercial.
> Un intento de obtener ganancias.

➤ Research on market trends or technology related to the taxpayer's business.
➤ If the taxpayer has employees, the taxpayer must file forms to report employment taxes (See Publication 15, Circular E, *Employer's Tax Guide* for more info). Employment taxes include the following items:
  o Social Security and Medicare.
  o Federal income tax withholding.
  o Federal unemployment (FUTA) tax.

2.7.3 Business Use of Home (regular vs simplified method)

Self-employed taxpayers may be able to use Form 8829, *Expenses for Business Use of Your Home*, to claim deductions for certain expenses for business use of their home. To qualify for these deductions, the taxpayer must show that they used a space (such as an office) in the home exclusively and regularly for business. The amount of deduction a taxpayer can receive is based on what percent of the house's total square footage is being used for the business.

Example: Monica has an office she exclusively uses to manage and run her catering business. To receive a deduction for her home business expenses, Monica would divide the square footage of her office by the total square footage of her home to find the percentage of expense she can deduct. If her office is 130-square-feet and her home is 1,000-square-feet, then the percentage of expenses she can deduct would be 13%.
Day-care providers would use Form 8829 to report expenses based on the number of hours spent caring for children or disabled dependents. The time includes cleaning the house before and after children arrive as well as time spent preparing activities for the children.

If childcare providers do not use their entire home for childcare, they will use a combination of hours and square feet to determine business use. The home portion does not have to meet the exclusive-use test if the use is for an in-home day-care facility.

Business expenses that apply to a part of the taxpayer's home may be a deductible business expense if the part of the home was exclusively used on a regular basis in all of the following ways:

➤ As the principal place of business for any of the taxpayer's trade or business.
➤ As a place of business used by patients, clients, or customers to meet or deal during the normal course of trade or business.
➤ In connection with the trade or business if the office is a separate structure that is not attached to the taxpayer's home.

Some exceptions to the "space rule used on a regular basis" are certain day-care facilities and storage spaces used for inventory or product samples. The tax professional must determine whether the office in the home qualifies as the taxpayer's principal place of business.

To qualify the office in the home as the primary place of business, the following requirements must be met:

> Investigación sobre tendencias de mercado o tecnología relacionada con el negocio del contribuyente.
> Si el contribuyente tiene empleados, el contribuyente debe presentar formularios para declarar los impuestos sobre el empleo (consulte la Publicación 15, Circular E, *Guía tributaria del empleador* para obtener más información). Los impuestos sobre el empleo incluyen los siguientes elementos:
>   o Seguro Social y Medicare.
>   o Retención del impuesto federal sobre la renta.
>   o Impuesto federal de desempleo (FUTA).

2.7.3 Uso comercial del hogar (método regular vs simplificado)

Los contribuyentes que trabajan por cuenta propia pueden usar el Formulario 8829, *Gastos por el uso comercial de su hogar, para reclamar deducciones por ciertos gastos por el uso comercial de su hogar.* Para calificar para estas deducciones, el contribuyente debe demostrar que utilizó un espacio (como una oficina) en el hogar exclusiva y regularmente para negocios. La cantidad de deducción que un contribuyente puede recibir se basa en qué porcentaje del total de pies cuadrados de la casa se está utilizando para el negocio.

Ejemplo: Mónica tiene una oficina que utiliza exclusivamente para administrar y administrar su negocio de catering. Para recibir una deducción por los gastos de su negocio en casa, Mónica dividiría los pies cuadrados de su oficina por el total de pies cuadrados de su casa para encontrar el porcentaje de gastos que puede deducir. Si su oficina tiene 130 pies cuadrados y su casa es de 1,000 pies cuadrados, entonces el porcentaje de gastos que puede deducir sería del 13%.
Los proveedores de guarderías usarían el Formulario 8829 para reportar los gastos basados en la cantidad de horas dedicadas al cuidado de niños o dependientes discapacitados. El tiempo incluye la limpieza de la casa antes y después de que lleguen los niños, así como el tiempo dedicado a preparar actividades para los niños.

Si los proveedores de cuidado infantil no usan todo su hogar para el cuidado de niños, usarán una combinación de horas y pies cuadrados para determinar el uso comercial. La parte del hogar no tiene que cumplir con la prueba de uso exclusivo si el uso es para una guardería en el hogar.

Los gastos comerciales que se aplican a una parte de la vivienda del contribuyente pueden ser gastos comerciales deducibles si la parte de la vivienda se utilizó exclusivamente de forma regular de todas las siguientes maneras:

> Como el lugar principal de negocios para cualquiera de los comercios o negocios del contribuyente.
> Como un lugar de negocios utilizado por pacientes, clientes o clientes para reunirse o negociar durante el curso normal del comercio o negocio.
> En relación con el comercio o negocio si la oficina es una estructura separada que no está unida al hogar del contribuyente.

Algunas excepciones a la "regla de espacio utilizado regularmente" son ciertas guarderías y espacios de almacenamiento utilizados para inventario o muestras de productos. El profesional de impuestos debe determinar si la oficina en el hogar califica como el lugar principal de negocios del contribuyente.

Para calificar la oficina en el hogar como el lugar principal de negocios, se deben cumplir los siguientes requisitos:

➢ The taxpayer uses the home exclusively and regularly for administrative or management activities of the taxpayer's trade or business.
➢ The taxpayer has no other fixed location where the taxpayer conducts substantial administrative or management activities of the trade or business.

Administrative or Management Activities

There are many activities that can be considered administrative or managerial in nature. Some of the most common include the following:

➢ Billing customers, clients, or patients.
➢ Keeping books and records.
➢ Ordering supplies.
➢ Setting up appointments.
➢ Writing reports or forwarding orders.

If the following activities are performed at another location, the taxpayer would be disqualified from being able to claim the home office deduction:

➢ The taxpayer conducts administrative or management activities at locations other than the home.
➢ The taxpayer conducts administrative or management activities at places that are not fixed locations of the business, such as in a car or a hotel room.
➢ The taxpayer occasionally conducts administrative or management activities at an outside location that is not at their home.
➢ The taxpayer conducts substantial non-administrative or non-management business activities at a fixed location outside of the home.
➢ The taxpayer has suitable space to conduct administrative or management activities outside of their home but chooses to work at home for these activities.

Example: Francisco is a self-employed plumber. Most of Francisco's time is spent installing and repairing plumbing at customers' homes and offices. He has a small office in his home that he uses exclusively and regularly for the administrative or management activities of his business, such as calling customers, ordering supplies, and keeping his books. Francisco writes up estimates and records of work completed at his customers' premises but does not conduct any substantial administrative or management activities at any fixed location other than his home office. Francisco does not do his own billing. He uses a local bookkeeping service to bill his customers.

Because it is the only fixed location where he does his administrative and managerial activities, Francisco's home office qualifies as his principal place of business for deducting expenses for its use. The fact that a bookkeeper does his billing is not important, as it does not change or impact where Francisco does his business's administrative and managerial activities.

Taxpayers may use a simplified option to figure the home office business deduction. Revenue Procedure 2013-13 provides an optional safe harbor method that taxpayers may use that is an alternative to the calculation, allocation, and substantiation of actual expenses for purposes of satisfying the Internal Revenue Code section 280A. These rules do not change the home office criteria for claiming business use but instead simplify the ruling for recordkeeping and calculation.

➤ El contribuyente utiliza la vivienda exclusiva y regularmente para actividades administrativas o de gestión del comercio o negocio del contribuyente.
➤ El contribuyente no tiene otra ubicación fija donde el contribuyente lleva a cabo actividades administrativas o de gestión sustanciales del comercio o negocio.

Actividades administrativas o de gestión

Hay muchas actividades que pueden considerarse de naturaleza administrativa o gerencial. Algunos de los más comunes incluyen los siguientes:

➤ Facturación de clientes, clientes o pacientes.
➤ Llevar libros y registros.
➤ Pedido de suministros.
➤ Concertar citas.
➤ Redacción de informes o envío de pedidos.

Si las siguientes actividades se realizan en otro lugar, el contribuyente estaría descalificado para poder reclamar la deducción de la oficina central:

➤ El contribuyente realiza actividades administrativas o de gestión en lugares distintos al hogar.
➤ El contribuyente realiza actividades administrativas o de gestión en lugares que no son ubicaciones fijas del negocio, como en un automóvil o una habitación de hotel.
➤ El contribuyente ocasionalmente realiza actividades administrativas o de gestión en un lugar externo que no está en su hogar.
➤ El contribuyente lleva a cabo actividades comerciales sustanciales no administrativas o no administrativas en una ubicación fija fuera del hogar.
➤ El contribuyente tiene un espacio adecuado para realizar actividades administrativas o de gestión fuera de su hogar, pero elige trabajar en casa para estas actividades.

Ejemplo: Francisco es un fontanero autónomo. La mayor parte del tiempo de Francisco se dedica a instalar y reparar tuberías en los hogares y oficinas de los clientes. Tiene una pequeña oficina en su casa que utiliza exclusiva y regularmente para las actividades administrativas o de gestión de su negocio, como llamar a los clientes, pedir suministros y llevar sus libros. Francisco escribe estimaciones y registros del trabajo realizado en las instalaciones de sus clientes, pero no realiza ninguna actividad administrativa o de gestión sustancial en ningún lugar fijo que no sea su oficina central. Francisco no hace su propia facturación. Utiliza un servicio de contabilidad local para facturar a sus clientes.

Debido a que es el único lugar fijo donde realiza sus actividades administrativas y gerenciales, la oficina central de Francisco califica como su principal lugar de negocios para deducir los gastos por su uso. El hecho de que un tenedor de libros haga su facturación no es importante, ya que no cambia ni afecta el lugar donde Francisco realiza las actividades administrativas y gerenciales de su negocio.

Los contribuyentes pueden usar una opción simplificada para calcular la deducción del negocio de la oficina en casa. El Procedimiento de Ingresos 2013-13 proporciona un método opcional de puerto seguro que los contribuyentes pueden usar como alternativa al cálculo, asignación y justificación de los gastos reales con el fin de satisfacer la sección 280A del Código de Rentas Internas. Estas reglas no cambian los criterios de la oficina central para reclamar el uso comercial, sino que simplifican la regla para el mantenimiento de registros y el cálculo.

The major highlights of the simplified option are as follows:

➢ Standard deduction of $5-per-square-foot of home used for business with a maximum 300-square-feet.
➢ Allowable home-related itemized deductions claimed in full on Schedule A.
➢ No home depreciation deduction or later recapture of depreciation for the years the simplified option is used.

When selecting a method, the taxpayer must choose to use either the simplified method or the regular method for any taxable year. They can make that choice by using their selected method on their tax return. However, once the method has been chosen for the year, it cannot be changed. If the methods are used in different tax years, the correct depreciation table must be used. Year-by-year determination is acceptable.

The deduction under the safe harbor method cannot create a net loss; it is limited to the business' gross income reduced by deductions unrelated to the home office deduction. Any excess is disallowed and cannot be carried over or back, unlike the carryover of unallowed expenses that is available to offset income from that activity in the succeeding year when using the actual expense method.

Regardless of the method that is used to claim the home office, the space must be regularly and exclusively used as the taxpayer's principal place of business. If the taxpayer used the simplified method for tax year 2021, and chooses not to use it for 2022, they may have an unallowed expense from a prior year carryover to the current year. This is beyond the scope of this course; see Instructions Form 8829 lines 25 and 31 for more information.

Regular and Exclusive Use

The portion of the home that is used must be used exclusively for conducting business.

Example: Nadine teaches piano lessons in her home. She has a piano in her spare bedroom and a grand piano in her living room. She uses the piano in her spare bedroom to teach her students and the grand piano for the students' recitals. Nadine does not use the spare bedroom for anything else except teaching students and storing music books related to her students. Her spare bedroom is used exclusively and regularly for business, but her grand piano is not; it is only used for recitals for her students. Therefore, she would only be able to claim the spare bedroom as a deduction and not the living room.

Like everything with tax law there are exceptions to the rule. The taxpayer does not have to meet the exclusive use test if either of the following applies:

➢ If the taxpayer uses part of their home for storage of inventory or sample product(s), they may be able to deduct business use of the home if the following conditions are met:
  o The taxpayer sells products at wholesale or retail as their trade or business.
  o The taxpayer keeps inventory in their home for the trade or business.
  o The taxpayer's home is the only fixed location for their trade or business.

Los aspectos más destacados de la opción simplificada son los siguientes:

> ➢ Deducción estándar de $5 por pie cuadrado de casa utilizada para negocios con un máximo de 300 pies cuadrados.
> ➢ Deducciones detalladas permitidas relacionadas con el hogar reclamadas en su totalidad en el Anexo A.
> ➢ No hay deducción por depreciación de la vivienda o recuperación posterior de la depreciación para los años en que se utiliza la opción simplificada.

Al seleccionar un método, el contribuyente debe optar por utilizar el método simplificado o el método regular para cualquier año fiscal. Pueden hacer esa elección utilizando el método seleccionado en su declaración de impuestos. Sin embargo, una vez que se ha elegido el método para el año, no se puede cambiar. Si los métodos se utilizan en diferentes ejercicios fiscales, se debe utilizar la tabla de amortización correcta. La determinación año por año es aceptable.

La deducción por el método de puerto seguro no puede crear una pérdida neta; Se limita a los ingresos brutos de la empresa reducidos por deducciones no relacionadas con la deducción de la oficina central. Cualquier exceso no está permitido y no se puede transferir o devolver, a diferencia del arrastre de gastos no permitidos que está disponible para compensar los ingresos de esa actividad en el año siguiente cuando se utiliza el método de gastos reales.

Independientemente del método que se utilice para reclamar la oficina central, el espacio debe usarse regular y exclusivamente como el lugar principal de negocios del contribuyente. Si el contribuyente utilizó el método simplificado para el año tributario 2021 y elige no usarlo para 2022, es posible que tenga un gasto no permitido de un arrastre del año anterior al año en curso. Esto está más allá del alcance de este curso; consulte las líneas 25 y 31 del Formulario de instrucciones 8829 para obtener más información.

Uso regular y exclusivo

La parte de la casa que se utiliza debe ser utilizada exclusivamente para la realización de negocios.

Ejemplo: Nadine enseña clases de piano en su casa. Ella tiene un piano en su habitación libre y un piano de cola en su sala de estar. Ella usa el piano en su habitación libre para enseñar a sus estudiantes y el piano de cola para los recitales de los estudiantes. Nadine no usa la habitación libre para nada más que enseñar a los estudiantes y almacenar libros de música relacionados con sus estudiantes. Su habitación libre se usa exclusiva y regularmente para negocios, pero su piano de cola no lo es; Solo se usa para recitales para sus estudiantes. Por lo tanto, solo podría reclamar el dormitorio libre como deducción y no la sala de estar.

Como todo con la ley tributaria hay excepciones a la regla. El contribuyente no tiene que cumplir con la prueba de uso exclusivo si se aplica alguna de las siguientes condiciones:

> ➢ Si el contribuyente usa parte de su hogar para almacenar inventario o producto(s) de muestra, es posible que pueda deducir el uso comercial de la vivienda si se cumplen las siguientes condiciones:
>> o El contribuyente vende productos al por mayor o al por menor como su comercio o negocio.
>> o El contribuyente mantiene inventario en su hogar para el comercio o negocio.
>> o El hogar del contribuyente es la única ubicación fija para su comercio o negocio.

    o The storage space is used on a regular basis.
    o The space used can be identifiable as a separate suitable space for storage.
  ➢ The taxpayer uses part of the home as a day-care facility.

2.7.4 Recordkeeping Requirements

Chapter 6 Benefits of Recordkeeping

A tax professional should emphasize how important it is for their clients to keep good records and to keep their business accounts separate from personal accounts. If a taxpayer has a loss on Schedule C, remind the taxpayer of the hobby rules. The IRS may rule the business is a hobby if the taxpayer cannot prove their intent is to become profitable. A taxpayer does not want to lose expense deductions due to poor recordkeeping because of the high amount of taxes they may have to pay on the profit. The tax professional should spend time with their clients who start a business or are thinking of starting a business to educate them on how to track income and expenses. The taxpayer could save significant amounts of money on taxes by making sure they keep good records.

Everyone in business must keep appropriate and accurate records. Recordkeeping will help the taxpayer do the following things:

  ➢ Monitor the progress of the business.
  ➢ Prepare the financial statements.
  ➢ Identify source(s) of the receipts.
  ➢ Keep track of deductible business expenses.
  ➢ Prepare the tax return.
  ➢ Support items reported on the tax return.

Records will show the taxpayer if the business is improving, which items are selling the best, or which changes might be necessary to increase the success of the business. Records are needed to prepare accurate financial statements, which include profit and loss, balance sheets, and any other financial statements. This course does not cover profit and loss statements, balance sheets, or any other financial statements.

Taxpayers should identify receipts as they obtain them. It is easier to get into the habit of tracking receipts when received rather than having to deal with them or find them when the tax return is being prepared. A tax professional should teach clients how to identify and track receipts. In the long run, this will make your job easier!

- o El espacio de almacenamiento se utiliza regularmente.
- o El espacio utilizado puede ser identificable como un espacio adecuado separado para el almacenamiento.
➢ El contribuyente utiliza parte de la casa como guardería.

2.7.4 Requisitos de mantenimiento de registros

Beneficios del mantenimiento de registros

Un profesional de impuestos debe enfatizar lo importante que es para sus clientes mantener buenos registros y mantener sus cuentas comerciales separadas de las cuentas personales. Si un contribuyente tiene una pérdida en el Anexo C, recuérdele al contribuyente las reglas de pasatiempos. El IRS puede dictaminar que el negocio es un pasatiempo si el contribuyente no puede probar que su intención es ser rentable. Un contribuyente no quiere perder las deducciones de gastos debido a un mantenimiento deficiente de registros debido a la gran cantidad de impuestos que puede tener que pagar sobre las ganancias. El profesional de impuestos debe pasar tiempo con sus clientes que inician un negocio o están pensando en iniciar un negocio para educarlos sobre cómo realizar un seguimiento de los ingresos y gastos. El contribuyente podría ahorrar cantidades significativas de dinero en impuestos asegurándose de mantener buenos registros.

Todos en los negocios deben mantener registros apropiados y precisos. El mantenimiento de registros ayudará al contribuyente a hacer lo siguiente:

➢ Monitorear el progreso del negocio.
➢ Preparar los estados financieros.
➢ Identifique la(s) fuente(s) de los recibos.
➢ Lleve un registro de los gastos comerciales deducibles.
➢ Preparar la declaración de impuestos.
➢ Elementos de apoyo reportados en la declaración de impuestos.

Los registros mostrarán al contribuyente si el negocio está mejorando, qué artículos se están vendiendo mejor o qué cambios podrían ser necesarios para aumentar el éxito del negocio. Los registros son necesarios para preparar estados financieros precisos, que incluyen ganancias y pérdidas, balances y cualquier otro estado financiero. Este curso no cubre estados de pérdidas y ganancias, balances o cualquier otro estado financiero.

Los contribuyentes deben identificar los recibos a medida que los obtienen. Es más fácil adquirir el hábito de rastrear los recibos cuando se reciben en lugar de tener que lidiar con ellos o encontrarlos cuando se está preparando la declaración de impuestos. Un profesional de impuestos debe enseñar a los clientes cómo identificar y rastrear recibos. ¡A la larga, esto hará que su trabajo sea más fácil!

Kinds of Records to Keep

The taxpayer should choose the recordkeeping system that is best for him or her. The system to be chosen is the one that matches the accounting method of the taxpayer's tax year. The recordkeeping system should include a summary for all the taxpayer's business transactions. For example, recordkeeping should show gross income as well as deductions and credits for the business. Supporting documentation for consistent transactions such as purchases, sales, and payroll should also be maintained. It is important to retain the documentation that supports the entries in the journal, ledgers, and the tax return. Records for travel, transportation, and gift expenses fall under specific recordkeeping rules. For more information see Publication 463.

There are also specific employment tax records the employer must keep. For a complete list, see Publication 51 (Circular A).

Assets used in business can be property such as machinery and equipment used to conduct business. Records of the asset are used to figure depreciation and the gain or loss when the asset is sold. Records should show the following pieces of information:

➢ When and how the business asset was acquired.
➢ The purchase price of the business asset.
➢ The cost of any business improvements.
➢ Section 179 deduction.
➢ Business deductions taken for depreciation.
➢ Business deductions taken for casualty losses, such as losses resulting from fires, storms, or natural disasters.
➢ How the business asset was used.
➢ When and how the business asset was disposed.
➢ The selling price of the asset or the business.
➢ The expense of the business asset.

The following are examples of records that might show the information from the above list:

➢ Purchase and sales business invoices.
➢ Business purchase of real estate closing statements (HUD-1).
➢ Canceled business checks.
➢ A business' bank statements.

Tax records should be kept as needed for the administration of any provision of the Internal Revenue Code. Business records should be kept that support an item of income or deduction appearing on the return until the period of limitations is finished. Generally, that time frame is a 3-year period, although certain records must be kept longer than 3 years.

Employment records must be kept for at least 4 years after the date the tax becomes due or is paid. Records that pertain to assets such as property should be kept as long as the taxpayer owns the business asset. Other creditors, such as an insurance company, may want the business records kept longer than the Internal Revenue Service.

Tipos de registros para mantener

El contribuyente debe elegir el sistema de mantenimiento de registros que sea mejor para él o ella. El sistema por elegir es el que se ajusta al método contable del ejercicio fiscal del contribuyente. El sistema de mantenimiento de registros debe incluir un resumen de todas las transacciones comerciales del contribuyente. Por ejemplo, el mantenimiento de registros debe mostrar el ingreso bruto, así como las deducciones y créditos para el negocio. También se debe mantener la documentación de respaldo para transacciones consistentes como compras, ventas y nómina. Es importante conservar la documentación que respalda las entradas en el diario, los libros mayores y la declaración de impuestos. Los registros de gastos de viaje, transporte y regalos caen bajo reglas específicas de mantenimiento de registros. Para obtener más información, consulte la Publicación 463.

También hay registros específicos de impuestos de empleo que el empleador debe mantener. Para obtener una lista completa, consulte la Publicación 51 (Circular A).

Los activos utilizados en los negocios pueden ser propiedades tales como maquinaria y equipo utilizado para realizar negocios. Los registros del activo se utilizan para calcular la depreciación y la ganancia o pérdida cuando se vende el activo. Los registros deben mostrar la siguiente información:

➢ Cuándo y cómo se adquirió el activo comercial.
➢ El precio de compra del activo comercial.
➢ El costo de cualquier mejora comercial.
➢ Deducción del artículo 179.
➢ Deducciones comerciales tomadas por depreciación.
➢ Deducciones comerciales tomadas por pérdidas por accidentes, como pérdidas resultantes de incendios, tormentas o desastres naturales.
➢ Cómo se utilizó el activo empresarial.
➢ Cuándo y cómo se eliminó el activo comercial.
➢ El precio de venta del activo o del negocio.
➢ El gasto del activo comercial.

Los siguientes son ejemplos de registros que pueden mostrar la información de la lista anterior:

➢ Facturas comerciales de compra y venta.
➢ Compra de negocios de declaraciones de cierre de bienes raíces (HUD-1).
➢ Cheques comerciales cancelados.
➢ Los extractos bancarios de una empresa.

Los registros de impuestos deben mantenerse según sea necesario para la administración de cualquier disposición del Código de Rentas Internas. Se deben mantener registros comerciales que respalden un elemento de ingreso o deducción que aparezca en la declaración hasta que finalice el período de limitaciones. Generalmente, ese marco de tiempo es un período de 3 años, aunque ciertos registros deben mantenerse por más de 3 años.

Los registros de empleo deben conservarse durante al menos 4 años después de la fecha en que el impuesto se devenga o se pague. Los registros que pertenecen a activos tales como la propiedad deben mantenerse mientras el contribuyente sea dueño del activo comercial. Otros acreedores, como una compañía de seguros, pueden querer que los registros comerciales se mantengan por más tiempo que el Servicio de Impuestos Internos.

2.7.5 Entertainment Expenses (50% of business meals deductible)

Entertainment expenses must be ordinary and necessary. This includes activities generally considered to provide entertainment, recreation, or amusement to clients, customers, or employees. Expenses for entertainment that are lavish or extravagant are not deductible. An expense is not considered lavish or extravagant if the expense is reasonably based on facts and circumstances related to the business.

Entertainment expense deductions are limited to 50% of the actual expense and are further reduced by the 2% floor. "Entertainment" includes any activity that generally is considered to provide diversion, amusement, or recreation. It does not include club dues and membership fees for such things as country clubs, airline clubs, and hotel clubs. The taxpayer may deduct entertainment expenses only if they are ordinary and necessary. Deducting entertainment expenses must meet either the "directly related" test or the "associated" test.

To qualify for deduction under the "directly related" test, entertainment must meet the following conditions:

➢ The expense must be directly related to the active conduct of business either before, during, or after the entertainment or associated with the active conduct of business.
➢ The expense was to engage in business with the client during the entertainment period.
➢ The entertainment was more than a general expectation of getting income or some other specific business benefit in the future.

To meet the "associated" test, the entertainment must be associated with the active conduct of the taxpayer's trade or business and occur directly before or after a substantial business discussion. Daily lunch or entertainment expenses with subordinates or coworkers are not deductible, even if business is discussed.

Due to the suspension of miscellaneous itemized deductions under section 67(a), employees who do not fit into the approved categories may not use Form 2106. The entertainment expense is included with this deduction. Even if the entertainment is ordinary and necessary, the expense is not a deduction. For example, Jim took his employees on a fishing trip; the excursion is not a business deduction. Business meals may still be allowed at a 50% deduction.

2.7.6 Section 179 Expense Limits

Under Section 179 the total amount to claim cannot exceed $1,160,000. The limitation is reduced, but not below zero, if §179 exceeds $2,800,000. For a sport utility vehicle to qualify for Section 179 expense the cost cannot be more than $25,900.

2.7.7 Depreciation

Depreciation is an annual deduction that allows taxpayers to recover the cost or other basis of their business or investment property over a certain number of years. Depreciation is an allowance for the wear and tear, decline, or uselessness of a property and begins when a taxpayer places property in service for use in a trade or business. The property ceases to be depreciable when the taxpayer has fully recovered the property's cost or other basis or when the property has been retired from service, whichever comes first. Depreciation is reported on Form 4562.

2.7.5 Gastos de entretenimiento (deducible el 50% de las comidas de negocios)

Los gastos de entretenimiento deben ser ordinarios y necesarios. Esto incluye actividades generalmente consideradas para proporcionar entretenimiento, recreación o diversión a clientes, clientes o empleados. Los gastos de entretenimiento que son lujosos o extravagantes no son deducibles. Un gasto no se considera lujoso o extravagante si el gasto se basa razonablemente en hechos y circunstancias relacionados con el negocio.

Las deducciones de gastos de entretenimiento se limitan al 50% del gasto real y se reducen aún más en el piso del 2%. "Entretenimiento" incluye cualquier actividad que generalmente se considera que proporciona diversión, diversión o recreación. No incluye las cuotas del club y las cuotas de membresía para cosas tales como clubes de campo, clubes de aerolíneas y clubes de hoteles. El contribuyente sólo podrá deducir los gastos de representación si son ordinarios y necesarios. La deducción de los gastos de entretenimiento debe cumplir con la prueba "directamente relacionada" o la prueba "asociada".

Para calificar para la deducción bajo la prueba "directamente relacionada", el entretenimiento debe cumplir con las siguientes condiciones:

➢ El gasto debe estar directamente relacionado con la conducta activa de los negocios, ya sea antes, durante o después del entretenimiento o asociado con la conducta activa del negocio.
➢ El gasto era participar en negocios con el cliente durante el período de entretenimiento.
➢ El entretenimiento era más que una expectativa general de obtener ingresos o algún otro beneficio comercial específico en el futuro.

Para cumplir con la prueba "asociada", el entretenimiento debe estar asociado con la conducta activa del comercio o negocio del contribuyente y ocurrir directamente antes o después de una discusión comercial sustancial. Los gastos diarios de almuerzo o entretenimiento con subordinados o compañeros de trabajo no son deducibles, incluso si se discute el negocio.

Debido a la suspensión de deducciones detalladas misceláneas bajo la sección 67(a), los empleados que no encajan en las categorías aprobadas no pueden usar el Formulario 2106. El gasto de entretenimiento está incluido con esta deducción. Incluso si el entretenimiento es ordinario y necesario, el gasto no es una deducción. Por ejemplo, Jim llevó a sus empleados a un viaje de pesca; La excursión no es una deducción comercial. Las comidas de negocios aún se pueden permitir con una deducción del 50%.

2.7.6 Sección 179 Límites de gastos

Con arreglo al artículo 179, la cantidad total a reclamar no puede exceder de 1.160.000 dólares. La limitación se reduce, pero no por debajo de cero, si §179 excede los $2,800,000. Para que un vehículo utilitario deportivo califique para el gasto de la Sección 179, el costo no puede ser superior a $25,900.

2.7.7 Depreciación

La depreciación es una deducción anual que permite a los contribuyentes recuperar el costo u otra base de su negocio o propiedad de inversión durante un cierto número de años. La depreciación es una asignación por el desgaste, la disminución o la inutilidad de una propiedad y comienza cuando un contribuyente pone la propiedad en servicio para su uso en un comercio o negocio. La propiedad deja de ser depreciable cuando el contribuyente ha recuperado completamente el costo de la propiedad u otra base o cuando la propiedad ha sido retirada del servicio, lo que ocurra primero. La depreciación se reporta en el Formulario 4562.

2.7.7.1 Bonus Depreciation

Bonus depreciation was designed to stimulate investment in business property that is not land or buildings. IRC section 168(k) is the code that provides the explanation of the accelerated depreciation. The IRS sometimes refers to bonus depreciation as a "special depreciation allowance". For tax year 2022, the allowable depreciation is 100% of qualified business property. The immediate deduction is eligible for property that has been placed in service between September 27, 2017, and January 1, 2023. After January 1, 2023, the phaseout amounts are:

2023: 80%
2024: 60%
2025: 40%
2026: 20%

Property that qualifies for bonus depreciation must have a useful life of 20 years or less. The property must also be new for the taxpayer. If the taxpayer leased the equipment, prior to purchase, the property is disqualified for bonus depreciation.

Part II reports Special Depreciation Allowance and other Depreciation, such as bonus depreciation.

2.7.7.2 Luxury Auto Depreciation Limits

Maximum deprecation for passenger vehicles acquired after September 27, 2017, and placed in service in 2023 and taxpayer did not opt in for special depreciation. The depreciation is:

First year $12,200 without bonus depreciation
First year $20,200 with bonus depreciation
Second year $19,500
Third year $11,700
Fourth year and later $6,960

The above list also applies to SUVs, truck, and van depreciation.

2.7.7.3 Listed Property Updates

The TCJA removed computer or peripheral equipment from the definition of listed property. This change applies to property placed in service after Dec. 31, 2017.

Listed property refers to certain types of property that may be used for personal and business purposes. For listed property, you're allowed to claim first-year expensing and accelerated MACRS only if business use *exceeds* 50%. Tax law specifies the following as listed property:

➢ Passenger cars weighing 6,000 pounds are less.
➢ Any other property used for transportation if the nature of the property tends to be used as personal property as well. Such as motorcycles, trucks and SUV's, etc.
➢ Any property used for entertainment or recreational purposes such as communication and video recording equipment.

2.7.7.1 Depreciación de bonificación

La depreciación de bonificación fue diseñada para estimular la inversión en propiedades comerciales que no son terrenos o edificios. La sección 168(k) del IRC es el código que proporciona la explicación de la depreciación acelerada. El IRS a veces se refiere a la depreciación de bonificación como una "asignación especial de depreciación". Para el año fiscal 2022, la depreciación permitida es del 100% de la propiedad comercial calificada. La deducción inmediata es elegible para la propiedad que se ha puesto en servicio entre el 27 de septiembre de 2017 y el 1 de enero de 2023. Después del 1 de enero de 2023, los importes de eliminación gradual son:

2023: 80%
2024: 60%
2025: 40%
2026: 20%

La propiedad que califica para la depreciación de bonificación debe tener una vida útil de 20 años o menos. La propiedad también debe ser nueva para el contribuyente. Si el contribuyente arrendó el equipo, antes de la compra, la propiedad está descalificada para la depreciación de bonificación.

En la Parte II se reporta de la Provisión Especial por Depreciación y otras Depreciaciones, como la depreciación de bonificaciones.

2.7.7.2 Límites de depreciación de automóviles de lujo

Desuso máximo para vehículos de pasajeros adquiridos después del 27 de septiembre de 2017 y puestos en servicio en 2023 y el contribuyente no optó por una depreciación especial. La depreciación es:

Primer año	$12,200 sin depreciación de bonificación
Primer año	$20,200 con depreciación de bonificación
Segundo año	$19,500
Tercer año	$11,700
Cuarto año y posteriores	$6,960

La lista anterior también se aplica a la depreciación de SUV, camiones y camionetas.

2.7.7.3 Actualizaciones de propiedades listadas

La TCJA eliminó el equipo informático o periférico de la definición de propiedad listada. Este cambio se aplica a la propiedad puesta en servicio después del 31 de diciembre de 2017.

La propiedad listada se refiere a ciertos tipos de propiedad que pueden usarse para fines personales y comerciales. Para la propiedad listada, se le permite reclamar el gasto del primer año y MACRS acelerado solo si el uso comercial *supera el* 50%. La ley tributaria especifica lo siguiente como propiedad listada:

- ➢ Los autos de pasajeros que pesan 6,000 libras son menos.
- ➢ Cualquier otra propiedad utilizada para el transporte si la naturaleza de la propiedad tiende a ser utilizada como propiedad personal también. Tales como motocicletas, camiones y SUV, etc.
- ➢ Cualquier propiedad utilizada para fines de entretenimiento o recreativos, como equipos de comunicación y grabación de video.

Tax law specifies the following is not listed property:

➢ Any photographic, sound, or video recording equipment that could be used for entertainment or recreational purposes.
➢ Computers and peripheral equipment.
➢ An ambulance, hearse, or vehicle used for transporting persons or for hire.
➢ Any truck or van placed in service after July 3, 2003, that is qualified nonpersonal use.

For 2023 bonus depreciation allowance is 100% for all qualified purchases made between September 27, 2017, and January 1, 2023.

2.8 Schedule D and Form 8949, Overview of Capital Gains and Losses

Almost everything a taxpayer owns and uses for personal or investment purposes is a capital asset. When a capital asset is sold, the difference between the basis in the asset and the amount the item is sold for is either a capital gain or a capital loss. A capital gain is the profit that results from selling an investment (stocks, bonds, or real estate) for a higher price than it was purchased. Capital gains may refer to investment income that arises in relation to real assets (such as property), financial assets (such as shares of stocks or bonds), and intangible assets (such as goodwill). A capital loss arises if the proceeds from the sale of a capital asset are less than the purchase price. The taxpayer can deduct up to a $3,000 loss ($1,500 if filing MFS). The capital loss that exceeds the limit amount may be taken in future years.

Holding Period

The holding period (the length of time an individual "held" or owned a property) determines whether the capital gain or loss is short-term or long-term. To determine the holding period, start counting on the day after the date the taxpayer acquired the property. Holding periods end on the day the taxpayer sold the property. Short-term property is property held for one year (365 days) or less. Long-term property is property held for more than one year. For example, if the taxpayer purchased property on September 20, 2021, and sold it on September 20, 2022, the taxpayer would have a short-term capital gain or loss. However, if the taxpayer waited one more day and sold the property on September 21, 2022, the transaction would be a long-term capital gain or loss. It is important to correctly determine the holding period because the maximum tax rate is based on the holding period. To calculate the total net gain or loss, combine the net short-term gains or losses with the net long-term gains or losses.

Capital Gain Distributions

Capital gains distributions are paid to the taxpayer by brokerage firms, mutual funds, and investment trusts. The capital gains distributions from mutual funds are long-term capital gains regardless of how long the taxpayer owned the stock. Distributions of net-realized short-term capital gains are reported on Form 1099-DIV as ordinary dividends.

La ley tributaria especifica lo siguiente no está listado propiedad:

➢ Cualquier equipo de grabación fotográfica, sonora o de video que pueda usarse con fines de entretenimiento o recreativos.
➢ Computadoras y equipos periféricos.
➢ Una ambulancia, coche fúnebre o vehículo utilizado para el transporte de personas o para alquiler.
➢ Cualquier camión o camioneta puesta en servicio después del 3 de julio de 2003, que sea uso no personal calificado.

Para 2023, la asignación de depreciación de bonificación es del 100% para todas las compras calificadas realizadas entre el 27 de septiembre de 2017 y el 1 de enero de 2023.

2.8 Anexo D y Formulario 8949, Resumen de ganancias y pérdidas de capital

Casi todo lo que un contribuyente posee y utiliza para fines personales o de inversión es un activo de capital. Cuando se vende un activo de capital, la diferencia entre la base en el activo y la cantidad por la que se vende el artículo es una ganancia de capital o una pérdida de capital. Una ganancia de capital es la ganancia que resulta de vender una inversión (acciones, bonos o bienes raíces) por un precio más alto del que se compró. Las ganancias de capital pueden referirse a los ingresos de inversión que surgen en relación con activos reales (como propiedades), activos financieros (como acciones de acciones o bonos) y activos intangibles (como el fondo de comercio). Una pérdida de capital surge si los ingresos de la venta de un activo de capital son menores que el precio de compra. El contribuyente puede deducir hasta una pérdida de $3,000 ($1,500 si presenta MFS). La pérdida de capital que exceda el monto límite puede tomarse en años futuros.

Período de retención

El período de tenencia (el período de tiempo que un individuo "poseía" o poseía una propiedad) determina si la ganancia o pérdida de capital es a corto o largo plazo. Para determinar el período de tenencia, comience a contar el día después de la fecha en que el contribuyente adquirió la propiedad. Los períodos de tenencia terminan el día en que el contribuyente vendió la propiedad. La propiedad a corto plazo es la propiedad mantenida por un año (365 días) o menos. La propiedad a largo plazo es la propiedad mantenida por más de un año. Por ejemplo, si el contribuyente compró una propiedad el 20 de septiembre de 2021 y la vendió el 20 de septiembre de 2022, el contribuyente tendría una ganancia o pérdida de capital a corto plazo. Sin embargo, si el contribuyente esperó un día más y vendió la propiedad el 21 de septiembre de 2022, la transacción sería una ganancia o pérdida de capital a largo plazo. Es importante determinar correctamente el período de tenencia porque la tasa impositiva máxima se basa en el período de tenencia. Para calcular la ganancia o pérdida neta total, combine las ganancias o pérdidas netas a corto plazo con las ganancias o pérdidas netas a largo plazo.

Distribuciones de ganancias de capital

Las distribuciones de ganancias de capital son pagadas al contribuyente por firmas de corretaje, fondos mutuos y fideicomisos de inversión. Las distribuciones de ganancias de capital de los fondos mutuos son ganancias de capital a largo plazo, independientemente de cuánto tiempo el contribuyente haya sido propietario de las acciones. Las distribuciones de ganancias de capital netas realizadas a corto plazo se reportan en el Formulario 1099-DIV como dividendos ordinarios.

Adjusted Basis

To arrive at the adjusted basis, the taxpayer must make allowable adjustments to the basis of the property. The taxpayer would figure the gain or loss on a sale, exchange, or other disposition of property, or would figure the allowable depreciation, depletion, or amortization. The result is the property's adjusted basis.

Increases to Basis

To increase the property basis, the improvements must have a useful life of more than 1 year. Examples of capital improvements that would increase the property basis are an addition to the primary home, replacing the entire roof, and paving the driveway. Each one of these items may have a different class life for depreciation. Each would have to be depreciated by the rules for their property. Each depreciation class should have a separate set of recordkeeping.

Decreases to Basis

There are certain items that will cause the property to decrease its basis. Those items include certain vehicle credits, IRC section 179 deductions, residential energy credits, casualty and theft losses, and insurance reimbursement. See Publication 551.

Determining Capital Gains and Losses

Capital gains or losses are either short-term or long-term. If the property was disposed of and it was inherited, the basis is generally the fair market value of the property at the date of the owner's death. Nonbusiness bad debt is treated as a short-term capital loss.

Chapter 7 Sale of Stocks and Mutual Funds

The taxpayer should receive Form 1099-B, which reports the total proceeds from the sale of stock or mutual funds. The proceeds are reported on Form 8949.

To determine the capital gain on stocks or mutual funds, the taxpayer must know the cost basis. The cost basis is the purchase price plus any costs related to its purchase and/or to any paid commissions. The cost basis is subtracted from the selling price to determine the capital gains. This information, along with the purchase date and sales date, is included on Form 8949. The trade date—not the settlement date—is used to determine whether the transaction is long-term or short-term.

The cost basis of a mutual fund is the cash investment amount plus any reinvested dividends and capital gains minus any returns of capital that were received. If it is less than the entire value of the funds sold, then one must figure the cost basis of the shares sold. To use the average cost per share, the taxpayer must have acquired the shares at various times and various prices and must have left the shares on deposit in an account that is handled by a custodian or agent who acquires or redeems those shares.

Form 8949 is used to report the sales and exchanges of capital assets. It also allows the taxpayer and the IRS to reconcile what has been reported to the IRS on Forms 1099-B or 1099-S.

Base ajustada

Para llegar a la base ajustada, el contribuyente debe hacer ajustes permitidos a la base de la propiedad. El contribuyente calcularía la ganancia o pérdida en una venta, intercambio u otra disposición de propiedad, o calcularía la depreciación, el agotamiento o la amortización permitidos. El resultado es la base ajustada de la propiedad.

Aumentos a la base

Para aumentar la base de la propiedad, las mejoras deben tener una vida útil de más de 1 año. Ejemplos de mejoras de capital que aumentarían la base de la propiedad son una adición a la casa principal, reemplazar todo el techo y pavimentar el camino de entrada. Cada uno de estos artículos puede tener una vida de clase diferente para la depreciación. Cada uno tendría que ser depreciado por las reglas para su propiedad. Cada clase de depreciación debe tener un conjunto separado de mantenimiento de registros.

Disminuciones a base

Hay ciertos elementos que harán que la propiedad disminuya su base. Esos artículos incluyen ciertos créditos de vehículos, deducciones de la sección 179 del IRC, créditos de energía residencial, pérdidas por accidentes y robos y reembolso de seguros. Véase la Publicación 551.

Determinación de ganancias y pérdidas de capital

Las ganancias o pérdidas de capital son a corto o largo plazo. Si la propiedad fue enajenada y heredada, la base es generalmente el valor justo de mercado de la propiedad en la fecha de la muerte del propietario. La deuda incobrable no comercial se trata como una pérdida de capital a corto plazo.

Venta de acciones y fondos mutuos

El contribuyente debe recibir el Formulario 1099-B, que reporta los ingresos totales de la venta de acciones o fondos mutuos. Los ingresos se reportan en el Formulario 8949.

Para determinar la ganancia de capital en acciones o fondos mutuos, el contribuyente debe conocer la base de costos. La base de costo es el precio de compra más cualquier costo relacionado con su compra y / o con cualquier comisión pagada. La base de costo se resta del precio de venta para determinar las ganancias de capital. Esta información, junto con la fecha de compra y la fecha de venta, se incluye en el Formulario 8949. La fecha de negociación, no la fecha de liquidación se utiliza para determinar si la transacción es a largo o corto plazo.

La base de costo de un fondo mutuo es el monto de la inversión en efectivo más los dividendos reinvertidos y las ganancias de capital menos los rendimientos de capital que se recibieron. Si es menor que el valor total de los fondos vendidos, entonces uno debe calcular la base de costo de las acciones vendidas. Para utilizar el costo promedio por acción, el contribuyente debe haber adquirido las acciones en varios momentos y varios precios y debe haber dejado las acciones en depósito en una cuenta que es manejada por un custodio o agente que adquiere o reembolsa esas acciones.

El Formulario 8949 se utiliza para reportar las ventas e intercambios de activos de capital. También permite que el contribuyente y el IRS concilien lo que se ha reportado al IRS en los Formularios 1099-B o 1099-S.

Individual taxpayers report the following information on Form 8949:

- ➢ The sale or exchange of a capital asset.
- ➢ Gains from involuntary conversions.
- ➢ Nonbusiness bad debts.
- ➢ If the security becomes worthless.

When using Form 8949, the taxpayer separates the short-term and long-term capital gains and losses. Generally, if the disposed property was inherited, it is treated as a long-term asset. Remember, when figuring the holding period, the calculation starts one day after the property has been received. Short-term losses and gains are reported in Form 8949, Part I. Long-term losses and gains are reported in Form 8949, Part II.

Example: Rachel purchased 300 shares of Imperial Soap for $1,000. She sold the stock this year for $1,200. Rachel realized a gain of $200, not the $1,200 in proceeds she received from the sale. Only the $200 is included in gross income since the $1,000 is Rachel's return of capital.

Columns F and G are only completed if you received a corrected Form 1099-B, a 1099-S, or some substitute statement, which would include codes designating what was incorrect on the original form that needed to be changed.

2.9 Standard Deduction

There are two types of deductions available to taxpayers: standard or itemized deductions. The total amount is subtracted from the taxpayer's adjusted gross income to reduce the taxpayer's tax liability. Taxpayers must choose the one that is best for them. As a tax professional they should use the one that reduces the taxpayer's taxable liability the most.

Itemized deductions are a variety of personal expenses designated clearly as itemized deductions to help taxpayers lower their tax liability. The standard deduction is a pre-determined dollar amount based on the taxpayer's filing status. Standard deductions do not require taxpayers to save receipts for actual personal expenses such as medical bills, charitable contributions, and certain deductible taxes.

The standard deduction is not always an option for every taxpayer. In cases like these (for example, if the taxpayer's standard deduction amount is zero), it is best to check if itemizing deductions would benefit the taxpayer. Taxpayers are required to itemize deductions in the following:

- ➢ A taxpayer is married, filing a separate return, and their spouse itemizes deductions.
- ➢ The taxpayer is filing a tax return for a short tax year because of a change in his or her annual accounting period.
- ➢ The taxpayer is a nonresident or dual-status alien during the year. The taxpayer is a dual-status alien if both a nonresident and a resident alien during the year. Suppose the nonresident alien is married to a U.S. citizen or resident alien at the end of the year. In that case, the nonresident alien or the resident alien can choose to be treated as a U.S. resident.

Los contribuyentes individuales reportan la siguiente información en el Formulario 8949:

> ➢ La venta o intercambio de un activo de capital.
> ➢ Ganancias de las conversiones involuntarias.
> ➢ Deudas incobrables no comerciales.
> ➢ Si la seguridad se vuelve inútil.

Al usar el Formulario 8949, el contribuyente separa las ganancias y pérdidas de capital a corto y largo plazo. Generalmente, si la propiedad enajenada fue heredada, se trata como un activo a largo plazo. Recuerde, al calcular el período de retención, el cálculo comienza un día después de que se haya recibido la propiedad. Las pérdidas y ganancias a corto plazo se reportan en el Formulario 8949, Parte I. Las pérdidas y ganancias a largo plazo se reportan en el Formulario 8949, Parte II.

Ejemplo: Rachel compró 300 acciones de Imperial Soap por $1,000. Ella vendió las acciones este año por $1,200. Rachel obtuvo una ganancia de $200, no los $1,200 en ganancias que recibió de la venta. Solo los $200 se incluyen en el ingreso bruto, ya que los $1,000 son el retorno de capital de Rachel.

Las columnas F y G solo se completan si recibió un Formulario 1099-B corregido, un 1099-S o alguna declaración sustitutiva, que incluiría códigos que designan lo que era incorrecto en el formulario original que necesitaba ser cambiado.

2.9 Deducción estándar

Hay dos tipos de deducciones disponibles para los contribuyentes: deducciones estándar o detalladas. El monto total se resta del ingreso bruto ajustado del contribuyente para reducir la obligación tributaria del contribuyente. Los contribuyentes deben elegir el que sea mejor para ellos. Como profesional de impuestos, deben usar el que más reduzca la responsabilidad imponible del contribuyente.

Las deducciones detalladas son una variedad de gastos personales designados claramente como deducciones detalladas para ayudar a los contribuyentes a reducir su obligación tributaria. La deducción estándar es una cantidad predeterminada en dólares basada en el estado civil del contribuyente. Las deducciones estándar no requieren que los contribuyentes guarden recibos para gastos personales reales, como facturas médicas, contribuciones caritativas y ciertos impuestos deducibles.

La deducción estándar no siempre es una opción para todos los contribuyentes. En casos como estos (por ejemplo, si el monto de la deducción estándar del contribuyente es cero), es mejor verificar si detallar las deducciones beneficiaría al contribuyente. Los contribuyentes deben detallar las deducciones en lo siguiente:

> ➢ Un contribuyente está casado, presenta una declaración por separado y su cónyuge detalla las deducciones.
> ➢ El contribuyente está presentando una declaración de impuestos para un año fiscal corto debido a un cambio en su período contable anual.
> ➢ El contribuyente es un extranjero no residente o de doble estatus durante el año. El contribuyente es un extranjero de doble estatus si tanto un extranjero no residente como un extranjero residente durante el año. Supongamos que el extranjero no residente está casado con un ciudadano estadounidense o extranjero residente al final del año. En ese caso, el extranjero no residente o el extranjero residente puede optar por ser tratado como residente de los Estados Unidos.

Itemized deductions are discussed further in another chapter. See Publication 519.

Standard Deductions

The standard deduction amount varies depending on the taxpayer's filing status. Other factors that determine the amount of the allowable standard deduction are as follows:

> ➤ Is the taxpayer considered age 65 or older?
> ➤ Is the taxpayer blind?
> ➤ Is the taxpayer claimed as a dependent on another individual's tax return?

Standard Deduction for Most People

These deduction amounts apply to most people and are for the current year's filing status.*

Filing Status and Standard Deduction	Tax Year 2021	Tax Year 2022	Tax Year 2023
Single	$12,550	$12,950	$13,850
Married Filing Jointly and Qualifying Surviving Spouse	$25,100	$25,900	$27,700
Married Filing Separately	$12,550	$12,950	$13,850
Head of Household	$18,800	$19,400	$20,800

*Do not use the chart if:

> ➤ The taxpayer was born before January 2, 1958.
> ➤ The taxpayer is blind.
> ➤ Someone else can claim the taxpayer or taxpayer's spouse as a dependent if filing status is MFJ.

Example: Tax year 2022, Lilly is 26 years old, never married, and does not have children or other dependents. Lilly's filing status will be Single. Use the above chart. Her standard deduction will be $12,950.

Standard Deduction for Dependents

The standard deduction amount is limited if the taxpayer is a dependent on another return. The dependent's standard deduction amount will either be a). $1,150; or b). the taxpayer's earned income amount for the year, plus $400 if it does not exceed the regular standard deduction, whichever is greater. If the taxpayer is 65 or older or blind, they may still be eligible for a higher standard deduction even if claimed as a dependent.

Earned income consists of salaries, wages, tips, professional fees, and all other monetary amounts received for any work the taxpayer performed. Include scholarships or fellowship grants in the gross income to calculate the standard deduction correctly. For more information on what qualifies as a scholarship or fellowship grant. See Publication 970.

Las deducciones detalladas se discuten más adelante en otro capítulo. Véase la Publicación 519.

Deducciones estándar

El monto estándar de la deducción varía según el estado civil del contribuyente. Otros factores que determinan el monto de la deducción estándar permitida son los siguientes:

- ➤ ¿Se considera que el contribuyente tiene 65 años o más?
- ➤ ¿El contribuyente es ciego?
- ➤ ¿Se reclama al contribuyente como dependiente en la declaración de impuestos de otra persona?

Deducción estándar para la mayoría de las personas

Estos montos de deducción se aplican a la mayoría de las personas y son para el estado civil del año en curso. *

Estado civil y deducción estándar	Año Tributario 2021	Año Tributario 2022	Año Tributario 2023
Soltero	$12,550	$12,950	$13,850
Casados declarando en conjunto y cónyuge sobreviviente calificado	$25,100	$25,900	$27,700
Casados declarando por separado	$12,550	$12,950	$13,850
Cabeza de familia	$18,800	$19,400	$20,800

*No utilice la tabla si:

- ➤ El contribuyente nació antes del 2 de enero de 1958.
- ➤ El contribuyente es ciego.
- ➤ Otra persona puede reclamar al contribuyente o al cónyuge del contribuyente como dependiente si el estado civil es MFJ.

Ejemplo: Año fiscal 2022, Lilly tiene 26 años, nunca se casó y no tiene hijos u otros dependientes. El estado civil de Lilly será Soltero. Utilice la tabla anterior. Su deducción estándar será de $12,950.

Deducción estándar para dependientes

El monto de la deducción estándar está limitado si el contribuyente depende de otra declaración. El monto de deducción estándar del dependiente será a). 1.150 dólares; o b). El monto del ingreso del trabajo del contribuyente para el año, más $400 si no excede la deducción estándar regular, lo que sea mayor. Si el contribuyente tiene 65 años o más o es ciego, aún puede ser elegible para una deducción estándar más alta, incluso si se reclama como dependiente.

El ingreso del trabajo consiste en sueldos, salarios, propinas, honorarios profesionales y todas las demás cantidades monetarias recibidas por cualquier trabajo que el contribuyente haya realizado. Incluya becas o becas en el ingreso bruto para calcular correctamente la deducción estándar. Para obtener más información sobre lo que califica como una beca o subvención de beca. Véase la Publicación 970.

2.10 Schedule A, Itemized Deductions

Itemized deductions are beneficial if the total amount exceeds the standard deduction. Some taxpayers must itemize deductions because they do not qualify for the standard deduction. Taxpayers not eligible for the standard deduction include nonresident aliens and individuals who file a tax return for less than 12 months. When a married couple files individual returns, if one spouse itemizes deductions, the other spouse must also itemize deductions. Even if standard deductions deliver the best option for them. See Publication 501, *Exemptions, Standard Deduction, and Filing Information.*

Chapter 8 Itemizing While Married Filing Separate

If taxpayers are filing MFS and one spouse itemizes, the other spouse is obligated to itemize. This is true even if the spouse's total deductions may be less than the standard deduction to which the individual would otherwise be entitled. If one spouse later amends the return, the other spouse must also amend their return. To formally agree to the amendments, both taxpayers must file a "consent to assessment" for any additional tax that one might owe as a result of the amendment. In the case of a spouse who qualifies to file as Head of household, this rule will not apply. The spouse who qualifies as Head of household is not required to itemize deductions even if the spouse who is required to file MFS decides to itemize their deductions. However, if the spouse filing Head of household decides to itemize deductions, the spouse filing MFS is required to itemize deductions.

2.10.1 Medical and Dental Expenses

Medical care expenses can be deducted if amounts are paid for the diagnosis, cure, treatment, or prevention of a disease or condition affecting any part or function of the body. Procedures such as facelifts, hair transplants, hair removal, and liposuction are generally not deductible. Cosmetic surgery is only deductible if it is to improve a deformity arising from or directly related to a congenital abnormality, a personal injury from an accident or trauma, or a disfiguring disease. Medications are only deductible if prescribed by a doctor. The taxpayer can deduct any medical and dental expenses that exceed 7.5% of the taxpayer's AGI as shown on Form 1040, page 1, line 10.

Examples of nondeductible medical expenses include over-the-counter medications, bottled water, diaper services, expenses for general health items, health club dues (unless related to a specific medical condition), funeral expenses, illegal operations and treatments, weight-loss programs (unless recommended by a doctor for a specific medical condition), and swimming pool dues. However, prescribed therapeutic swimming costs are deductible.

The medical mileage rate for 2022 is 18 cents per mile from January to June and 22 cents per mile from July to December. For 2023 the rate is the same: 22 cents per mile.

2.10 Anexo A, Deducciones detalladas

Las deducciones detalladas son beneficiosas si el monto total excede la deducción estándar. Algunos contribuyentes deben detallar las deducciones porque no califican para la deducción estándar. Los contribuyentes que no son elegibles para la deducción estándar incluyen extranjeros no residentes y personas que presentan una declaración de impuestos por menos de 12 meses. Cuando una pareja casada presenta declaraciones individuales, si uno de los cónyuges detalla las deducciones, el otro cónyuge también debe detallar las deducciones. Incluso si las deducciones estándar ofrecen la mejor opción para ellos. Consulte la Publicación 501, *Exenciones, deducción estándar e información de presentación.*

Desglosar mientras está casado Presentar una declaración por separado

Si los contribuyentes están presentando MFS y uno de los cónyuges detalla, el otro cónyuge está obligado a detallar. Esto es cierto incluso si las deducciones totales del cónyuge pueden ser menores que la deducción estándar a la que el individuo tendría derecho de otro modo. Si uno de los cónyuges modifica posteriormente la declaración, el otro cónyuge también debe modificar su declaración. Para aceptar formalmente las enmiendas, ambos contribuyentes deben presentar un "consentimiento para la evaluación" para cualquier impuesto adicional que uno pueda deber como resultado de la enmienda. En el caso de un cónyuge que califica para presentar una declaración como Cabeza de familia, esta regla no se aplicará. El cónyuge que califica como Cabeza de familia no está obligado a detallar las deducciones, incluso si el cónyuge que debe presentar MFS decide detallar sus deducciones. Sin embargo, si el cónyuge que presenta la declaración como Cabeza de familia decide detallar las deducciones, se requiere que el cónyuge que presenta MFS detalle las deducciones.

2.10.1 Gastos médicos y dentales

Los gastos de atención médica se pueden deducir si se pagan cantidades para el diagnóstico, cura, tratamiento o prevención de una enfermedad o afección que afecte cualquier parte o función del cuerpo. Los procedimientos como estiramientos faciales, trasplantes de cabello, depilación y liposucción generalmente no son deducibles. La cirugía estética solo es deducible si es para mejorar una deformidad que surge o está directamente relacionada con una anomalía congénita, una lesión personal de un accidente o trauma, o una enfermedad desfigurante. Los medicamentos solo son deducibles si son recetados por un médico. El contribuyente puede deducir cualquier gasto médico y dental que exceda el 7.5% de la AGI del contribuyente como se muestra en el Formulario 1040, página 1, línea 10.

Ejemplos de gastos médicos no deducibles incluyen medicamentos de venta libre, agua embotellada, servicios de pañales, gastos de artículos de salud general, cuotas del club de salud (a menos que estén relacionadas con una condición médica específica), gastos funerarios, operaciones y tratamientos ilegales, programas de pérdida de peso (a menos que lo recomiende un médico para una condición médica específica) y cuotas de piscina. Sin embargo, los costos de natación terapéutica prescritos son deducibles.

La tarifa de kilometraje médico para 2022 es de 18 centavos por milla de enero a junio y de 22 centavos por milla de julio a diciembre. Para 2023 la tarifa es la misma: 22 centavos por milla.

Chapter 9 Medical Expense Reimbursement

Taxpayers can deduct only their medical amounts paid during the taxable year. If the taxpayer receives a reimbursement for a medical expense, the taxpayer must reduce their total medical deduction for the year. If taxpayers are reimbursed for more than their medical expenses, they may have to include the excess as income. If the taxpayer paid the entire premium for medical insurance, the taxpayer would not include the excess reimbursement as gross income.

2.10.2 State and Local Tax Deduction ($10,000 married / $5,000 married filing separately)

State and local tax amounts withheld from wages are reported on line 5 of Schedule A, and the taxpayer may deduct the amounts of the following state and local taxes to reduce the taxpayer's federal tax liability:

➢ State and local taxes withheld from wages during the current tax year.
➢ State estimated tax payments made during the current year.
➢ State and local taxes paid in the current tax year for a prior tax year.
➢ Mandatory contributions made to the California, New Jersey, or New York Non-occupational Disability Benefit Fund.
➢ Mandatory contributions made to the Rhode Island Temporary Disability Fund or Washington State Supplemental Workmen's Compensation Fund.
➢ Mandatory contributions to the Alaska, California, New Jersey, or Pennsylvania state unemployment funds.
➢ Mandatory contributions to state family leave programs such as the New Jersey Family Leave Insurance (FLI) program and the California Paid Family Leave program.

Interest and penalties for paying taxes late are never a deduction. For tax returns after December 31, 2017, and before January 1, 2026, the state and local tax (SALT) is capped at $10,000 or $5,000 if the taxpayer is married filing separate.

2.10.3 Home Mortgage Interest and Home Equity Loans

Home acquisition debt is a mortgage that a taxpayer took out to buy, build, or substantially improve a qualified home. A qualified loan is a loan used to acquire the taxpayer's primary residence or a second home, and the loan must be secured by the individual property.
A home mortgage is any loan that is secured for the taxpayer's main home or second home. To make the mortgage interest deductible, the loan must be secured and can be a first or second mortgage, a home improvement loan, or a home equity loan. The deductibility of interest expense is determined based on how the loan proceeds are used, otherwise referred to as interest tracing. For loans acquired before the TCJA went into effect on December 15, 2017, the interest on up to $1 million of debt ($500,000 for Married filing separately) that was used for acquiring, constructing, or substantially improving the residence is deductible.

If the taxpayer has a primary home and a second home, the home acquisition and home equity debt dollar limit apply to the total mortgage on both homes.

Reembolso de gastos médicos

Los contribuyentes pueden deducir solo sus montos médicos pagados durante el año fiscal. Si el contribuyente recibe un reembolso por un gasto médico, el contribuyente debe reducir su deducción médica total para el año. Si a los contribuyentes se les reembolsa más que sus gastos médicos, es posible que tengan que incluir el exceso como ingreso. Si el contribuyente pagó la prima completa del seguro médico, el contribuyente no incluiría el exceso de reembolso como ingreso bruto.

2.10.2 Deducción de impuestos estatales y locales ($10,000 casados / $5,000 casados declarando por separado)

Los montos de impuestos estatales y locales retenidos de los salarios se reportan en la línea 5 del Anexo A, y el contribuyente puede deducir los montos de los siguientes impuestos estatales y locales para reducir la obligación tributaria federal del contribuyente:

> ➢ Impuestos estatales y locales retenidos de los salarios durante el año fiscal actual.
> ➢ Pagos de impuestos estimados del estado realizados durante el año en curso.
> ➢ Impuestos estatales y locales pagados en el año fiscal actual para un año fiscal anterior.
> ➢ Contribuciones obligatorias hechas al Fondo de Beneficios por Discapacidad No Ocupacional de California, Nueva Jersey o Nueva York.
> ➢ Contribuciones obligatorias hechas al Fondo de Incapacidad Temporal de Rhode Island o al Fondo de Compensación Suplementaria para Trabajadores del Estado de Washington.
> ➢ Contribuciones obligatorias a los fondos de desempleo estatales de Alaska, California, Nueva Jersey o Pensilvania.
> ➢ Contribuciones obligatorias a los programas estatales de licencia familiar, como el programa de Seguro de Licencia Familiar de Nueva Jersey (FLI) y el programa de Licencia Familiar Pagada de California.

Los intereses y las multas por pagar impuestos tarde nunca son una deducción. Para las declaraciones de impuestos después del 31 de diciembre de 2017 y antes del 1 de enero de 2026, el impuesto estatal y local (SALT) tiene un límite de $10,000 o $5,000 si el contribuyente está casado y presenta una declaración por separado.

2.10.3 Intereses hipotecarios y préstamos con garantía hipotecaria

La deuda de adquisición de vivienda es una hipoteca que un contribuyente sacó para comprar, construir o mejorar sustancialmente una casa calificada. Un préstamo calificado es un préstamo utilizado para adquirir la residencia principal del contribuyente o una segunda vivienda, y el préstamo debe estar garantizado por la propiedad individual.
Una hipoteca de vivienda es cualquier préstamo que está garantizado para la casa principal o segunda casa del contribuyente. Para que el interés hipotecario sea deducible, el préstamo debe estar garantizado y puede ser una primera o segunda hipoteca, un préstamo para mejoras en el hogar o un préstamo con garantía hipotecaria. La deducibilidad de los gastos por intereses se determina en función de cómo se utilizan los fondos del préstamo, también conocido como rastreo de intereses. Para los préstamos adquiridos antes de que la TCJA entrara en vigor el 15 de diciembre de 2017, el interés de hasta $1 millón de deuda ($500,000 para la presentación de casados por separado) que se utilizó para adquirir, construir o mejorar sustancialmente la residencia es deducible.

Si el contribuyente tiene una vivienda principal y una segunda vivienda, el límite en dólares de adquisición de vivienda y deuda con garantía hipotecaria se aplica al total de la hipoteca de ambas viviendas.

For home loans secured after December 15, 2017, the deductible amount is limited to $750,000 ($375,000 for Married filing separately). Taxpayers may use the 2017 threshold amounts if the following are true:

- ➤ if the home acquisition debt was taken on prior to December 16, 2017
- ➤ if they entered into a written, binding contract on or before December 15, 2017, in order to close on a principal residence before January 1, 2018
- ➤ if they purchased the property before April 1, 2018.

If a taxpayer refinances a home acquisition loan that was acquired before the TCJA went into effect, the refinanced loan is subject to the same provisions as the original, pre-TCJA loan, but only up to the amount of the balance of the original loan. Any additional debt not used to buy, build, or substantially improve the home is not a home acquisition debt. For example, Cheryl took out a home equity line of credit for $100,000. She used $10,000 to redo the master bedroom and then used the rest to go on a world cruise. The $10,000 could be used as home acquisition debt, she is unable to use the world cruise as home acquisition debt. That could be considered income to Cheryl. See Publication 936.

Grandfathered Debt

If the taxpayer took out a mortgage on their home before October 14, 1987, or refinanced the loan, it may qualify as grandfathered debt. Grandfathered debt does not limit the amount of interest that can be deducted. All the interest paid on this loan is fully deductible home mortgage interest. However, the grandfathered debt amount could limit the home acquisition debt. For example, Sergio took out a first mortgage of $200,000 to buy a house in 1986. The mortgage was a 7-year balloon note, and the entire balance on the note was due in 1993. Sergio refinanced the debt in 1993 with a new 30-year mortgage. The refinanced debt is treated as grandfathered debt for the entire 30 years of the loan.

The main home is the property where the taxpayer lives the most. The second home is a similar property. The main or second home could be a boat or recreational vehicle, both must provide basic living accommodations, which include a sleeping space, a toilet, and cooking facilities. Mortgage interest and points are reported to the taxpayer on Form 1098 and entered on line 8 of Schedule A.

Form 1098, *Mortgage Interest Statement*, usually includes the paid amounts of mortgage interest, real estate taxes, and points (defined below). Mortgage companies will often "sell" mortgages during the year. If this occurs, the taxpayer could receive a Form 1098 from each mortgage company.

Mortgage interest paid to an individual not issued on Form 1098 is reported on line 8b of Schedule A. The recipient's name and Social Security number or employer identification number is required. Failure to provide this information may result in a $50 penalty.

Points, often called loan origination fees, maximum loan charges, loan discounts, or discount points, are prepaid interest. Points that the seller pays for on behalf of the borrower are treated as being paid by the borrower. This allows the borrower, not the seller, to deduct these points as interest.

Para los préstamos hipotecarios garantizados después del 15 de diciembre de 2017, el monto del deducible está limitado a $750,000 ($375,000 para los casados que presentan una declaración por separado). Los contribuyentes pueden usar los montos del umbral de 2017 si se cumple lo siguiente:

> ➢ si la deuda de adquisición de vivienda se asumió antes del 16 de diciembre de 2017
> ➢ si celebraron un contrato escrito y vinculante a más tardar el 15 de diciembre de 2017, para cerrar una residencia principal antes del 1 de enero de 2018
> ➢ si compraron la propiedad antes del 1 de abril de 2018.

Si un contribuyente refinancia un préstamo para la adquisición de vivienda que se adquirió antes de que la TCJA entrara en vigor, el préstamo refinanciado está sujeto a las mismas disposiciones que el préstamo original, anterior a la TCJA, pero solo hasta el monto del saldo del préstamo original. Cualquier deuda adicional que no se utilice para comprar, construir o mejorar sustancialmente la casa no es una deuda de adquisición de vivienda. Por ejemplo, Cheryl sacó una línea de crédito sobre el valor neto de la vivienda por $100,000. Usó $10,000 para rehacer el dormitorio principal y luego usó el resto para ir en un crucero mundial. Los $10,000 podrían usarse como deuda de adquisición de vivienda, ella no puede usar el crucero mundial como deuda de adquisición de vivienda. Eso podría considerarse un ingreso para Cheryl. Véase la publicación 936.

Deuda exenta

Si el contribuyente tomó una hipoteca sobre su casa antes del 14 de octubre de 1987, o refinanció el préstamo, puede calificar como deuda de derechos adquiridos. La deuda con derechos adquiridos no limita la cantidad de intereses que se pueden deducir. Todos los intereses pagados por este préstamo son totalmente deducibles de interés hipotecario. Sin embargo, el monto de la deuda exenta podría limitar la deuda de adquisición de vivienda. Por ejemplo, Sergio sacó una primera hipoteca de $200,000 para comprar una casa en 1986. La hipoteca era una nota globo a 7 años, y el saldo total de la nota vencía en 1993. Sergio refinanció la deuda en 1993 con una nueva hipoteca a 30 años. La deuda refinanciada se trata como deuda exenta durante los 30 años completos del préstamo.

La vivienda principal es la propiedad donde más vive el contribuyente. La segunda casa es una propiedad similar. El hogar principal o segundo podría ser un bote o un vehículo recreativo, ambos deben proporcionar alojamiento básico, que incluye un espacio para dormir, un baño e instalaciones para cocinar. Los intereses y puntos hipotecarios se reportan al contribuyente en el Formulario 1098 y se ingresan en la línea 8 del Anexo A.

El Formulario 1098, *Declaración de intereses hipotecarios, generalmente incluye los montos pagados de intereses hipotecarios*, impuestos sobre bienes raíces y puntos (definidos a continuación). Las compañías hipotecarias a menudo "venderán" hipotecas durante el año. Si esto ocurre, el contribuyente podría recibir un Formulario 1098 de cada compañía hipotecaria.

El interés hipotecario pagado a una persona no emitida en el Formulario 1098 se reporta en la línea 8b del Anexo A. Se requiere el nombre del destinatario y el número de Seguro Social o el número de identificación del empleador. No proporcionar esta información puede resultar en una multa de $50.

Los puntos, a menudo llamados cargos de originen de préstamos, cargos máximos de préstamo, descuentos de préstamos o puntos de descuento, son intereses pagados por adelantado. Los puntos que el vendedor paga en nombre del prestatario se tratan como pagados por el prestatario. Esto permite al prestatario, no al vendedor, deducir estos puntos como intereses.

The full amount of paid points cannot be 100% deducted in the year of purchase or refinance. Points are considered prepaid interest and are generally deducted over the life of the mortgage on an annual basis. Form 1098 points need to meet the following conditions:

1. Points are clearly designated on HUD-1 or HUD Closing Settlement points with titles
   a. loan discount
   b. discount points
   c. points
2. Points were computed as a percentage of the specified principal loan amount
3. Charged under a business practice of charging points where the loan was issued and does not exceed the generally charged in the area
4. Points were paid for the acquisition of the taxpayer's principal residence
5. Points were paid directly by the taxpayer. Points were paid directly if either one applies:
   a. Funds were not borrowed from the lender by the taxpayer
   b. The seller paid the points on behalf of the taxpayer

Points paid when borrowing money for a refinance are normally deductible over the life of the loan. If the taxpayer pays off a mortgage early, the taxpayer can deduct the remaining points in the year the loan was paid off. Points are currently deductible only if paid from the taxpayer's funds. Financed points must be deducted over the life of the loan. If the taxpayer refinances and ends the loan, the remaining points are deducted when the life of the loan ends.

2.10.4 Charitable Contributions

Contributions made to "qualified domestic organizations" by individuals and corporations are deductible as charitable contributions. Contributions of money or property, such as clothing, to qualified organizations may be deducted. Dues, fees, or bills to clubs, lodges, fraternal orders, civic leagues, political groups, for-profit organizations, or similar groups are not deductible. Gifts of money or property given to an individual are also not deductible, even if they were given for noble reasons. Raffle tickets or church bingo games would not be a deductible expense (they may count as gambling expenses). Another nondeductible item are Super Bowl squares by qualified domestic organizations. If the taxpayer received a benefit (for example, a gift of $60) from the donation, the donation amount must be reduced by the value of the benefit.

Chapter 10 Cash Contributions

Cash contributions include those paid by cash, checks, electronic funds transfer, debit card, credit card, or payroll deduction. Cash contributions are not deductible regardless of the amount unless the taxpayer keeps one of the following:

➢ A bank record that shows the name of the eligible organization, the date of the contribution, and the amount of the contribution. Bank records may include:
   o A canceled check.
   o A bank or credit union statement.
   o A credit card statement.

El monto total de los puntos pagados no se puede deducir al 100% en el año de compra o refinanciamiento. Los puntos se consideran intereses pagados por adelantado y generalmente se deducen anualmente durante la vigencia de la hipoteca. Los puntos del Formulario 1098 deben cumplir con las siguientes condiciones:

1. Los puntos están claramente designados en los puntos de liquidación de cierre HUD-1 o HUD con títulos
   A. Descuento de préstamo
   B. Puntos de descuento
   C. Puntos
2. Los puntos se calcularon como un porcentaje del monto del préstamo principal especificado
3. Se cobra bajo una práctica comercial de puntos de carga donde se emitió el préstamo y no excede el cobrado generalmente en el área
4. Se pagaron puntos por la adquisición de la residencia principal del contribuyente
5. Los puntos eran pagados directamente por el contribuyente. Los puntos se pagaron directamente si cualquiera de ellos aplica:
   a. Los fondos no fueron tomados prestados del prestamista por el contribuyente
   b. b. El vendedor pagó los puntos en nombre del contribuyente

Los puntos pagados al pedir dinero prestado para un refinanciamiento normalmente son deducibles durante la vigencia del préstamo. Si el contribuyente paga una hipoteca antes de tiempo, el contribuyente puede deducir los puntos restantes en el año en que se pagó el préstamo. Actualmente, los puntos son deducibles solo si se pagan con los fondos del contribuyente. Los puntos financiados deben deducirse durante la vida del préstamo. Si el contribuyente refinancia y termina el préstamo, los puntos restantes se deducen cuando termina la vida del préstamo.

2.10.4 Contribuciones caritativas

Las contribuciones hechas a "organizaciones nacionales calificadas" por individuos y corporaciones son deducibles como contribuciones caritativas. Las contribuciones de dinero o propiedad, como ropa, a organizaciones calificadas pueden ser deducidas. Las cuotas, cuotas o facturas a clubes, logias, órdenes fraternales, ligas cívicas, grupos políticos, organizaciones con fines de lucro o grupos similares no son deducibles. Los regalos de dinero o propiedad dados a un individuo tampoco son deducibles, incluso si fueron dados por razones nobles. Los boletos de la rifa o los juegos de bingo de la iglesia no serían un gasto deducible (pueden contar como gastos de juego). Otro elemento no deducible son las plazas del Super Bowl de organizaciones nacionales calificadas. Si el contribuyente recibió un beneficio (por ejemplo, un regalo de $60) de la donación, el monto de la donación debe reducirse por el valor del beneficio.

Contribuciones en efectivo

Las contribuciones en efectivo incluyen aquellas pagadas en efectivo, cheques, transferencia electrónica de fondos, tarjeta de débito, tarjeta de crédito o deducción de nómina. Las contribuciones en efectivo no son deducibles independientemente de la cantidad, a menos que el contribuyente mantenga uno de los siguientes:

➤ Un registro bancario que muestra el nombre de la organización elegible, la fecha de la contribución y el monto de la contribución. Los registros bancarios pueden incluir:
   o Un cheque cancelado.
   o Un estado de cuenta bancario o de la cooperativa de crédito.
   o Un extracto de tarjeta de crédito.

> ➤ A receipt or a letter or other written communication from the qualified organization showing the name of the organization, the date of the contribution, and the amount of the contribution.
> ➤ The payroll deduction records, or a pledge card or other document prepared by the organization. The document from the organization must show the name of the organization.

The tax professional should not overlook charitable contributions made through payroll deductions; they would appear on the taxpayer's last check stub or W-2. Make sure that the payroll deductions are not pretax contributions. Pretax contributions are not deductible. Advise your clients to make donations with checks, not cash. Make sure they get a receipt for all cash donations.

Other Than by Cash or Check

If the taxpayer gives items such as clothing or furniture, the taxpayer will be able to deduct the fair market value (FMV) at the time of the donation. The FMV is what a willing buyer would pay to purchase when both the buyer and seller are aware of the condition of the sale. If the noncash deduction amount is over $500, the taxpayer must fill out Form 8283. If the contribution is a motor vehicle, boat, or airplane, the organization accepting the donation must issue the taxpayer Form 1098-C with the required information for the taxpayer to attach it to Form 8283. If the deduction is over $5,000, the taxpayer must get an appraisal of the donated property. For more information, see Publication 526 and Instructions for Schedule A.

When taxpayers give items to Goodwill, AMVETS, etc., they must keep a list of the items donated as well as obtain and keep the receipt. Donated items are priced according to their resale value, not the price of the item when it was new.

2.10.4.1 60% AGI Limit for Cash Contribution Suspended

The 50% AGI ceiling limitation has been increased to 60% of AGI. This applies to carryovers as well.

2.10.4.2 Contemporaneous Written Acknowledgement Required for $250 or More

The written communication must include the name of the charity, the date of the contribution, and the amount of the contribution. If the contribution was more than $250, the taxpayer should receive a statement from the charitable organization. When figuring $250 or more, do not combine separate donations. The charitable organization must include the following on the letter or statement:

> ➤ The amount of money that was contributed and a description of any property that was donated.
> ➤ Whether or not the organization provided goods or services to the taxpayer in return; a description and estimate value of the taxpayer's contribution must be included.

> ➢ Un recibo o una carta u otra comunicación escrita de la organización calificada que muestre el nombre de la organización, la fecha de la contribución y el monto de la contribución.
> ➢ Los registros de deducción de nómina, o una tarjeta de compromiso u otro documento preparado por la organización. El documento de la organización debe mostrar el nombre de la organización.

El profesional de impuestos no debe pasar por alto las contribuciones caritativas realizadas a través de deducciones de nómina; aparecerían en el último talón de cheque del contribuyente o W-2. Asegúrese de que las deducciones de nómina no sean contribuciones antes de impuestos. Las contribuciones antes de impuestos no son deducibles. Aconseje a sus clientes que hagan donaciones con cheques, no con efectivo. Asegúrese de que obtengan un recibo de todas las donaciones en efectivo.

Que no sea en efectivo o cheque

Si el contribuyente da artículos como ropa o muebles, el contribuyente podrá deducir el valor justo de mercado (FMV) en el momento de la donación. El FMV es lo que un comprador dispuesto pagaría para comprar cuando tanto el comprador como el vendedor son conscientes de la condición de la venta. Si el monto de la deducción no monetaria es superior a $500, el contribuyente debe completar el Formulario 8283. Si la contribución es un vehículo motorizado, barco o avión, la organización que acepta la donación debe emitir el Formulario 1098-C del contribuyente con la información requerida para que el contribuyente lo adjunte al Formulario 8283. Si la deducción es superior a $5,000, el contribuyente debe obtener una tasación de la propiedad donada. Para obtener más información, consulte la Publicación 526 y las Instrucciones para el Anexo A.

Cuando los contribuyentes donan artículos a Goodwill, AMVETS, etc., deben mantener una lista de los artículos donados, así como obtener y conservar el recibo. Los artículos donados tienen un precio de acuerdo con su valor de reventa, no el precio del artículo cuando era nuevo.

2.10.4.1 Suspensión del límite del 60% de AGI para la contribución en efectivo

La limitación del límite máximo del 50% de AGI se ha aumentado al 60% de AGI. Esto también se aplica a los remanentes.

2.10.4.2 Se requiere un reconocimiento escrito contemporáneo por $250 o más

La comunicación escrita debe incluir el nombre de la organización benéfica, la fecha de la contribución y el monto de la contribución. Si la contribución fue más de $250, el contribuyente debe recibir una declaración de la organización caritativa. Al calcular $250 o más, no combine donaciones separadas. La organización caritativa debe incluir lo siguiente en la carta o declaración:

> ➢ La cantidad de dinero que se contribuyó y una descripción de cualquier propiedad que se donó.
> ➢ Si la organización proporcionó o no bienes o servicios al contribuyente a cambio; Debe incluirse una descripción y un valor estimado de la contribución del contribuyente.

2.10.5 Federal Declared Disaster Areas (including loss for non-itemizers)

If damage from a casualty is to personal, income-producing, or business property, taxpayers may be able to claim a casualty loss deduction on their tax return. Taxpayers must generally deduct a casualty loss in the year it occurred. However, if the property was damaged as a result of a federally declared disaster, taxpayers can choose to deduct that loss on their return for the tax year immediately preceding the year in which the disaster happened. A federally declared disaster is a disaster that took place in an area declared by the President to be eligible for federal assistance. Taxpayers can amend a tax return by filing Form 1040X, *Amended U.S. Individual Income Tax Return*.

2.10.6 Moving Expense Deduction Suspended and Reimbursement Taxable (Except Active Military)

One of the many changes made by the TCJA was to suspend adjustments for moving expenses with one exception: Active Armed Forces who have a military order to move or permanently change their station can claim moving expenses if they meet the normal qualifications. For 2022 the standard mileage rate is 18 cents per mile from January to June and 22 cents per mile from July - December. For 2023 the mileage rate is 22 cents per mile. If the taxpayer has made multiple moves in one tax year, then a different Form 3903 will be used for each move.

A permanent station change can be any of the following:

➢ A move from the taxpayer's current home to their first post of duty.
➢ A move from one permanent post to another.
➢ A move from the taxpayer's last permanent post to a new home in the United States. The move must occur within one year of the end of active duty or within the allowable period designated by the Joint Travel Regulations, which is beyond the scope of this course.

2.10.7 Recordkeeping and Documentation of Deductions

The written communication must include the name of the charity, the date of the contribution, and the amount of the contribution.

If the contribution was more than $250, the taxpayer should receive a statement from the charitable organization. When figuring the $250 or more, do not combine separate donations. The charitable organization must include the following on the letter or statement:

➢ The amount of money that was contributed and a description of any property that was donated.
➢ Whether or not the organization provided goods or services to the taxpayer in return, a description and estimate value of the taxpayer's contribution must be included. If the taxpayer received intangible religious benefits such as admission to a religious ceremony, the organization must state that, but it does not have to describe or value the benefit.

2.10.5 *Áreas de desastre declaradas por el gobierno federal (incluidas las pérdidas por no contribuyentes que no detallan)*

Si el daño causado por un siniestro es a la propiedad personal, generadora de ingresos o comercial, los contribuyentes pueden reclamar una deducción por pérdida accidental en su declaración de impuestos. Los contribuyentes generalmente deben deducir una pérdida por accidente en el año en que ocurrió. Sin embargo, si la propiedad fue dañada como resultado de un desastre declarado por el gobierno federal, los contribuyentes pueden optar por deducir esa pérdida en su declaración del año tributario inmediatamente anterior al año en que ocurrió el desastre. Un desastre declarado por el gobierno federal es un desastre que tuvo lugar en un área declarada por el Presidente como elegible para recibir asistencia federal. Los contribuyentes pueden enmendar una declaración de impuestos presentando el Formulario 1040X, *Declaración Enmendada de la Renta Individual de los Estados Unidos*.

2.10.6 *Deducción de gastos de mudanza suspendida y reembolso imponible (excepto militares activos)*

Uno de los muchos cambios realizados por la TCJA fue suspender los ajustes por gastos de mudanza con una excepción: las Fuerzas Armadas Activas que tienen una orden militar para mudarse o cambiar permanentemente su estación pueden reclamar gastos de mudanza si cumplen con los requisitos normales. Para 2022, la tarifa de millaje estándar es de 18 centavos por milla de enero a junio y de 22 centavos por milla de julio a diciembre. Para 2023, la tarifa de kilometraje es de 22 centavos por milla. Si el contribuyente ha realizado varias mudanzas en un año fiscal, entonces se usará un Formulario 3903 diferente para cada mudanza.

Un cambio de estación permanente puede ser cualquiera de los siguientes:

➢ Una mudanza del hogar actual del contribuyente a su primer puesto de servicio.
➢ Un cambio de un puesto permanente a otro.
➢ Una mudanza del último puesto permanente del contribuyente a un nuevo hogar en los Estados Unidos. La mudanza debe ocurrir dentro de un año del final del servicio activo o dentro del período permitido designado por el Reglamento de Viaje Conjunto, que está más allá del alcance de este curso.

2.10.7 *Mantenimiento de registros y documentación de deducciones*

La comunicación escrita debe incluir el nombre de la organización benéfica, la fecha de la contribución y el monto de la contribución.

Si la contribución fue más de $250, el contribuyente debe recibir una declaración de la organización caritativa. Al calcular los $250 o más, no combine donaciones separadas. La organización caritativa debe incluir lo siguiente en la carta o declaración:

➢ La cantidad de dinero que se contribuyó y una descripción de cualquier propiedad que se donó.
➢ Ya sea que la organización haya proporcionado o no bienes o servicios al contribuyente a cambio, se debe incluir una descripción y un valor estimado de la contribución del contribuyente. Si el contribuyente recibió beneficios religiosos intangibles, como la admisión a una ceremonia religiosa, la organización debe declararlo, pero no tiene que describir o valorar el beneficio.

Charitable Contribution Records

Records prove the amount of the contributions one makes during the year. The kind of records one must keep depends on the amount of the contributions and whether they are any of the following:

➢ Cash contributions.
➢ Noncash contributions.
➢ Out-of-pocket expenses when donating services.

Organizations are usually required to give a written statement if they receive a payment that is more than $75 and is partly a contribution and partly a payment made in exchange for goods or services. The statement should be kept with the taxpayer's records.

Reconstructing Disaster Tax Records

Reconstructing records after a disaster may be essential for tax purposes and for obtaining federal assistance or insurance reimbursement. After a disaster, taxpayers might need certain records to prove their loss. The more accurately a loss is estimated, the more loan and grant money may be available.

Below are some tips to help the taxpayer gather the information needed to reconstruct their records regarding their personal residence and real property. A piece of real estate is not just the land but is also anything built on, growing on, or attached to that land.

➢ Take photographs or videos as soon after the disaster as possible. This helps establish the extent of the damage.
➢ Contact the title company, escrow company, or bank that handled the purchase of the home to get copies of appropriate documents. Real estate brokers may also be able to help.
➢ Use the current property tax statement for land-versus-building ratios if available. If they are not available, owners can usually get copies from the county assessor's office.
➢ Establish a basis or fair market value of the home by reviewing comparable sales within the same neighborhood. This information can be found by contacting an appraisal company or visiting a website that provides home valuations.
➢ Check with the mortgage company for copies of appraisals or other information they may have about cost or fair market value in the area.
➢ Review insurance policies, as they usually list the value of a building, establishing a base figure for replacement value insurance. For details on how to reach the insurance company, check with the state insurance department.
➢ If improvements were made to the home, contact the contractors who did the work to see if records are available. If possible, get statements from the contractors that state their work and its cost.
  o Get written accounts from friends and relatives who saw the house before and after any improvements. See if any of them have photos taken at get-togethers.
  o If there is a home improvement loan, get paperwork from the institution that issued the loan. The amount of the loan may help establish the cost of the improvements.

Registros de contribuciones caritativas

Los registros prueban el monto de las contribuciones que uno hace durante el año. El tipo de registros que uno debe mantener depende del monto de las contribuciones y si son algunas de las siguientes:

➢ Contribuciones en efectivo.
➢ Contribuciones no monetarias.
➢ Gastos de bolsillo al donar servicios.

Por lo general, se requiere que las organizaciones den una declaración por escrito si reciben un pago que es más de $75 y es en parte una contribución y en parte un pago realizado a cambio de bienes o servicios. La declaración debe mantenerse con los registros del contribuyente.

Reconstrucción de registros tributarios por desastre

La reconstrucción de los registros después de un desastre puede ser esencial para fines fiscales y para obtener asistencia federal o reembolso de seguro. Después de un desastre, los contribuyentes podrían necesitar ciertos registros para probar su pérdida. Cuanto más precisa sea la estimación de una pérdida, más dinero de préstamos y subvenciones estará disponible.

A continuación, se presentan algunos consejos para ayudar al contribuyente a reunir la información necesaria para reconstruir sus registros con respecto a su residencia personal y bienes inmuebles. Un pedazo de propiedad inmobiliaria no es solo la tierra, sino que también es cualquier cosa construida, que crezca o esté unida a esa tierra.

➢ Tome fotografías o videos tan pronto como sea posible después del desastre. Esto ayuda a establecer el alcance del daño.
➢ Comuníquese con la compañía de títulos, la compañía de depósito en garantía o el banco que manejó la compra de la casa para obtener copias de los documentos apropiados. Los corredores de bienes raíces también pueden ayudar.
➢ Use la declaración de impuestos a la propiedad actual para conocer las proporciones de terrenos versus edificios si están disponibles. Si no están disponibles, los propietarios generalmente pueden obtener copias de la oficina del asesor del condado.
➢ Establezca una base o valor justo de mercado de la casa revisando ventas comparables dentro del mismo vecindario. Esta información se puede encontrar poniéndose en contacto con una empresa de tasación o visitando un sitio web que proporciona valoraciones de viviendas.
➢ Consulte con la compañía hipotecaria para obtener copias de las tasaciones u otra información que puedan tener sobre el costo o el valor justo de mercado en el área.
➢ Revisar las pólizas de seguro, ya que suelen enumerar el valor de un edificio, estableciendo una cifra base para el seguro de valor de reposición. Para obtener detalles sobre cómo comunicarse con la compañía de seguros, consulte con el departamento de seguros del estado.
➢ Si se hicieron mejoras en la casa, comuníquese con los contratistas que hicieron el trabajo para ver si hay registros disponibles. Si es posible, obtenga declaraciones de los contratistas que indiquen su trabajo y su costo.
  ○ Obtenga relatos escritos de amigos y familiares que vieron la casa antes y después de cualquier mejora. Vea si alguno de ellos tiene fotos tomadas en reuniones.
  ○ Si hay un préstamo para mejoras en el hogar, obtenga documentación de la institución que emitió el préstamo. El monto del préstamo puede ayudar a establecer el costo de las mejoras.

> ➤ For inherited property, check court records for probate values. If a trust or estate existed, contact the attorney who handled the estate or trust.
> ➤ If no other records are available, check the county assessor's office for old records that might address the value of the property.

2.11 Tax Credit Eligibility

Child Tax Credit

The child tax credit (CTC) is a nonrefundable credit for taxpayers who have a qualifying child. For tax year 2022, the credit reverted to $2,000 per child under the age of 17. The refundable portion is $1,500.

The maximum phaseout amounts are $400,000 for married taxpayers filing a joint return and all others is $200,000. The taxpayer's tax liability and modified AGI limits the child tax credit. If the child were not issued a valid Social Security number, they would not qualify the taxpayer for either credit. This credit is reported on Form 1040, line 19.

To be a qualifying child for the child tax credit, the child must be a citizen, national, or resident of the United States. Qualifying child must have an SSN for the taxpayer to claim the child for the Child Tax Credit and/or the Advanced child tax credit. If the dependent does not qualify for the child tax credit, the taxpayer cannot include that dependent in the calculation for the credit. However, the dependent may still qualify for the Other Dependent Credit (ODC).

The Additional Child Tax Credit (ACTC) is a refundable credit available for taxpayers with qualifying children. Use Schedule 8812, Parts II-III to calculate the additional child tax credit. This credit is reported on Form 1040, line 27 and Schedule 3 should be completed.

For a child to qualify for the child tax credit, they must meet the following conditions:

> ➤ The child is the son, daughter, stepchild, eligible foster child, brother, sister, stepbrother, stepsister, half-brother, half-sister, or a descendent of any of these.
> ➤ The child did not provide over half of their support.
> ➤ The child lived with the taxpayer for more than half of 2022.
> ➤ The child is claimed as a dependent on the taxpayer's return.
> ➤ The child does not file a joint return for the year or only files to claim a refund of withheld income tax or if the dependent paid estimated payments.
> ➤ The child was a U.S. citizen, U.S. national, U.S. resident alien, or adopted by a U.S. citizen, U.S. national, or U.S. resident alien.

Credit for Other Dependents

An individual qualifies for the Other Dependent Credit (ODC) if they meet the following conditions:

> ➤ The taxpayer claims the qualifying dependent on their tax return.
> ➤ The dependent is ineligible for the CTC or the ACTC.

> ➤ Para la propiedad heredada, verifique los registros judiciales para conocer los valores testamentarios. Si existía un fideicomiso o patrimonio, comuníquese con el abogado que manejó el patrimonio o fideicomiso.
> ➤ Si no hay otros registros disponibles, consulte la oficina del asesor del condado para obtener registros antiguos que puedan abordar el valor de la propiedad.

2.11 Elegibilidad para el crédito fiscal

Crédito tributario por hijos

El crédito tributario por hijos (CTC, por sus siglas en inglés) es un crédito no reembolsable para los contribuyentes que tienen un hijo calificado. Para el año fiscal 2022, el crédito volvió a $2,000 por hijo menor de 17 años. La porción reembolsable es de $1,500.

Los montos máximos de eliminación gradual son de $400,000 para los contribuyentes casados que presentan una declaración conjunta y todos los demás son de $200,000. La obligación tributaria del contribuyente y la AGI modificada limitan el crédito tributario por hijos. Si al niño no se le emitiera un número de Seguro Social válido, no calificaría al contribuyente para ninguno de los créditos. Este crédito se reporta en el Formulario 1040, línea 19.

Para ser un niño calificado para el crédito tributario por hijos, el niño debe ser ciudadano, nacional o residente de los Estados Unidos. El hijo calificado debe tener un SSN para que el contribuyente reclame al niño para el Crédito Tributario por Hijos y/o el Crédito Tributario por Hijo Avanzado. Si el dependiente no califica para el crédito tributario por hijos, el contribuyente no puede incluir a ese dependiente en el cálculo del crédito. Sin embargo, el dependiente aún puede calificar para el Otro Crédito Dependiente (ODC).

El Crédito Tributario Adicional por Hijos (ACTC, por sus siglas en inglés) es un crédito reembolsable disponible para contribuyentes con hijos calificados. Use el Anexo 8812, Partes II-III para calcular el crédito tributario adicional por hijos. Este crédito se reporta en el Formulario 1040, línea 27 y el Anexo 3 debe completarse.

Para que un niño califique para el crédito tributario por hijos, debe cumplir con las siguientes condiciones:

> ➤ El niño es el hijo, hija, hijastro, hijo adoptivo elegible, hermano, hermana, hermanastro, hermanastra, medio hermano, media hermana o un descendiente de cualquiera de estos.
> ➤ El niño no proporcionó más de la mitad de su manutención.
> ➤ El niño vivió con el contribuyente durante más de la mitad de 2022.
> ➤ El niño es reclamado como dependiente en la declaración del contribuyente.
> ➤ El niño no presenta una declaración conjunta para el año o solo presenta para reclamar un reembolso del impuesto sobre la renta retenido o si el dependiente pagó pagos estimados.
> ➤ El niño era ciudadano estadounidense, nacional estadounidense, extranjero residente en los Estados Unidos o adoptado por un ciudadano estadounidense, nacional estadounidense o extranjero residente en los Estados Unidos.

Crédito para otros dependientes

Una persona califica para el Otro Crédito Dependiente (ODC) si cumple con las siguientes condiciones:

> ➤ El contribuyente reclama la calificación dependiente en su declaración de impuestos.
> ➤ El dependiente no es elegible para el CTC o el ACTC.

➢ The dependent was a U.S. citizen, U.S. national, U.S. resident alien, or adopted by a U.S. citizen, U.S. national, or U.S. resident alien.
➢ They have a TIN on or before the due date of the 2022 tax return.
➢ The maximum phaseout amounts are $400,000 for married taxpayers filing a joint return and all others are $200,000.

Example: Levi is claiming his 10-year-old nephew Fernando, who lives in Mexico and qualifies as Levi's dependent. Because Fernando is not a U.S. citizen, U.S. national, or a U.S. resident alien, Levi cannot use Fernando to claim the Other Dependent Credit (ODC) unless Levi adopts him, and Fernando comes to live with Levi in the United States.

Child and Dependent Care

Dependent care benefits are payments the employer paid directly to either the taxpayer or the care provider for taking care of the qualifying dependent(s) while the taxpayer worked. Dependent care benefits are pre-taxed contributions made based on the fair market value of care in a daycare facility provided by or sponsored by the employer under a Flexible Spending Arrangement (FSA).

"Care" is the cost of attending a facility to qualifying individual(s) outside the taxpayer's home. It does not include food, lodging, education, clothing, or entertainment. If a dependent care facility provides the care, the center must meet all the applicable state and local regulations. A dependent care facility is a place that offers care for more than six individuals who do not live there and receives a fee, payment, or grant for providing those services for any individual.
Include the cost of a day camp, but not the cost of an overnight camp, summer school, or tutoring program.

The taxpayer can take a nonrefundable credit of up to 50% of the qualifying expenses for the care of a qualified dependent when the expenditures are work-related. The percentage of credit goes down as income goes up, with 20% of eligible expenses as the least amount allowed. Expenses are limited to $6,000 for two or more qualified dependents. Child and dependent care are reported on Form 2441 and flow to Form 1040, Schedule 3, line 2.

A qualifying person is:

➢ A qualifying child under 13 and claimed as a dependent. If a child turns 13 during the tax year, you can still prorate their care for the portion of the year the child was not 13.
➢ A disabled spouse who wasn't physically or mentally able to care for him or herself.
➢ Any disabled person who wasn't physically or mentally able to care for him or herself and whom the taxpayer can claim as a dependent unless one of the following is true:
    o The disabled individual had a gross income of $4,400 or more.
    o The disabled individual filed a joint return.
    o The disabled individual or spouse, if filing a joint tax return, could be claimed as a dependent on another individual's 2022 tax return.

> ➤ El dependiente era ciudadano estadounidense, nacional estadounidense, extranjero residente en los Estados Unidos o adoptado por un ciudadano estadounidense, nacional estadounidense o extranjero residente en los Estados Unidos.
> ➤ Tienen un TIN en o antes de la fecha de vencimiento de la declaración de impuestos de 2022.
> ➤ Los montos máximos de eliminación gradual son de $400,000 para los contribuyentes casados que presentan una declaración conjunta y todos los demás son de $200,000.

Ejemplo: Levi está reclamando a su sobrino Fernando de 10 años, que vive en México y califica como dependiente de Levi. Debido a que Fernando no es ciudadano estadounidense, nacional estadounidense o extranjero residente en los Estados Unidos, Levi no puede usar a Fernando para reclamar el Otro Crédito para Dependientes (ODC) a menos que Levi lo adopte, y Fernando venga a vivir con Levi en los Estados Unidos.

Cuidado de niños y dependientes

Los beneficios de cuidado de dependientes son pagos que el empleador pagó directamente al contribuyente o al proveedor de cuidado por cuidar a los dependientes calificados mientras el contribuyente trabajaba. Los beneficios de cuidado de dependientes son contribuciones antes de impuestos hechas sobre la base del valor justo de mercado de la atención en una guardería proporcionada o patrocinada por el empleador bajo un Acuerdo de Gastos Flexibles (FSA).

"Cuidado" es el costo de asistir a una instalación a individuos calificados fuera del hogar del contribuyente. No incluye comida, alojamiento, educación, ropa o entretenimiento. Si un centro de cuidado de dependientes proporciona la atención, el centro debe cumplir con todas las regulaciones estatales y locales aplicables. Un centro de cuidado de dependientes es un lugar que ofrece atención a más de seis personas que no viven allí y recibe una tarifa, pago o subvención por proporcionar esos servicios para cualquier individuo.
Incluya el costo de un campamento diurno, pero no el costo de un campamento nocturno, escuela de verano o programa de tutoría.

El contribuyente puede tomar un crédito no reembolsable de hasta el 50% de los gastos calificados para el cuidado de un dependiente calificado cuando los gastos están relacionados con el trabajo. El porcentaje de crédito disminuye a medida que aumentan los ingresos, con el 20% de los gastos elegibles como la cantidad mínima permitida. Los gastos están limitados a $6,000 para dos o más dependientes calificados. El cuidado de niños y dependientes se reporta en el Formulario 2441 y fluye al Formulario 1040, Anexo 3, línea 2.

Una persona calificada es:

> ➤ Un hijo calificado menor de 13 años y reclamado como dependiente. Si un niño cumple 13 años durante el año fiscal, aún puede prorratear su cuidado durante la parte del año en que el niño no tenía 13 años.
> ➤ Un cónyuge discapacitado que no era física o mentalmente capaz de cuidar de sí mismo.
> ➤ Cualquier persona discapacitada que no era física o mentalmente capaz de cuidar de sí misma y a quien el contribuyente puede reclamar como dependiente a menos que se cumpla una de las siguientes condiciones:
>   - La persona discapacitada tenía un ingreso bruto de $4,400 o más.
>   - La persona discapacitada presentó una declaración conjunta.
>   - La persona discapacitada o el cónyuge, si presenta una declaración de impuestos conjunta, podría ser reclamado como dependiente en la declaración de impuestos 2022 de otra persona.

To be able to claim the child and dependent care expenses, the taxpayer must meet all the following requirements:

➤ The care must be for one or more qualifying persons who are identified on Form 2441.
➤ If filing a joint return, the taxpayer (and spouse if filing a joint return) must have earned income during the year.
➤ The taxpayer must pay child and dependent care expenses to allow the taxpayer and spouse to work, or look for work.
➤ The taxpayer must make payments for child and dependent care to someone who cannot be claimed as a dependent on the taxpayer's return.
➤ The filing status may be Single, Head of Household, or Surviving spouse with a dependent child. If married, they must file a joint return (unless an exception applies).
➤ The taxpayer must fill out Form 2441 to identify the provider's name, TIN, the cost of care, and the address of the location where the care was provided and attach the form to their tax return.
➤ If the taxpayer excludes or deducts dependent care benefits provided by a dependent care benefit plan, the total amount excluded or deducted must be less than the dollar limit for qualifying expenses ($3,000 per child up to $6,000).

Below is the portion of the current chart used to calculate the child and dependent care credit. Calculate the credit amount by multiplying the percentage on the right against the credit's monetary limit ($3,000-$6,000) and which percentage, based on the taxpayer(s) combined income. For tax year 2022, the income increase was part of the American Rescue Plan Act. The percentage is 35% to 20%. The following is just a snapshot of certain portions of the percentage chart.

Income	Percentage
$0 – $15,000	35%
$23,001 – $25,000	30%
$33,001 – $35,000	25%
$43,001 – No limit	20%

For example, a taxpayer and his spouse each made $50,000 for a combined income of $100,000, and they paid $8,500 for childcare for one child. Because they paid $8,500 for childcare and only for one child, they will be allowed to use $3,000 of that expense to calculate their credit amount. This is because that is the credit limit no matter how much they paid on childcare. Because their combined income was under $125,000, they will calculate their credit amount using the 20% section from the chart. Therefore, the 20% deduction is calculated as follows: $3,000 × .20 = $600. Their credit amount is $600.

If all other details were the same, but they had only spent $2,000 on childcare, their credit amount would be 20% of that two thousand, not three. This is because they did not spend enough to reach the credit limit, meaning their credit amount would be $1,000 ($2,000 × .20 = $400).

Para poder reclamar los gastos de cuidado de hijos y dependientes, el contribuyente debe cumplir con todos los siguientes requisitos:

➢ El cuidado debe ser para una o más personas calificadas que se identifican en el Formulario 2441.

➢ Si presenta una declaración conjunta, el contribuyente (y el cónyuge si presenta una declaración conjunta) debe haber obtenido ingresos durante el año.

➢ El contribuyente debe pagar los gastos de cuidado de hijos y dependientes para permitir que el contribuyente y su cónyuge trabajen o busquen trabajo.

➢ El contribuyente debe hacer pagos por cuidado de niños y dependientes a alguien que no puede ser reclamado como dependiente en la declaración del contribuyente.

➢ El estado civil puede ser soltero, cabeza de familia o cónyuge sobreviviente con un hijo dependiente. Si están casados, deben presentar una declaración conjunta (a menos que se aplique una excepción).

➢ El contribuyente debe completar el Formulario 2441 para identificar el nombre del proveedor, el TIN, el costo de la atención y la dirección del lugar donde se brindó la atención y adjuntar el formulario a su declaración de impuestos.

➢ Si el contribuyente excluye o deduce los beneficios de cuidado de dependientes proporcionados por un plan de beneficios de cuidado de dependientes, el monto total excluido o deducido debe ser menor que el límite en dólares para gastos calificados ($3,000 por hijo hasta $6,000).

A continuación, se muestra la parte de la tabla actual utilizada para calcular el crédito por cuidado de hijos y dependientes. Calcule el monto del crédito multiplicando el porcentaje de la derecha contra el límite monetario del crédito ($3,000- $6,000) y qué porcentaje, basado en los ingresos combinados del contribuyente. Para el año fiscal 2022, el aumento de ingresos fue parte de la Ley del Plan de Rescate Estadounidense. El porcentaje es del 35% al 20%. La siguiente es solo una instantánea de ciertas partes del gráfico de porcentaje.

Ingreso	Porcentaje
$0 – $15,000	35%
$23,001 – $25,000	30%
$33,001 – $35,000	25%
$43,001 – Sin limite	20%

Por ejemplo, un contribuyente y su cónyuge ganaron cada uno $50,000 por un ingreso combinado de $100,000, y pagaron $8,500 por el cuidado de un niño. Debido a que pagaron $8,500 por cuidado infantil y solo por un niño, se les permitirá usar $3,000 de ese gasto para calcular el monto de su crédito. Esto se debe a que ese es el límite de crédito sin importar cuánto pagaron en el cuidado de los niños. Debido a que sus ingresos combinados fueron inferiores a $125,000, calcularán el monto de su crédito utilizando la sección del 20% de la tabla. Por lo tanto, la deducción del 20% se calcula de la siguiente manera: $3,000 × .20 = $600. Su monto de crédito es de $600.

Si todos los demás detalles fueran los mismos, pero solo hubieran gastado $2,000 en cuidado de niños, el monto de su crédito sería el 20% de esos dos mil, no tres. Esto se debe a que no gastaron lo suficiente para alcanzar el límite de crédito, lo que significa que su monto de crédito sería de $1,000 ($2,000 × .20 = $400).

Education Tax Credit

Education credits are available for taxpayers who pay expenses for postsecondary education. To claim the education credit, the student must receive Form 1098-T from the student's school and provide that form to the tax preparer. The two education credits are the American opportunity credit (AOC) and the lifetime learning credit; both are reported on Form 8863, *Education Credits*. Lifetime learning is a nonrefundable credit, and the American opportunity is a partially refundable credit. The student must meet the following requirements to be eligible for the education credits:

- ➢ Qualified education expenses were for higher education.
- ➢ Paid qualifying education expenses for the eligible student.
- ➢ The student is either taxpayer, spouse, or a qualifying dependent.

Tax Tip: If the qualifying dependent pays their own tuition, it is considered paid by the taxpayer.

Lifetime Learning Credit

The lifetime learning credit is available at any time for the taxpayer, the taxpayer's spouse, or the taxpayer's dependent. The maximum allowed credit is $2,000 per tax return. Qualified expenses include tuition and fees required for enrollment at an eligible post-secondary program. Expenses incurred to acquire or improve the taxpayer's job skills are eligible expenses.

An expense related to a course that involves sports, games, or hobbies is not a qualified expense unless it is part of the student's degree program. Taxpayers must reduce their qualified expense by any education assistance from the post-secondary program, scholarships, or amounts to compute the lifetime learning credit.

The lifetime learning credit is not based on the student's workload. Expenses for graduate-level courses are eligible. The amount of credit a taxpayer can claim does not increase based on the number of students for whom the taxpayer paid qualified expenses. The student does not have to be enrolled at least half-time in the course of study to be eligible for the credit. The nonrefundable portion of the education credits is reported on Form 8863, line 19, and is carried to Form 1040, Schedule 3, line 3. To qualify for the lifetime learning credit, the taxpayer's modified adjusted gross income (MAGI) should be less than $180,000 for taxpayers filing MFJ or less than $90,000 for all others.

American Opportunity Tax Act (AOTC)

The American opportunity credit can be claimed for a student who has not completed their first four years of postsecondary education determined by the post-secondary program. The student qualifications to claim AOC is all the following:

- ➢ The student did not complete the first 4 years of postsecondary education.
- ➢ For at least one academic period beginning in 2022, the student:
  - ○ Was enrolled in a program that leads to a degree, certificate, or other recognized credential.
  - ○ Carried at least one-half of the normal full-time workload for their course of study.

Crédito Tributario para Educación

Los créditos educativos están disponibles para los contribuyentes que pagan los gastos de la educación postsecundaria. Para reclamar el crédito educativo, el estudiante debe recibir el Formulario 1098-T de la escuela del estudiante y proporcionar ese formulario al preparador de impuestos. Los dos créditos de educación son el crédito de oportunidad estadounidense (AOC) y el crédito de aprendizaje de por vida; ambos se reportan en el Formulario 8863, *Créditos educativos*. El aprendizaje de por vida es un crédito no reembolsable, y la oportunidad estadounidense es un crédito parcialmente reembolsable. El estudiante debe cumplir con los siguientes requisitos para ser elegible para los créditos de educación:

➢ Los gastos de educación calificada fueron para la educación superior.
➢ Gastos de educación calificados pagados para el estudiante elegible.
➢ El estudiante es contribuyente, cónyuge o un dependiente calificado.

Consejo tributario: Si el dependiente calificado paga su propia matrícula, se considera pagada por el contribuyente.

Crédito de aprendizaje de por vida

El crédito de aprendizaje de por vida está disponible en cualquier momento para el contribuyente, el cónyuge del contribuyente o el dependiente del contribuyente. El crédito máximo permitido es de $2,000 por declaración de impuestos. Los gastos calificados incluyen la matrícula y las tarifas requeridas para la inscripción en un programa postsecundario elegible. Los gastos incurridos para adquirir o mejorar las habilidades laborales del contribuyente son gastos elegibles.

Un gasto relacionado con un curso que involucra deportes, juegos o pasatiempos no es un gasto calificado a menos que sea parte del programa de grado del estudiante. Los contribuyentes deben reducir sus gastos calificados por cualquier asistencia educativa del programa postsecundario, becas o montos para calcular el crédito de aprendizaje de por vida.

El crédito de aprendizaje de por vida no se basa en la carga de trabajo del estudiante. Los gastos de los cursos de posgrado son elegibles. La cantidad de crédito que un contribuyente puede reclamar no aumenta en función del número de estudiantes por quienes el contribuyente pagó gastos calificados. El estudiante no tiene que estar inscrito al menos medio tiempo en el curso de estudio para ser elegible para el crédito. La parte no reembolsable de los créditos educativos se reporta en el Formulario 8863, línea 19, y se lleva al Formulario 1040, Anexo 3, línea 3. Para calificar para el crédito de aprendizaje de por vida, el ingreso bruto ajustado modificado (MAGI) del contribuyente debe ser inferior a $180,000 para los contribuyentes que presentan MFJ o menos de $90,000 para todos los demás.

Ley Americana del Impuesto sobre Oportunidades (AOTC)

El crédito de oportunidad estadounidense se puede reclamar para un estudiante que no ha completado sus primeros cuatro años de educación postsecundaria determinados por el programa postsecundario. Las calificaciones de los estudiantes para reclamar AOC son todas las siguientes:

➢ El estudiante no completó los primeros 4 años de educación postsecundaria.
➢ Durante al menos un período académico a partir de 2022, el estudiante:
  o Se inscribió en un programa que conduce a un título, certificado u otra credencial reconocida.
  o Llevar al menos la mitad de la carga de trabajo normal a tiempo completo para su curso de estudio.

➤ The student did not have a felony conviction for possessing or distributing a controlled substance.

Earned Income Tax Credit

The earned income credit (EIC), also referred to as earned income tax credit (EITC), is a refundable tax credit for low-to-moderate-income working individuals and families. When the EIC exceeds the amount of taxes owed, it results in a refundable credit. Report the EIC on Form 1040, page 2, line 27.

Twenty-eight states and the District of Columbia have an EITC program. Most use federal eligibility rules, and their version of the credit parallels major elements of the federal structure. In most states and localities, the credit is refundable (as is federal), although, in a few areas, the EITC is used only to offset taxes owed. For more information, go to www.irs.gov/eitc. The taxpayer must have earned income during the tax year to be eligible for the earned income tax credit. If a married couple is filing a joint return, and only one spouse worked, both could still meet the earned income requirement.

Remember, earned income is revenue the taxpayer received for working and includes the following types of income:

➤ Wages, salaries, tips, and other types of taxable employee pay.
➤ Net earnings from self-employment.
➤ Gross income received as a statutory employee.
➤ Union strike benefits.
➤ Long-term disability benefits received before reaching the minimum retirement age.

Unearned income includes the following:

➤ Interest and dividends.
➤ Pensions and annuities.
➤ Social Security and railroad retirement benefits (including disability benefits).
➤ Alimony and child support.
➤ Welfare benefits.
➤ Workers' compensation benefits.
➤ Unemployment compensation.
➤ Income while an inmate.
➤ Workfare payments (see Publication 596).

A taxpayer and their spouse, if filing jointly, must have a valid SSN to qualify for the earned income tax credit. If the SSN says, "Not valid for employment," and if the SSN was issued so the taxpayer or spouse could receive aid from a federally-funded program, they do not qualify to receive earned income credit. If the SSN says, "Valid for work only with INS authorization," or "Valid only with DHS authorization," then the SSN is valid, but only if the authorization has not expired.

To qualify for EIC, the taxpayer's adjusted gross income (AGI) must be below a certain amount, and the taxpayer (and spouse if married filing jointly) must meet the following requirements:

➢ El estudiante no tenía una condena por delito grave por poseer o distribuir una sustancia controlada.

Crédito Tributario por Ingreso del Trabajo

El crédito por ingreso del trabajo (EIC, por sus siglas en inglés), también conocido como crédito tributario por ingreso del trabajo (EITC, por sus siglas en inglés), es un crédito tributario reembolsable para personas y familias trabajadoras de ingresos bajos a moderados. Cuando el EIC excede la cantidad de impuestos adeudados, resulta en un crédito reembolsable. Informe el EIC en el Formulario 1040, página 2, línea 27.

Veintiocho estados y el Distrito de Columbia tienen un programa EITC. La mayoría utiliza reglas federales de elegibilidad, y su versión del crédito es paralela a los principales elementos de la estructura federal. En la mayoría de los estados y localidades, el crédito es reembolsable (al igual que el federal), aunque, en algunas áreas, el EITC se usa solo para compensar los impuestos adeudados. Para obtener más información, vaya a www.irs.gov/eitc. El contribuyente debe tener ingresos del trabajo durante el año tributario para ser elegible para el crédito tributario por ingreso del trabajo. Si una pareja casada está presentando una declaración conjunta, y solo uno de los cónyuges trabajó, ambos aún podrían cumplir con el requisito de ingresos del trabajo.

Recuerde, el ingreso del trabajo es un ingreso que el contribuyente recibió por trabajar e incluye los siguientes tipos de ingresos:

➢ Salarios, propinas y otros tipos de pago de empleados sujetos a impuestos.
➢ Ingresos netos del trabajo por cuenta propia.
➢ Ingresos brutos percibidos como empleado estatutario.
➢ Beneficios de la huelga sindical.
➢ Prestaciones por discapacidad a largo plazo recibidas antes de alcanzar la edad mínima de jubilación.

Los ingresos no devengados incluyen lo siguiente:

➢ Intereses y dividendos.
➢ Pensiones y rentas vitalicias.
➢ Seguro Social y beneficios de jubilación ferroviaria (incluidos los beneficios por discapacidad).
➢ Pensión alimenticia y manutención de los hijos.
➢ Prestaciones sociales.
➢ Beneficios de compensación para trabajadores.
➢ Compensación por desempleo.
➢ Ingresos mientras está preso.
➢ Pagos de tarifas de trabajo (ver Publicación 596).

Un contribuyente y su cónyuge, si presentan una declaración conjunta, deben tener un SSN válido para calificar para el crédito tributario por ingreso del trabajo. Si el SSN dice: "No válido para el empleo", y si el SSN se emitió para que el contribuyente o cónyuge pudiera recibir ayuda de un programa financiado por el gobierno federal, no califican para recibir crédito por ingreso del trabajo. Si el SSN dice: "Válido para trabajar solo con autorización del INS" o "Válido solo con autorización del DHS", entonces el SSN es válido, pero solo si la autorización no ha expirado.

Para calificar para EIC, el ingreso bruto ajustado (AGI) del contribuyente debe estar por debajo de cierta cantidad, y el contribuyente (y el cónyuge si está casado y presenta una declaración conjunta) debe cumplir con los siguientes requisitos:

➢ Have a valid Social Security number (if filing MFJ, the spouse must also have a valid SSN).
➢ Have earned income from employment or self-employment income.
➢ Not file as Married filing separately (MFS).
➢ File MFJ as a U.S. citizen, as a resident alien all year, or as a nonresident alien married to a U.S. citizen.
➢ Not file Form 2555 or Form 2555-EZ.
➢ Not have investment income over $10,300.
➢ Have a qualifying child who meets the four dependent tests (age, relationship, residency, and joint return; see "Qualifying Child" below).
  o Be at least age 25 and under age 65 at the end of the year.
  o Live in the United States for more than half the year.
  o Not qualify as a dependent of another person.
➢ The 2022 AGI must be less than:
  o $53,057 ($59,187 MFJ) with three or more qualifying children.
  o $49,399 ($55,529 MFJ) with two qualifying children.
  o $43,492 ($49,662 MFJ) with one qualifying child.
  o $16,480 ($22,610 MFJ) with no qualifying children.

A Qualifying Child of More than One Person

Sometimes a child meets the rules to be a qualifying child of more than one person. However, only one person can use a qualifying child to claim the EIC. If two eligible taxpayers have the same qualifying child, they can decide who will take all the following related tax benefits:

➢ The child's exemption.
➢ The child tax credit.
➢ Head of Household filing status.
➢ The credit for child and dependent care expenses.
➢ The exclusion for dependent care benefits.
➢ The Earned Income Credit.

Only one taxpayer can claim these benefits, and they must claim either all of them or none of them. Do not divide the benefits between the two competing taxpayers. The tie-breaker rule applies if the taxpayer and the other person(s) cannot agree and if more than one person claims the EIC or other benefits using the same child. However, the tie-breaker rule does not apply if the other person is the taxpayer's spouse and files a joint return.

If the taxpayer and someone else have the same qualifying child, but the other person cannot claim the EIC because the taxpayer is not eligible or because their earned income or AGI was too high, the child is a qualifying child for the taxpayer. Suppose a taxpayer's EIC is denied because the qualifying child is treated as the qualifying child of another person for the current tax year. In that case, one may claim the EIC if there is another, separate qualifying child. However, the taxpayer cannot take the EIC using the qualifying child that another individual claimed.

Example: Pedro has two children, Nora from his first marriage to Darla and a son named Francisco from his current spouse Martha. Even if Pedro and Darla agree to let Darla claim the EIC for Nora, Pedro can still claim the EIC for his son Francisco, and Pedro is not prohibited from claiming Francisco simply because he chose to give up his claim to Nora.

➤ Tener un número de Seguro Social válido (si presenta MFJ, el cónyuge también debe tener un SSN válido).
➤ Tener ingresos obtenidos del empleo o de los ingresos del trabajo por cuenta propia.
➤ No presentar como casado que presenta una declaración por separado (MFS).
➤ Presente MFJ como ciudadano estadounidense, como extranjero residente todo el año o como extranjero no residente casado con un ciudadano estadounidense.
➤ No presente el Formulario 2555 o el Formulario 2555-EZ.
➤ No tener ingresos por inversiones superiores a $10,300.
➤ Tener un hijo calificado que cumpla con las cuatro pruebas de dependientes (edad, relación, residencia y declaración conjunto; consulte "Hijo calificado" a continuación).
  o Tener al menos 25 años y ser menor de 65 años al final del año.
  o Vive en los Estados Unidos por más de la mitad del año.
  o No calificar como dependiente de otra persona.
➤ El AGI 2022 debe ser inferior a:
  o $53,057 ($59,187 MFJ) con tres o más hijos calificados.
  o $49,399 ($55,529 MFJ) con dos hijos calificados.
  o $43,492 ($49,662 MFJ) con un hijo calificado.
  o $16,480 ($22,610 MFJ) sin hijos calificados.

Un hijo calificado de más de una persona

A veces, un niño cumple con las reglas para ser un hijo calificado de más de una persona. Sin embargo, solo una persona puede usar a un niño calificado para reclamar el EIC. Si dos contribuyentes elegibles tienen el mismo hijo calificado, pueden decidir quién tomará todos los siguientes beneficios tributarios relacionados:

➤ La exención del niño.
➤ El crédito tributario por hijos.
➤ Estado civil del Cabeza de familia.
➤ El crédito para gastos de cuidado de hijos y dependientes.
➤ La exclusión de las prestaciones por cuidado de dependientes.
➤ El crédito por ingreso del trabajo.

Solo un contribuyente puede reclamar estos beneficios, y debe reclamar todos ellos o ninguno de ellos. No divida los beneficios entre los dos contribuyentes que compiten entre sí. La regla de desempate se aplica si el contribuyente y la(s) otra(s) persona(s) no pueden ponerse de acuerdo y si más de una persona reclama el EIC u otros beneficios utilizando el mismo hijo. Sin embargo, la regla de desempate no se aplica si la otra persona es el cónyuge del contribuyente y presenta una declaración conjunta.

Si el contribuyente y otra persona tienen el mismo hijo calificado, pero la otra persona no puede reclamar el EIC porque el contribuyente no es elegible o porque sus ingresos del trabajo o AGI eran demasiado altos, el niño es un hijo calificado para el contribuyente. Supongamos que el EIC de un contribuyente es denegado porque el hijo calificado es tratado como el hijo calificado de otra persona para el año tributario actual. En ese caso, se puede reclamar el EIC si hay otro hijo calificado separado. Sin embargo, el contribuyente no puede tomar el EIC utilizando el hijo calificado que otra persona reclamó.

Ejemplo: Pedro tiene dos hijos, Nora de su primer matrimonio con Darla y un hijo llamado Francisco de su actual esposa Martha. Incluso si Pedro y Darla acuerdan dejar que Darla reclame el EIC para Nora, Pedro todavía puede reclamar el EIC para su hijo Francisco, y Pedro no tiene prohibido reclamar a Francisco simplemente porque eligió renunciar a su reclamo a Nora.

Tie-Breaker Rules

The following rules apply to determine which parent will claim the qualifying child:

➤ If both claimants are the parents and file a joint return, they can claim the child as a qualifying child. Even if there are other qualified claimants, the child cannot be the qualifying child of another person.
➤ If only one claimant is the child's parent, the child will be the parent's qualifying child.
➤ If both claimants are parents and do not file a joint return, the IRS will treat the child as a qualifying child of the parent with whom the child lived the longest during the year.
➤ If one of the above does not resolve the dispute, then the IRS will treat the child as the qualifying child of the claimant with the highest AGI for the year. Also, use this rule as a tiebreaker in the following instances:
  ○ If the child lived with each of his two parents for the same amount of time.
  ○ If no parent can claim the child as a qualifying child.
  ○ If a parent can claim the child as a qualifying child, but no parent claims the child.

Example: 25-year-old Jeannie and her five-year-old son, Billy, lived with Jeannie's mother, Sarah, all year. Jeannie is unmarried, and her AGI is $8,100. Her only source of income was from a part-time job. Sarah's AGI was $20,000 from her job. Billy's father did not live with Billy or Jeannie. Billy is a qualifying child of both Jeannie and Sarah since he meets the relationship, age, residency, and joint return tests. Jeannie and Sarah must decide who will claim Billy as their dependent. If Jeannie does not claim Billy as a qualifying child for the EIC or Head of household filing status, Jeannie's mother can claim Billy as a qualifying child for each of those tax benefits for which she qualifies. Remember the dependent test for support does not apply to the EIC.

Special Rules for a Qualifying Child of More Than One Person

Sometimes, a child meets the relationship, age, residency, and support tests to be a qualifying child for more than one person. Even if an individual is a qualifying child of several people, only one claimant (a person attempting to claim something) can claim the child as their qualifying child.

If a taxpayer and one or more others have the same qualifying child, it is up to everyone involved to decide who will claim the child as a qualifying child. The individual can claim the following tax benefits based on the qualifying child (provided the taxpayer is eligible for each one):

➤ Child tax credit.
➤ HOH filing status (if applicable).
➤ Child and dependent care expenses.
➤ Earned income credit.

When one parent claims the child, other taxpayers do not share the tax benefits. Since you cannot divide the benefits between taxpayers, it is not uncommon for the parents to decide who will claim the qualifying child. If two or more taxpayers attempt to claim the child, the IRS will determine who will be able to claim the child based on the Tie-breaker Rules.

Reglas de desempate

Las siguientes reglas se aplican para determinar qué padre reclamará al niño calificado:

➢ Si ambos reclamantes son los padres y presentan una declaración conjunta, pueden reclamar al niño como un niño calificado. Incluso si hay otros reclamantes calificados, el niño no puede ser el hijo calificado de otra persona.
➢ Si solo un reclamante es el padre del niño, el niño será el hijo calificado del padre.
➢ Si ambos reclamantes son padres y no presentan una declaración conjunta, el IRS tratará al niño como un hijo calificado del padre con quien el niño vivió más tiempo durante el año.
➢ Si uno de los anteriores no resuelve la disputa, entonces el IRS tratará al niño como el hijo calificado del reclamante con el AGI más alto para el año. Además, utilice esta regla como desempate en los siguientes casos:
  o Si el niño vivió con cada uno de sus dos padres durante la misma cantidad de tiempo.
  o Si ningún padre puede reclamar al niño como un niño calificado.
  o Si un padre puede reclamar al niño como un niño calificado, pero ningún padre reclama al niño.

Ejemplo: Jeannie, de 25 años, y su hijo de cinco, Billy, vivieron con la madre de Jeannie, Sarah, todo el año. Jeannie no está casada y su AGI es de $8,100. Su única fuente de ingresos era un trabajo a tiempo parcial. El AGI de Sarah era de $20,000 de su trabajo. El padre de Billy no vivía con Billy o Jeannie. Billy es un hijo calificado de Jeannie y Sarah ya que cumple con las pruebas de relación, edad, residencia y declaración conjunto. Jeannie y Sarah deben decidir quién reclamará a Billy como su dependiente. Si Jeannie no reclama a Billy como un hijo calificado para el EIC o el estado civil de cabeza de familia, la madre de Jeannie puede reclamar a Billy como un niño calificado para cada uno de los beneficios fiscales para los que califica. Recuerde que la prueba dependiente para el apoyo no se aplica al EIC.

Reglas especiales para un hijo calificado de más de una persona

A veces, un niño cumple con las pruebas de relación, edad, residencia y apoyo para ser un niño calificado para más de una persona. Incluso si un individuo es un hijo calificado de varias personas, solo un reclamante (una persona que intenta reclamar algo) puede reclamar al niño como su hijo calificado.

Si un contribuyente y uno o más tienen el mismo hijo calificado, depende de todos los involucrados decidir quién reclamará al niño como hijo calificado. La persona puede reclamar los siguientes beneficios tributarios basados en el hijo calificado (siempre que el contribuyente sea elegible para cada uno):

➢ Crédito tributario por hijos.
➢ Estado civil de HOH (si corresponde).
➢ Gastos de cuidado de niños y dependientes.
➢ Crédito por ingreso del trabajo.

Cuando uno de los padres reclama al niño, otros contribuyentes no comparten los beneficios fiscales. Dado que no puede dividir los beneficios entre los contribuyentes, no es raro que los padres decidan quién reclamará al hijo calificado. Si dos o más contribuyentes intentan reclamar al niño, el IRS determinará quién podrá reclamar al niño según las Reglas de desempate.

Qualifying Relative

Meet the following conditions to be considered a qualifying relative:

➢ The person cannot be the taxpayer's qualifying child or anyone else's qualifying child.
➢ The person must be only one of these things:
  o Be related to the taxpayer in one of the ways listed under "Relatives Who Do Not Need to live with the taxpayer."
  o Live with the taxpayer all year as a member of their household. This relationship must not violate local law.
➢ The person's gross income for the year must be less than $4,400. Exceptions apply.
➢ The taxpayer must provide more than half of the person's total support for the year. Exceptions apply.

EIC for Taxpayers Without Qualifying Children

Taxpayers who do not have qualifying children may also be eligible for the EIC. To be eligible for the EIC, the taxpayer must meet the following conditions:

➢ The taxpayer must be at least 25 years old and under the age of 65 at the end of 2022. If the taxpayer is filing a joint return; however, it is not required that both the taxpayer and the spouse meet the age requirement.
➢ The taxpayer must not be dependent on another person.
➢ The taxpayer must not be the qualifying child of another person.
➢ The taxpayers must have resided in the United States for more than half of the year.
➢ Maximum income should be more than $21,430 or $27,380 if married filing jointly.

Schedule EIC Worksheets

Taxpayers eligible for the EIC with qualifying children must complete Schedule EIC. Schedule EIC requires including the child's name, Social Security number, year of birth, the number of months lived in the home located in the United States, and the child's relationship to the taxpayer. Schedule EIC must be attached to the taxpayer's Form 1040. The taxpayer's income must be less than the threshold amounts to qualify for EIC. Worksheets are available to help with the calculations of the EIC and completing the EIC worksheets is essential to determining the amount of credit a taxpayer may claim on their return. The completed worksheet should be placed in the client's file and not be attached to the federal tax return. The IRS has the EIC worksheets on its website. If the taxpayer is self-employed, the taxpayer must complete EIC Worksheet B, found in Instructions Form 1040. All other taxpayers would figure their earned income by using Worksheet A of the Form 1040 Instructions.

Pariente calificado

Cumplir con las siguientes condiciones para ser considerado un pariente calificado:

➢ La persona no puede ser el hijo calificado del contribuyente o el hijo calificado de cualquier otra persona.
➢ La persona debe ser sólo una de estas cosas:
  o Estar relacionado con el contribuyente de una de las maneras enumeradas en "Parientes que no necesitan vivir con el contribuyente".
  o Vivir con el contribuyente todo el año como miembro de su hogar. Esta relación no debe violar la ley local.
➢ El ingreso bruto de la persona para el año debe ser inferior a $4,400. Se aplican excepciones.
➢ El contribuyente debe proporcionar más de la mitad de la manutención total de la persona para el año. Se aplican excepciones.

EIC para contribuyentes sin hijos calificados

Los contribuyentes que no tienen hijos calificados también pueden ser elegibles para el EIC. Para ser elegible para el EIC, el contribuyente debe cumplir con las siguientes condiciones:

➢ El contribuyente debe tener al menos 25 años y ser menor de 65 años a fines de 2022. Si el contribuyente presenta una declaración conjunta; Sin embargo, no se requiere que tanto el contribuyente como el cónyuge cumplan con el requisito de edad.
➢ El contribuyente no debe depender de otra persona.
➢ El contribuyente no debe ser el hijo calificado de otra persona.
➢ Los contribuyentes deben haber residido en los Estados Unidos durante más de la mitad del año.
➢ El ingreso máximo debe ser más de $21,430 o $27,380 si está casado y presenta una declaración conjunta.

Programar hojas de trabajo de EIC

Los contribuyentes elegibles para el EIC con hijos calificados deben completar el Anexo EIC. El Anexo EIC requiere incluir el nombre del niño, el número de Seguro Social, el año de nacimiento, el número de meses vividos en el hogar ubicado en los Estados Unidos y la relación del niño con el contribuyente. El Anexo EIC debe adjuntarse al Formulario 1040 del contribuyente. Los ingresos del contribuyente deben ser menores que los montos de umbral para calificar para EIC. Las hojas de trabajo están disponibles para ayudar con los cálculos del EIC y completar las hojas de trabajo del EIC es esencial para determinar la cantidad de crédito que un contribuyente puede reclamar en su declaración. La hoja de trabajo completa debe colocarse en el archivo del cliente y no adjuntarse a la declaración de impuestos federales. El IRS tiene las hojas de trabajo del EIC en su sitio web. Si el contribuyente trabaja por cuenta propia, el contribuyente debe completar la Hoja de Trabajo B de EIC, que se encuentra en el Formulario de Instrucciones 1040. Todos los demás contribuyentes calcularían sus ingresos del trabajo utilizando la Hoja de Trabajo A de las Instrucciones del Formulario 1040.

2.12 Overview Topics

2.12.1 Tax Treatment of the Acquisition and Disposition of Virtual Currency (Notice 2014-21 and Rev Pro 2019-24)

The IRS defines "virtual currency" (VC) as a digital representation of value that functions as a medium of exchange, a unit of account and a store of value other than a representation of the United States dollar or a foreign currency. Convertible virtual currency is virtual currency (VC) that has an equivalent value in real currency, or that acts as a substitute for real currency. Cryptocurrency is generally referred to as coins or tokens and is a type of virtual currency that utilizes cryptography to secure transactions that are digitally recorded on a distributed ledger, such as a blockchain. A taxpayer has gross income when the individual receives the cryptocurrency (i.e., recorded on the distributed ledger) and has dominion and control over it.

Virtual currency received as payment for goods or services is considered income equal to the fair market value (FMV) on the date received. Payment by virtual currency is included as income, the FMV is determined by the United States dollar (USD). Employers paying VC as compensation for services constitute wages for employment tax purposes and is subject to Federal tax withholding. VC payments are subject to the same information reporting as other payments (e.g., Forms W-2, 1099, 1042 – Misc., etc.). See Notice 2014-21, 2014-16, and IRB 938.

Payments made by VC are subject to back-up withholding rules to the same extent as other payments. A taxpayer who successfully "mines" virtual currency has gross income equal to the fair market value of the virtual currency as of the date of receipt.

Form 1040 has a question that is to be asked of all taxpayers: "did you receive, sell, exchange, or otherwise dispose of any financial interest in any virtual currency?".

As the tax professional, do not assume the answer is no; ask the taxpayer and mark the appropriate box, based on their answer.

Not reporting the sale or exchange of virtual currencies could resort in a tax consequence. See Publication 544.

2.12.2 Alternative Minimum Tax (AMT) Exemption/Phaseout Amounts

The alternative minimum tax (AMT) applies to taxpayers who qualify for certain deductions under tax law. The additional tax is on preference items, which is normally tax-free income or a high amount of itemized deductions. If the taxpayer has deducted preference items and their income exceeds a certain amount, AMT recalculates income tax after adding tax preference items back into the adjusted gross income. As the name suggests, the AMT is the minimum tax possible so that taxpayers cannot go without paying taxes, despite whatever exclusions, credits, or deductions may have been taken. If an adequate amount of a taxpayer's income is from the preference items, and that income exceeds the preset amounts discussed below, they will have to pay AMT even if they had otherwise lowered their tax liability below zero. Form 6251 calculates the AMT and reported on Schedule 2, line 1. AMT could offset personal and business taxes.

2.12 Temas generales

2.12.1 Tratamiento fiscal de la adquisición y disposición de moneda virtual (Aviso 2014-21 y Rev Pro 2019-24)

El IRS define "moneda virtual" (VC) como una representación digital de valor que funciona como un medio de intercambio, una unidad de cuenta y una reserva de valor que no sea una representación del dólar de los Estados Unidos o una moneda extranjera. La moneda virtual convertible es una moneda virtual (VC) que tiene un valor equivalente en moneda real, o que actúa como un sustituto de la moneda real. La criptomoneda generalmente se conoce como monedas o tokens y es un tipo de moneda virtual que utiliza criptografía para asegurar las transacciones que se registran digitalmente en un libro mayor distribuido, como una cadena de bloques. Un contribuyente tiene ingresos brutos cuando el individuo recibe la criptomoneda (es decir, registrada en el libro mayor distribuido) y tiene dominio y control sobre ella.

La moneda virtual recibida como pago por bienes o servicios se considera ingreso igual al valor justo de mercado (FMV) en la fecha de recepción. El pago por moneda virtual se incluye como ingreso, el FMV está determinado por el dólar estadounidense (USD). Los empleadores que pagan VC como compensación por servicios constituyen salarios para fines de impuestos sobre el empleo y están sujetos a retención de impuestos federales. Los pagos de VC están sujetos a la misma información que otros pagos (por ejemplo, Formularios W-2, 1099, 1042 – Misc., etc.). Consulte el Aviso 2014-21, 2014-16 y el IRB 938.

Los pagos realizados por VC están sujetos a reglas de retención de respaldo en la misma medida que otros pagos. Un contribuyente que "extrae" con éxito la moneda virtual tiene un ingreso bruto igual al valor justo de mercado de la moneda virtual a partir de la fecha de recepción.

El Formulario 1040 tiene una pregunta que debe hacerse a todos los contribuyentes: "¿recibió, vendió, intercambió o dispuso de algún interés financiero en alguna moneda virtual?".

Como profesional de impuestos, no asuma que la respuesta es no; Pregúntele al contribuyente y marque la casilla correspondiente, en función de su respuesta.

No reportar la venta o cambio de monedas virtuales podría recurrir a una consecuencia fiscal. Véase la publicación 544.

2.12.2 Importes alternativos de exención/eliminación gradual del impuesto mínimo (AMT)

El impuesto mínimo alternativo (AMT) se aplica a los contribuyentes que califican para ciertas deducciones bajo la ley tributaria. El impuesto adicional es sobre artículos preferenciales, que normalmente son ingresos libres de impuestos o una gran cantidad de deducciones detalladas. Si el contribuyente ha deducido elementos preferenciales y sus ingresos exceden una cierta cantidad, AMT vuelve a calcular el impuesto sobre la renta después de agregar elementos de preferencia fiscal nuevamente al ingreso bruto ajustado. Como su nombre indica, el AMT es el impuesto mínimo posible para que los contribuyentes no puedan quedarse sin pagar impuestos, a pesar de las exclusiones, créditos o deducciones que se hayan tomado. Si una cantidad adecuada de los ingresos de un contribuyente proviene de los elementos preferenciales, y ese ingreso excede los montos preestablecidos que se analizan a continuación, tendrá que pagar AMT incluso si de otra manera hubiera reducido su obligación tributaria por debajo de cero. El Formulario 6251 calcula el AMT y se reporta en el Anexo 2, línea 1. AMT podría compensar los impuestos personales y comerciales.

AMT is determined based on taxpayer's income. If a taxpayer with an excess amount of deductions received an amount of income that exceeds $75,900 (2022) (for Single and Head of Household), and $118,100 (2022) (for Qualifying Widow(er) or Married Filing Jointly), and $59,050 (for taxpayers filing separately), then the AMT will be triggered and applied. The 2022 AMT rate was 26% on the first $206,100 worth of income. If the taxpayer's income exceeds $199,900, the tax rate is 28%. Married Filing Separate taxpayers' AMT threshold is $103,050. For 2023, the AMT amount is $81,300 for singles and $126,500 for married couples. The 2023 begins to phase out as a single filer at $578,150 and for married jointly $1,079,800.

AMT is calculated using Alternative Minimum Tax Income (AMTI) instead of the adjusted gross income (AGI). If the AMTI amount is zero, then the taxpayer would use their AGI to calculate the AMT after reducing the AGI amount by their itemized or standard deduction and qualified business income deduction. AMTI cannot be reduced by the standard deduction or the net qualified disaster loss that increased the standard deduction. This amount will be added back into the AMT calculation later. For 2022 the AMTI excess is $206,100 for all taxpayers. For 2023 the AMTI is $220,700 for all taxpayers, except the married filing separately, and that excess is $110,350.

The following taxpayers must file Form 6251:

1. If line 7 on Form 6251 is greater than line 10.
2. Taxpayer claimed a general business credit, and either line 6 or 25 in Part I of Form 3800 is more than zero.
3. Taxpayer claimed the qualified electric vehicle credit on Form 8834, using the personal part of the alternative fuel vehicle refueling property credit on Form 8911 or the prior year minimum tax on Form 8801.
4. The total of lines 2c through 3 on Form 6251 is negative and line 7 is greater than line 10, if lines 2c through 3 were not taken into account.

The exemption begins to phase out when an individual income reaches $539,600 and $1,079,800 for married filing joint taxpayers. See Instructions Form 6251.

Taxpayers who need to file Form 8801, *Credit for Prior Year Minimum Tax*, could be an individual, estates or trust. This form is used when the taxpayer has a credit carryforward to the next year. The taxpayer had claimed a qualified vehicle credit that was unallowed. Another cause could be the AMT liability and adjustments or preferences that were not an exclusion item. See IRC Code Section 53.

2.12.3 QBI deduction (including Form 8995 and Form 8995-A)

Chapter 11 Qualified Business Income (QBI)

Qualified business income deduction (QBI) is a tax deduction that allows eligible self-employed and small-business owners to deduct up to 20% of their qualified business income on the tax return. Taxpayers' total taxable income for 2023 must be under $182,100 for all filers except married filing joint. The joint filer's income needs to be less than $364,200 to qualify.

El AMT se determina en función de los ingresos del contribuyente. Si un contribuyente con un monto excesivo de deducciones recibió un monto de ingresos que excede los $75,900 (2022) (para solteros y jefes de familia), y $118,100 (2022) (para viudos calificados o casados que presentan una declaración conjunta), y $59,050 (para contribuyentes que presentan por separado), entonces se activará y aplicará el AMT. La tasa de AMT de 2022 fue del 26% sobre los primeros $206,100 en ingresos. Si los ingresos del contribuyente exceden los $199,900, la tasa impositiva es del 28%. El umbral de AMT de los contribuyentes separados que presentan una declaración de matrimonio es de $103,050. Para 2023, el monto de AMT es de $81,300 para solteros y $126,500 para parejas casadas. El 2023 comienza a eliminarse gradualmente como un solo declarante en $578,150 y para casados conjuntamente $1,079,800.

El AMT se calcula utilizando el ingreso mínimo fiscal alternativo (AMTI) en lugar del ingreso bruto ajustado (AGI). Si el monto de AMTI es cero, entonces el contribuyente usaría su AGI para calcular el AMT después de reducir el monto de AGI por su deducción detallada o estándar y la deducción de ingresos comerciales calificados. AMTI no puede reducirse por la deducción estándar o la pérdida neta calificada por desastre que aumentó la deducción estándar. Esta cantidad se volverá a agregar al cálculo de AMT más adelante. Para 2022, el exceso de AMTI es de $206,100 para todos los contribuyentes. Para 2023, el AMTI es de $220,700 para todos los contribuyentes, excepto los casados que presentan una declaración por separado, y ese exceso es de $110,350.

Los siguientes contribuyentes deben presentar el Formulario 6251:

> ➢ Si la línea 7 del Formulario 6251 es mayor que la línea 10.
> ➢ El contribuyente reclamó un crédito comercial general, y la línea 6 o 25 en la Parte I del Formulario 3800 es más que cero.
> ➢ El contribuyente reclamó el crédito calificado para vehículos eléctricos en el Formulario 8834, utilizando la parte personal del crédito a la propiedad de reabastecimiento de combustible del vehículo de combustible alternativo en el Formulario 8911 o el impuesto mínimo del año anterior en el Formulario 8801.
> ➢ El total de líneas 2c a 3 en el Formulario 6251 es negativo y la línea 7 es mayor que la línea 10, si no se tomaron en cuenta las líneas 2c a 3.

La exención comienza a eliminarse gradualmente cuando un ingreso individual alcanza los $539,600 y $1,079,800 para los contribuyentes casados que presentan una declaración conjunta. Consulte el Formulario de instrucciones 6251.

Los contribuyentes que necesitan presentar el Formulario 8801, *Crédito para el Impuesto Mínimo del Año Anterior,* podrían ser un individuo, patrimonio o fideicomiso. Este formulario se utiliza cuando el contribuyente tiene un crédito arrastrado al año siguiente. El contribuyente había reclamado un crédito vehicular calificado que no estaba permitido. Otra causa podría ser la responsabilidad de AMT y los ajustes o preferencias que no eran un elemento de exclusión. Véase la sección 53 del Código IRC.

2.12.3 Deducción QBI (incluidos el Formulario 8995 y el Formulario 8995-A)

Ingresos comerciales calificados (QBI)

La deducción de ingresos comerciales calificados (QBI) es una deducción de impuestos que permite a los propietarios elegibles de trabajadores por cuenta propia y pequeñas empresas deducir hasta el 20% de sus ingresos comerciales calificados en la declaración de impuestos. El ingreso imponible total de los contribuyentes para 2023 debe ser inferior a $182,100 para todos los contribuyentes, excepto los casados que presentan una declaración conjunta. Los ingresos del declarante conjunto deben ser inferiores a $364,200 para calificar.

Qualified Business Income (QBI) is the net amount of income, gain, deduction, and loss with respect to any qualified business of the taxpayer. Qualified items of income, gain deduction, and loss include items that are effectively connected with the conduct of a U.S. trade or business and are included in determining the business's taxable income for the tax year.

The Section 199A Qualified Business Income Deduction, enacted as part of the Tax Cuts and Jobs Act in 2017, was meant to provide a tax benefit to smaller flow-through businesses in response to the large decrease in the C corporation tax rate from 35% to 21%.

The initial step in calculating the Sec. 199A deduction begins with determining the QBI, which is determined separately for each of the taxpayer's qualified businesses. Certain investment items are excepted from QBI, including short-term and long-term capital gains and losses, dividends, and interest income not properly allocable to a trade or business. QBI also does not include reasonable compensation payments to a taxpayer for services rendered to a qualified business, guaranteed payments to a partner for services rendered to a business, and, to the extent provided in regulations, a Sec. 707(a) payment to a partner for services rendered to the business (Sec. 199A(c)).

Chapter 12 20% Deduction for a Pass-Through Qualified Trade or Business

The combined QBI amount serves as a placeholder: it is the amount of the Section 199A deduction before considering a final overall limitation. Under this overall limitation, a taxpayer's QBI deduction is limited to 20% of the taxpayer's taxable income in excess of any net capital gain. The combined QBI amount is the sum of the deductible QBI amounts for each of the taxpayer's qualified businesses. The deductible QBI amount of a qualified business is generally 20% of its QBI, but the deductible QBI amount may be limited when the business is a specified service trade or business or by a wage and capital limitation. See Sec. 199A(b).

The calculation of a taxpayer's Sec. 199A deduction depends on whether the taxpayer's taxable income is below a lower taxable income threshold ($182,100, or $364,200 if filing a joint return). When computing taxable income for this purpose, the Sec. 199A deduction is ignored.

If a taxpayer has income below the lower threshold, calculating the Sec. 199A deduction is straightforward. The taxpayer first calculates the deductible QBI amount for each qualified business and combines the deductible QBI amounts to determine the combined QBI amount. If the taxpayer has only one qualified business, the combined QBI amount is the deductible QBI amount for that business. The taxpayer then applies the overall taxable income limitation to the combined QBI. Thus, the taxpayer's Sec. 199A deduction is equal to the lesser of the combined QBI amount or the overall limitation (20% × taxpayer's taxable income in excess of any net capital gain).

El ingreso comercial calificado (QBI) es el monto neto de ingresos, ganancias, deducciones y pérdidas con respecto a cualquier negocio calificado del contribuyente. Los elementos calificados de ingresos, deducción de ganancias y pérdidas incluyen elementos que están efectivamente conectados con la conducta de un comercio o negocio estadounidense y se incluyen en la determinación de los ingresos imponibles de la empresa para el año fiscal.

La Sección 199A de Deducción de Ingresos Comerciales Calificados, promulgada como parte de la Ley de Empleos y Reducción de Impuestos en 2017, estaba destinada a proporcionar un beneficio fiscal a las empresas más pequeñas en respuesta a la gran disminución en la tasa del impuesto corporativo C del 35% al 21%.

El paso inicial para calcular la deducción de la Sección 199A comienza con la determinación del QBI, que se determina por separado para cada una de las empresas calificadas del contribuyente. Ciertos elementos de inversión están exceptuados de QBI, incluidas las ganancias y pérdidas de capital a corto y largo plazo, los dividendos y los ingresos por intereses que no se asignan adecuadamente a una operación o negocio. QBI tampoco incluye pagos de compensación razonable a un contribuyente por servicios prestados a una empresa calificada, pagos garantizados a un socio por servicios prestados a una empresa y, en la medida prevista en las regulaciones, un pago de la Sección 707 (a) a un socio por servicios prestados a la empresa (Sección 199A (c)).

20% de deducción para un comercio o negocio calificado de transferencia

El monto combinado de QBI sirve como marcador de posición: es el monto de la deducción de la Sección 199A antes de considerar una limitación general final. Bajo esta limitación general, la deducción QBI de un contribuyente se limita al 20% del ingreso imponible del contribuyente que exceda cualquier ganancia neta de capital. El monto QBI combinado es la suma de los montos QBI deducibles para cada uno de los negocios calificados del contribuyente. El monto deducible de QBI de un negocio calificado es generalmente el 20% de su QBI, pero el monto deducible de QBI puede estar limitado cuando el negocio es un comercio o negocio de servicios específico o por una limitación salarial y de capital. Véase el artículo 199A(b).

El cálculo de la deducción de la Sección 199A de un contribuyente depende de si el ingreso imponible del contribuyente está por debajo de un umbral de ingreso imponible más bajo ($182,100, o $364,200 si presenta una declaración conjunta). Al calcular los ingresos imponibles para este propósito, se ignora la deducción de la Sección 199A.

Si un contribuyente tiene ingresos por debajo del umbral más bajo, calcular la deducción de la Sección 199A es sencillo. El contribuyente primero calcula el monto QBI deducible para cada negocio calificado y combina los montos QBI deducibles para determinar el monto QBI combinado. Si el contribuyente tiene solo un negocio calificado, el monto QBI combinado es el monto QBI deducible para ese negocio. Luego, el contribuyente aplica la limitación general de ingresos imponibles al QBI combinado. Por lo tanto, la deducción Sec. 199A del contribuyente es igual al menor de la cantidad combinada de QBI o la limitación general (20% × ingreso imponible del contribuyente en exceso de cualquier ganancia neta de capital).

Issues in Calculating the Deduction

If the taxpayer has taxable income above the higher threshold amount, two issues arise in the calculation of the Sec. 199A deduction. First, a business of the taxpayer will not be treated as a qualified business, and the income of the business of the taxpayer will not be included in QBI if the business meets the definition of a specified service trade or business (see below). Thus, the Sec. 199A deduction will be denied in full for the business. Second, if a business is a qualified business (i.e., it is not a specified service trade or business), the deductible QBI amount for the business is subject to a W-2 wage and capital limitation. Taxpayers with taxable income that is over the phaseout amount are unable to use Sec. 199A deduction for the business income that is a specified service trade or business.

Specified Service Trade or Business

A specified service trade or business is defined in Sec. 199A(d)(2) as "any trade or business which is described in section 1202(e)(3)(A) (applied without regard to the words 'engineering, architecture,') ... or which involves the performance of services that consist of investing and investment management, trading, or dealing in securities (as defined in section 475(c)(2)), partnership interests, or commodities (as defined in section 475(e)(2))."

Sec. 1202(e)(3)(A) defines a "qualified trade or business" as:

> "…any trade or business involving the performance of services in the fields of health, law, engineering, architecture, accounting, actuarial science, performing arts, consulting, athletics, financial services, brokerage services, or any trade or business where the principal asset of such trade or business is the reputation or skill of 1 or more of its employees or owners."

Thus, service trades or businesses (e.g., engineering, architecture, manufacturing, etc.) that are not specified service trades or businesses are eligible for the deduction regardless of the taxpayer's taxable income, but businesses providing specified services (e.g., law, accounting, consulting, investment management, etc.) of taxpayers who have taxable income above the higher taxable income threshold limit are excluded from the deduction.

Taxpayers with Income Above the Threshold

If a taxpayer has taxable income above the higher taxable income threshold and owns a business that is not a specified service trade or business, the QBI deductible amount for the business is subject to a limitation based on W-2 wages or capital (capital here is measured as the unadjusted basis of certain business assets) (Sec. 199A(b)(2)(B)). The deductible QBI amount for the business is equal to the *lesser* of 20% of the business's QBI or the *greater* of 50% of the W-2 wages for the business or 25% of the W-2 wages plus 2.5% of the business's unadjusted basis in all qualified property. Thus, two alternative limitations under Sec. 199A(b)(2) may limit the deductible QBI amount for each business that is included in a taxpayer's combined QBI amount (a pure 50% wage test or a combined 25% wage and capital test).

Problemas en el cálculo de la deducción

Si el contribuyente tiene ingresos imponibles por encima del monto del umbral más alto, surgen dos problemas en el cálculo de la deducción Sec. 199A. Primero, un negocio del contribuyente no será tratado como un negocio calificado, y los ingresos del negocio del contribuyente no se incluirán en QBI si el negocio cumple con la definición de un comercio o negocio de servicios específico (ver más abajo). Por lo tanto, la deducción de la Sección 199A será denegada en su totalidad para el negocio. En segundo lugar, si una empresa es una empresa calificada (es decir, no es un comercio o negocio de servicios específico), el monto deducible de QBI para la empresa está sujeto a una limitación salarial y de capital W-2. Los contribuyentes con ingresos imponibles que superan el monto de eliminación gradual no pueden usar la deducción de la Sección 199A para los ingresos comerciales que son un comercio o negocio de servicios específico.

Comercio o negocio de servicios especificados

Un comercio o negocio de servicios especificado se define en la Sección 199A (d) (2) como "cualquier comercio o negocio que se describe en la sección 1202 (e) (3) (A) (aplicado sin tener en cuenta las palabras 'ingeniería, arquitectura') ... o que implique la prestación de servicios que consistan en invertir y administrar inversiones, negociar o negociar valores (como se define en la Sección 475 (c) (2)), intereses de sociedades o productos básicos (como se define en la Sección 475 (e) (2))".

El artículo 1202(e)(3)(A) define un "comercio o negocio calificado" como:

> "... cualquier comercio o negocio que implique la prestación de servicios en los campos de la salud, el derecho, la ingeniería, la arquitectura, la contabilidad, las ciencias actuariales, las artes escénicas, la consultoría, el atletismo, los servicios financieros, los servicios de corretaje, o cualquier comercio o negocio donde el activo principal de dicho comercio o negocio sea la reputación o habilidad de 1 o más de sus empleados o propietarios.

Por lo tanto, los oficios o negocios de servicios (por ejemplo, ingeniería, arquitectura, fabricación, etc.) que no son oficios o negocios de servicios especificados son elegibles para la deducción independientemente del ingreso imponible del contribuyente, pero las empresas que brindan servicios específicos (por ejemplo, derecho, contabilidad, consultoría, administración de inversiones, etc.) de contribuyentes que tienen ingresos imponibles por encima del límite más alto del umbral de ingresos imponibles están excluidos de la deducción.

Contribuyentes con ingresos por encima del umbral

Si un contribuyente tiene ingresos imponibles por encima del umbral de ingresos imponibles más alto y posee un negocio que no es un comercio o negocio de servicios específico, el monto deducible de QBI para el negocio está sujeto a una limitación basada en los salarios o el capital W-2 (el capital aquí se mide como la base no ajustada de ciertos activos comerciales) (Sec. 199A (b) (2) (B)). El monto deducible *de QBI para el negocio es igual al menor* de 20% del QBI del negocio o el *mayor de 50% de los salarios W-2* para el negocio o 25% de los salarios W-2 más 2.5% de la base no ajustada del negocio en toda propiedad calificada. Por lo tanto, dos limitaciones alternativas bajo la Sección 199A (b) (2) pueden limitar el monto QBI deducible para cada negocio que se incluye en el monto QBI combinado de un contribuyente (una prueba salarial pura del 50% o una prueba combinada de salario y capital del 25%).

QBI and the W-2

W-2 wages are total wages subject to wage withholding, elective deferrals, and deferred compensation paid during the tax year that are attributable to QBI (Sec. 199A(b)(4)). However, amounts not properly included in a return filed with the Social Security Administration on or before the 60th day after the due date (including extensions) for that return are not included (Sec. 199A(b)(4)(C)). A partner's allocable share of W-2 wages is required to be determined in the same manner as the partner's share of wage expenses.

QBI and Property

The basis of qualifying property is calculated as the unadjusted basis immediately after acquisition of that property. Qualifying property is tangible property or depreciable property that was held by and available for use in the business at the close of the tax year, or was used in the production of QBI at any time during the year and the "depreciable period" has not ended before the close of the tax year (Sec. 199A(b)(6)).

The depreciable period starts on the date the property is first placed in service and ends the last day of the last full year of the applicable recovery period under Sec. 168 (disregarding Sec. 168(g)) or 10 years after the beginning date, whichever is later. This rule allows "qualified property" to include property that has exhausted its modified accelerated cost recovery system (MACRS) depreciation period if it is still in its first 10 years of service. The statute directs Treasury to provide anti-abuse rules to prevent the manipulation of the depreciable period of qualified property through related-party transactions and for determining the unadjusted basis immediately after the acquisition of qualified property in like-kind exchanges and involuntary conversions.

Service Trade Disqualifier

A taxpayer potentially loses all or part of the Sec. 199A deduction if taxable income rises too high and the income is from a specified service business. The income phase-out amounts are as follows (adjusted for inflation in 2022):

- All other $182,100 - $232,100 partial phase out of Sec. 199A
  $230,101 + complete phase out of Sec. 199A
- MFJ $364,200 - $464,200 partial phase out of Sec. 199A
  $464,201+ complete phase out of Sec. 199A

A taxpayer potentially loses all or part of the Sec. 199A deduction if taxable income rises too high and the income is from a specified service business. This includes "fields of health, law, accounting, actuarial science, performing arts, consulting, athletics, financial services, brokerage services, or any trade or business where the principal asset of the business is the reputation or skill of one or more of its employees or owners."

Taxpayer earnings under the threshold amount could qualify for the Sec. 199A deduction even if the income is from a specified service business.

- All other   < $182,100
- MFJ   < $364,200

QBI y el W-2

Los salarios W-2 son salarios totales sujetos a retención de salarios, aplazamientos electivos y compensación diferida pagados durante el año fiscal que son atribuibles a QBI (Sec. 199A (b) (4)). Sin embargo, los montos no incluidos correctamente en una declaración presentada ante la Administración del Seguro Social en o antes del día 60 después de la fecha de vencimiento (incluidas las extensiones) para esa declaración no se incluyen (Sec. 199A (b) (4) (C)). Se requiere que la parte asignable de un socio de los salarios W-2 se determine de la misma manera que la parte del socio de los gastos salariales.

QBI y Propiedad

La base de la propiedad calificada se calcula como la base no ajustada inmediatamente después de la adquisición de esa propiedad. La propiedad calificada es propiedad tangible o depreciable que estaba en poder y disponible para su uso en el negocio al cierre del año fiscal, o se utilizó en la producción de QBI en cualquier momento durante el año y el "período depreciable" no ha terminado antes del cierre del año fiscal (Sec. 199A (b) (6)).

El período depreciable comienza en la fecha en que la propiedad se pone en servicio por primera vez y finaliza el último día del último año completo del período de recuperación aplicable bajo la Sección 168 (sin tener en cuenta la Sección 168 (g)) o 10 años después de la fecha de inicio, lo que ocurra más tarde. Esta regla permite que la "propiedad calificada" incluya la propiedad que ha agotado su período de depreciación del sistema de recuperación acelerada de costos (MACRS) modificado si todavía está en sus primeros 10 años de servicio. El estatuto ordena al Tesoro que establezca normas contra el abuso para evitar la manipulación del período depreciable de los bienes calificados mediante transacciones con partes vinculadas y para determinar la base no ajustada inmediatamente después de la adquisición de bienes calificados en intercambios similares y conversiones involuntarias.

Descalificador de comercio de servicios

Un contribuyente potencialmente pierde la totalidad o parte de la deducción de la Sección 199A si el ingreso imponible aumenta demasiado y el ingreso proviene de un negocio de servicios específico. Los montos de eliminación gradual de ingresos son los siguientes (ajustados por inflación en 2022):

- ➤ Todos los demás $182,100 - $232,100 eliminación parcial de la Sección 199A
  - o $230,101 + eliminación completa de la Sección 199A
- ➤ MFJ $364,200 - $464,200 eliminación parcial de la Sección 199A
  - o $464,201+ eliminación completa de la Sección 199A

Un contribuyente potencialmente pierde la totalidad o parte de la deducción de la Sección 199A si el ingreso imponible aumenta demasiado y el ingreso proviene de un negocio de servicios específico. Esto incluye "campos de salud, derecho, contabilidad, ciencias actuariales, artes escénicas, consultoría, atletismo, servicios financieros, servicios de corretaje o cualquier comercio o negocio donde el activo principal de la empresa sea la reputación o habilidad de uno o más de sus empleados o propietarios".

Las ganancias de los contribuyentes por debajo del monto umbral podrían calificar para la deducción de la Sección 199A, incluso si los ingresos provienen de un negocio de servicios específico.

- ➤ Todas las demás < $182,100
- ➤ MFJ < $364,200

Taxpayer earnings over the threshold amount qualify for a lesser amount or for none of the Sec. 199A deduction.

- ➢ All other $232,101+
- ➢ MFJ $464,201+

The terminology "within the United States" means taxpayers only receive the 20% deduction on business income earned exclusive in the U.S. and on rental income from property located inside the U.S. The taxpayer only counts W-2 wages for businesses or real estate located within the U.S. If depreciable property figures into the formula, the property must be located inside the U.S. Therefore, if an entrepreneur has qualified business income from within and outside the U.S., separate the two before calculating Sec. 199A deduction.

Pass-Through Entities

The pass-through deduction is available regardless of which deduction method is chosen—itemized or standard deduction. The deduction cannot exceed 20% of the excess of a taxpayer's taxable income over net capital gain. If QBI is less than zero, it is treated as a loss from a qualified business in the following year.

For pass-through entities other than sole proprietorships, the deduction cannot exceed whichever of the following is greater:

- ➢ 50% of the W-2 wages with respect to the qualified trade or business ("W-2 wage limit").
- ➢ The sum of 25% of the W-2 wages paid with respect to the qualified trade or business *plus* 2.5% of the unadjusted basis of all "qualified property" immediately after acquisition.

Qualified property is any tangible, depreciable property that is held by and available for use in a qualified trade or business.

For a partnership or S corporation, each partner or shareholder is treated as having W-2 wages for the tax year in an amount equal to his or her allocable share of the W-2 wages of the entity for the tax year. A partner's or shareholder's allocable share of W-2 wages is determined in the same way as the partner's or shareholder's allocable share of wage expenses. For an S corporation, an allocable share is the shareholder's pro rata share of an item. However, the W-2 wage limit begins phasing out in the case of a taxpayer with taxable income exceeding $340,100 for married individuals filing jointly ($170,050 for other individuals). The application of the W-2 wage limit is phased in for individuals with taxable income exceeding the thresholds.

Sec. 199A Overview

To get the savings, a business owner may want to make operational, legal, and accounting changes early in the year.

The three major concepts with the Sec. 199A deduction are as follows:

- ➢ It benefits the following "pass-through entities":
  - o Sole proprietorships.
  - o Partnerships.

Las ganancias de los contribuyentes por encima del monto umbral califican para una cantidad menor o para ninguna de las deducciones de la Sección 199A.

- ➢ Todos los demás $232,101+
- ➢ MFJ $464,201+

La terminología "dentro de los Estados Unidos" significa que los contribuyentes solo reciben la deducción del 20% sobre los ingresos comerciales obtenidos exclusivamente en los Estados Unidos y sobre los ingresos por alquiler de propiedades ubicadas dentro de los Estados Unidos. El contribuyente solo cuenta los salarios W-2 para negocios o bienes raíces ubicados dentro de los EE. UU. Si la propiedad depreciable figura en la fórmula, la propiedad debe estar ubicada dentro de los EE. UU. Por lo tanto, si un empresario tiene ingresos comerciales calificados dentro y fuera de los Estados Unidos, separe los dos antes de calcular la deducción de la Sección 199A.

Entidades de paso

La deducción de transferencia está disponible independientemente del método de deducción que se elija: deducción detallada o estándar. La deducción no puede exceder el 20% del exceso del ingreso imponible de un contribuyente sobre la ganancia neta de capital. Si QBI es menor que cero, se trata como una pérdida de un negocio calificado en el año siguiente.

Para las entidades de transferencia que no sean empresas unipersonales, la deducción no puede exceder cualquiera de los siguientes que sean mayor:

- ➢ 50% de los salarios W-2 con respecto al comercio o negocio calificado ("límite salarial W-2").
- ➢ La suma del 25% de los salarios W-2 pagados con respecto al comercio o negocio calificado *más* 2.5% de la base no ajustada de todos los "bienes calificados" inmediatamente después de la adquisición.

La propiedad calificada es cualquier propiedad tangible y depreciable que está en poder y disponible para su uso en un comercio o negocio calificado.

Para una sociedad o corporación S, se trata de que cada socio o accionista tiene salarios W-2 para el año fiscal en una cantidad igual a su parte asignable de los salarios W-2 de la entidad para el año fiscal. La parte asignable de un socio o accionista de los salarios W-2 se determina de la misma manera que la parte asignable del socio o accionista de los gastos salariales. Para una corporación S, una acción asignable es la participación prorrateada del accionista de un artículo. Sin embargo, el límite salarial W-2 comienza a eliminarse gradualmente en el caso de un contribuyente con ingresos imponibles superiores a $340,100 para personas casadas que presentan una declaración conjunta ($170,050 para otras personas). La aplicación del límite salarial W-2 se introduce gradualmente para las personas con ingresos imponibles que exceden los umbrales.

Visión general del artículo 199A

Para obtener los ahorros, el propietario de un negocio puede querer hacer cambios operativos, legales y contables a principios de año.

Los tres conceptos principales con la deducción del artículo 199A son los siguientes:

- ➢ Beneficia a las siguientes "entidades de transferencia":
  - o Empresas unipersonales.
  - o Asociaciones.

- o S corporations.
- o Real estate investment trusts (REITs).
- o Qualified cooperatives.

➢ It shelters taxable income that would otherwise be taxed as ordinary income subject to the highest individual tax rates.
➢ The bigger the benefit, the more complex the rules.

2.12.4 Kiddie Tax

Although the Form 8615 is not included on Schedule 2 as an additional tax, it is an additional tax to the parent. If the parent claims their child's unearned income, the child will not file a tax return. Claiming the child's unearned income would change the parents' tax liability and could affect the taxpayers' adjusted gross income (AGI). The election is made annually. The parent can claim their child's unearned income if the child meets the following conditions:

1. The child had $2,300 or more of unearned income.
2. The child is required to file a tax return.
3. The child either:
   a. Was under age 18 at the end of 2022.
   b. Was age 18 at the end of 2022 and didn't have earned income that was more than half of their support.
   c. Was a full-time student at least age 19 and under age 24 at the end of 2022 and did not have earned income that was more than half of their support.
4. At least one of the child's parents was alive at the end of 2022.
5. The child does not need to file a joint return for 2022.

A "child" regarding the kiddie tax rules includes legally adopted children and stepchildren. These rules apply whether the child is or is not a dependent. If neither of the child's parents were living at the end of the year, none of the rules apply.

Support includes all amounts spent to provide the child with food, lodging, clothing, education, medical and dental care, recreation, transportation, and similar necessities. To calculate the child's support, count support provided by parents and their child, and others who support the child. Scholarship received by the child is not considered support if the child is a full-time student.

The Setting Every Community Up for Retirement Act (SECURE ACT) of 2019 repealed the TCJA changes made for Kiddie Tax. For tax year 2020 and beyond, the law reverts the kiddie tax back to the parent's marginal tax rate. See Publication 919 and IRC Section 1(g).

For tax year 2023 the first $1,250 of the child's unearned income is earned tax free and the next $1,250 is taxed at the child's rate. Anything over $2,500 in 2023 is taxed at the parent's tax rate instead of the child's generally lower rate.

2.12.5 Section 529 Plans

Section 529 plans are a valuable way to save for a child's college or other education expenses. The 529 plan money is not taxed when taken out of the plan as long as it is used for qualified education expenses.

- o S corporaciones.
- o Fideicomisos de inversión inmobiliaria (REITs).
- o Cooperativas calificadas.
- ➤ Protege los ingresos imponibles que de otro modo se gravarían como ingresos ordinarios sujetos a las tasas impositivas individuales más altas.
- ➤ Cuanto mayor sea el beneficio, más complejas serán las reglas.

2.12.4 Impuesto para niños

Aunque el Formulario 8615 no está incluido en el Anexo 2 como un impuesto adicional, es un impuesto adicional para el padre. Si el padre reclama los ingresos no ganados de su hijo, el niño no presentará una declaración de impuestos. Reclamar los ingresos no ganados del niño cambiaría la obligación tributaria de los padres y podría afectar el ingreso bruto ajustado (AGI) de los contribuyentes. La elección se realiza anualmente. El padre puede reclamar los ingresos no ganados de su hijo si el niño cumple con las siguientes condiciones:

1. El niño tenía $2,300 o más de ingresos no ganados.
2. El niño debe presentar una declaración de impuestos.
3. El niño:
   a. Tenía menos de 18 años a finales de 2022.
   b. Tenía 18 años a fines de 2022 y no tenía ingresos que fueran más de la mitad de su apoyo.
   c. Era un estudiante de tiempo completo de al menos 19 años y menor de 24 años a fines de 2022 y no tenía ingresos que fueran más de la mitad de su manutención.
4. Al menos uno de los padres del niño estaba vivo a finales de 2022.
5. El niño no necesita presentar una declaración conjunta para 2022.

Un "niño" con respecto a las reglas fiscales para niños incluye a los niños adoptados legalmente y a los hijastros. Estas reglas se aplican independientemente de que el niño sea o no un dependiente. Si ninguno de los padres del niño vivía al final del año, no se aplica ninguna de las reglas.

La manutención incluye todas las cantidades gastadas para proporcionar al niño alimentos, alojamiento, ropa, educación, atención médica y dental, recreación, transporte y necesidades similares. Para calcular la manutención del niño, cuente el apoyo proporcionado por los padres y su hijo, y otras personas que apoyan al niño. La beca recibida por el niño no se considera apoyo si el niño es un estudiante de tiempo completo.

La Ley de Preparación de Todas las Comunidades para la Jubilación (SECURE ACT) de 2019 derogó los cambios de TCJA realizados para Kiddie Tax. Para el año fiscal 2020 y más allá, la ley revierte el impuesto infantil a la tasa impositiva marginal de los padres. Véase la Publicación 919 y la Sección 1(g) del IRC.

Para el año fiscal 2023, los primeros $1,250 de los ingresos no ganados del niño se obtienen libres de impuestos y los siguientes $1,250 se gravan a la tasa del niño. Cualquier cosa por encima de $2,500 en 2023 se grava a la tasa impositiva de los padres en lugar de la tasa generalmente más baja del niño.

2.12.5 Planes de la Sección 529

Los planes de la Sección 529 son una forma valiosa de ahorrar para la universidad u otros gastos educativos de un hijo. El dinero del plan 529 no se grava cuando se saca del plan, siempre y cuando se use para gastos de educación calificados.

Be aware that not all eligible education institutions treat certain Coverdell education savings accounts (529 Plans) the same way, nor do they consider the same things when determining if a scholarship or fellowship grant is not taxable. To determine if you can use the Coverdell education savings account for the college, university, vocational school, or another postsecondary education institute, the school in question must participate in a student aid program administered by the U.S. Department of Education. The education institution can be an accredited public, nonprofit, or proprietary postsecondary institution. Beginning in 2018, this includes any private, religious, or public school for kindergarten through 12th grade as determined by state law. To determine if scholarships and fellowship grants are tax-free, the education institution must maintain a regular facility and curriculum and normally have a regularly enrolled body of students where it carries on its educational activities.

2.12.6 Achieving a Better Life Experience (ABLE) Account

An ABLE program is established and maintained by a State (or State agency or instrumentality thereof) through which eligible individuals can open ABLE accounts. An Achieving a Better Life Experience (ABLE) account is:

➢ a tax-advantaged savings account;
➢ used by eligible individuals to pay for qualified disability expenses;
➢ owned by the eligible individual and designated beneficiary of the ABLE account; and
➢ established by an eligible individual provided the individual is blind or disabled by a condition that began before the individual's 26th birthday.

Effective for tax years beginning after Dec. 22, 2017, and before Jan. 1, 2026, after the overall limitation on contributions to ABLE accounts is reached (i.e., the annual gift tax exemption amount; for 2022, $16,000), an ABLE account's designated beneficiary can contribute an additional amount up to the lesser of (a) the Federal poverty line for a one-person household or (b) the individual's compensation for the tax year (Code Sec. 529A(b), as amended by Act Sec. 11024(a)). Additionally, the designated beneficiary of an ABLE account can claim the saver's credit under Code Sec. 25B for contributions made to an ABLE account (Code Sec. 25B(d)(1), as amended by Act Sec. 11024(b)).

The TCJA also allows that a Section 529 Plan be rolled over to an ABLE account without penalty if the rollover is completed within 60 days of the distribution before Jan 1, 2026. The transfer must be to an account with the same beneficiary or a member of the family of the beneficiary. The following are "members of the family":

➢ Spouse.
➢ Child or descendant of a child.
➢ Brother, sister, stepbrother, or stepsister.
➢ Mother, father, or ancestor of either.
➢ Stepfather or stepmother.
➢ Niece or nephew.
➢ Uncle, aunt, or in-law.
➢ Any first cousin of the designated beneficiary.

The rollover cannot exceed the contribution limits for an ABLE account. The maximum amount that can be contributed to an ABLE account yearly is $16,000 for 2022.

Tenga en cuenta que no todas las instituciones educativas elegibles tratan ciertas cuentas de ahorro para la educación Coverdell (Planes 529) de la misma manera, ni consideran las mismas cosas al determinar si una beca o subvención de beca no está sujeta a impuestos. Para determinar si puede usar la cuenta de ahorros para la educación Coverdell para el colegio, universidad, escuela vocacional u otro instituto de educación postsecundaria, la escuela en cuestión debe participar en un programa de ayuda estudiantil administrado por el Departamento de Educación de los Estados Unidos. La institución educativa puede ser una institución postsecundaria pública, sin fines de lucro o propietaria acreditada. A partir de 2018, esto incluye cualquier escuela privada, religiosa o pública desde kindergarten hasta el grado 12 según lo determine la ley estatal. Para determinar si las becas y becas están libres de impuestos, la institución educativa debe mantener una instalación y un plan de estudios regulares y normalmente tener un cuerpo regular de estudiantes matriculados donde lleva a cabo sus actividades educativas.

2.12.6 Lograr una mejor experiencia de vida (ABLE)

Un programa ABLE es establecido y mantenido por un Estado (o agencia estatal o instrumentalidad de este) a través del cual las personas elegibles pueden abrir cuentas ABLE. Una cuenta de Lograr una Mejor experiencia en la vida (ABLE) es:

> - una cuenta de ahorros con ventajas fiscales;
> - utilizado por personas elegibles para pagar gastos calificados por discapacidad;
> - propiedad de la persona elegible y beneficiario designado de la cuenta ABLE; y
> - establecido por una persona elegible siempre que la persona sea ciega o discapacitada por una condición que comenzó antes de que la persona cumpla 26 años.

Efectivo para los años fiscales que comiencen después del 22 de diciembre de 2017 y antes del 1 de enero de 2026, después de que se alcance la limitación general de las contribuciones a las cuentas ABLE (es decir, el monto anual de exención del impuesto sobre donaciones; para 2022, $16,000), el beneficiario designado de una cuenta ABLE puede contribuir con un monto adicional hasta el menor de (a) la línea de pobreza federal para un hogar de una sola persona o (b) la compensación del individuo para el año fiscal (Código Sec. 529A (b), modificada por la Ley 11024(a)). Además, el beneficiario designado de una cuenta ABLE puede reclamar el crédito del ahorrador bajo el Código Sec. 25B por las contribuciones realizadas a una cuenta ABLE (Código Sec. 25B(d)(1), según enmendada por la Ley Sec. 11024(b)).

La TCJA también permite que un Plan de la Sección 529 se transfiera a una cuenta ABLE sin penalización si la transferencia se completa dentro de los 60 días posteriores a la distribución antes del 1 de enero de 2026. La transferencia debe ser a una cuenta con el mismo beneficiario o un miembro de la familia del beneficiario. Los siguientes son "miembros de la familia":

> - Esposo.
> - Hijo o descendiente de un niño.
> - Hermano, hermana, hermanastro o hermanastra.
> - Madre, padre o antepasado de cualquiera de los dos.
> - Padrastro o madrastra.
> - Sobrina o sobrino.
> - Tío, tía o suegro.
> - Cualquier primo hermano del beneficiario designado.

La reinversión no puede exceder los límites de contribución para una cuenta ABLE. La cantidad máxima que se puede contribuir a una cuenta ABLE anualmente es de $16,000 para 2022.

2.12.7 Cancellation of Student Debt (when to exclude from income)

The student loan debt relief has been paused until the litigation is resolved. The Biden Administration's Student Loan Debt Relief Plan has paused the repayment several times during these economic challenges.

A debt is any amount owed to the lender; this includes, but is not limited to, stated principal, stated interest, fees, penalties, administrative costs, and fines. If a taxpayer's debt is canceled or forgiven, the canceled amount would generally be included as income. The amount of canceled debt can be all, or part, of the total amount owed. For a lending transaction, the taxpayer is required to report only the stated principal. If the cancellation of a debt is a gift, it would not be included as income. If a federal government agency, financial institution, or credit union forgives or cancels a debt of $600 or more, the taxpayer should receive a Form 1099-C
Cancellation of Debt. The amount to be included as income is listed in box 2 of Form 1099-C.

If the forgiven or canceled debt includes interest, the amount considered interest would be listed in box 3 and can only be included as income if it would have been deductible on the taxpayer's tax return.

The taxpayer should not include a canceled debt as income in the following situations:

➢ The debt is canceled in a bankruptcy case under Title 11 of the U.S. Code. See Publication 908, *Bankruptcy Tax Guide.*
➢ The debt is canceled when the taxpayer is insolvent. However, this does not apply to the extent the debt exceeds the amount by which the taxpayer is insolvent.
➢ The debt is qualified farm debt and is canceled by a qualified person. See chapter 3 of Publication 225, *Farmer's Tax Guide.*
➢ The debt is qualified real property business debt. See Publication 468, *Canceled Debts, Foreclosures, Repossessions and Abandonments (For Individuals).*
➢ The debt is qualified principal residence indebtedness.

If the taxpayer has included a canceled debt amount in their income and later pays the debt off, the taxpayer may be able to file an amended return for a refund. The statute of limitations for filing would apply.

There may be terms in the following section that you are not familiar with; research to become familiar with them.

Depending upon the actual date of the discharge, a debt is deemed canceled on the date one of the following identifiable events occur:

➢ A discharge in bankruptcy under Title 11 of the U.S. Code. There are certain discharges in bankruptcy that are not required to be reported.
➢ A cancellation or extinguishment making the debt unenforceable in a receivership, foreclosure, or similar federal non-bankruptcy or state court proceeding.

2.12.7 Cancelación de la deuda estudiantil (cuándo excluir de los ingresos)

El alivio de la deuda de préstamos estudiantiles se ha detenido hasta que se resuelva el litigio. El Plan de Alivio de la Deuda de Préstamos Estudiantiles de la Administración Biden ha pausado el pago varias veces durante estos desafíos económicos.

Una deuda es cualquier cantidad adeudada al prestamista; Esto incluye, pero no se limita a, capital declarado, intereses declarados, tarifas, sanciones, costos administrativos y multas. Si la deuda de un contribuyente es cancelada o perdonada, la cantidad cancelada generalmente se incluiría como ingreso. El monto de la deuda cancelada puede ser todo o parte del monto total adeudado. Para una transacción de préstamo, el contribuyente está obligado a reportar solo el capital declarado. Si la cancelación de una deuda es un regalo, no se incluiría como ingreso. Si una agencia del gobierno federal, institución financiera o cooperativa de crédito perdona o cancela una deuda de $600 o más, el contribuyente debe recibir un Formulario 1099-C
Cancelación de deuda. La cantidad que debe incluirse como ingreso se enumera en la casilla 2 del Formulario 1099-C.

Si la deuda perdonada o cancelada incluye intereses, la cantidad considerada interés se enumeraría en la casilla 3 y solo se puede incluir como ingreso si hubiera sido deducible en la declaración del contribuyente.

El contribuyente no debe incluir una deuda cancelada como ingreso en las siguientes situaciones:

➤ La deuda se cancela en un caso de bancarrota bajo el Título 11 del Código de los Estados Unidos. Vea la Publicación 908, *Guía de impuestos sobre bancarrota.*
➤ La deuda se cancela cuando el contribuyente es insolvente. Sin embargo, esto no se aplica en la medida en que la deuda exceda la cantidad por la cual el contribuyente es insolvente.
➤ La deuda es una deuda agrícola calificada y es cancelada por una persona calificada. Vea el capítulo 3 de la Publicación 225, *Guía Tributaria del Agricultor.*
➤ La deuda es una deuda comercial de bienes raíces calificada. Véase la Publicación 468, *Deudas canceladas, ejecuciones hipotecarias, embargos y abandonos (para individuos).*
➤ La deuda es endeudamiento calificado de residencia principal.

Si el contribuyente ha incluido un monto de deuda cancelado en sus ingresos y luego paga la deuda, el contribuyente puede presentar una declaración enmendada para un reembolso. Se aplicaría el estatuto de limitaciones para la presentación.

Puede haber términos en la siguiente sección con los que no esté familiarizado; Investiga para familiarizarte con ellos.

Dependiendo de la fecha real de la descarga, una deuda se considera cancelada en la fecha en que ocurra uno de los siguientes eventos identificables:

➤ Una descarga en bancarrota bajo el Título 11 del Código de los Estados Unidos. Hay ciertas descargas en bancarrota que no están obligadas a ser reportadas.
➤ Una cancelación o extinción que hace que la deuda sea inexigible en una administración judicial, ejecución hipotecaria o procedimiento federal similar de no bancarrota o de un tribunal estatal.

> ➤ A cancellation or extinguishment when the statute of limitations for collecting the debt expires, or when the statutory period for filing a claim or beginning a deficiency judgment proceeding expires. Expiration of the statute of limitations is an identifiable event only when the debtor's affirmative statute of limitations defense is upheld in a final judgment or decision of a court and the appeal period has expired.
> ➤ A cancellation or extinguishment when the creditor elects the foreclosure remedies, which by law extinguishes or bars the creditor's right to collect the debt. This event applies to a mortgage lender or holder who is barred by local law from pursuing debt collection after a "power of sale" in the mortgage or deed of trust is exercised.
> ➤ A cancellation or extinguishment making the debt unenforceable under a probate or similar proceeding.
> ➤ A discharge of indebtedness under an agreement between the creditor and the debtor to cancel the debt at less than full consideration, for example, short sales.
> ➤ A discharge of indebtedness because of a decision or a defined policy of the creditor to discontinue collection activity and cancel the debt. A creditor's defined policy can be in writing or an established business practice of the creditor. A creditor's established practice to stop collection activity and abandon a debt when a particular nonpayment period expires is a defined policy.
> ➤ The expiration of nonpayment testing period. This event occurs when the creditor has not received a payment on the debt during the testing period. The testing period is a 36-month period ending on December 31, plus any time when the creditor was precluded from collection activity by a stay in bankruptcy or similar bar under state or local law. The creditor can rebut the occurrence of this identifiable event if:
>   - The creditor (or a third-party collection agency on behalf of the creditor) has engaged in significant bona fide collection activity during the 12-month period ending on December 31.
>   - Facts and circumstances that exist on January 31 following the end of the 36-month period indicate that the debt was canceled. Significant bona fide collection activity does not include nominal or ministerial collection action, such as an automated mailing. Facts and circumstances indicating that a debt was not canceled include the existence of a lien relating to the debt (up to the value of the security) or the sale of the debt by the creditor.
> ➤ Other actual discharge before identifiable event.

2.12.8 Net Operating Loss (NOL)

The CARES Act temporarily repeals the 80% income limitation for net operating loss deductions for years beginning before 2021. For losses arising in 2018, 2019, 2020 and 2021, a five-year carryback is allowed.

Revenue Procedure 2020-24 provides guidance to taxpayers with net operating losses that are carried back under the CARES Act by providing procedures for:

> ➤ waiving the carryback period in the case of a net operating loss arising in a taxable year beginning after Dec. 31, 2017, and before Jan. 1, 2021,
> ➤ disregarding certain amounts of foreign income subject to transition tax that would normally have been included as income during the five-year carryback period, and

➢ Una cancelación o extinción cuando expira el plazo de prescripción para cobrar la deuda, o cuando expira el plazo legal para presentar una reclamación o iniciar un procedimiento de sentencia de deficiencia. La expiración del estatuto de limitaciones es un evento identificable solo cuando la defensa afirmativa del estatuto de limitaciones del deudor se confirma en una sentencia o decisión final de un tribunal y el período de apelación ha expirado.

➢ Una cancelación o extinción cuando el acreedor elige los recursos de ejecución hipotecaria, que por ley extingue o prohíbe el derecho del acreedor a cobrar la deuda. Este evento se aplica a un prestamista o titular hipotecario que está prohibido por la ley local de buscar el cobro de deudas después de que se ejerce un "poder de venta" en la hipoteca o escritura de fideicomiso.

➢ Una cancelación o extinción que hace que la deuda sea inexigible bajo un procedimiento testamentario o similar.

➢ Una exoneración de deudas en virtud de un acuerdo entre el acreedor y el deudor para cancelar la deuda a menos de la consideración total, por ejemplo, ventas cortas.

➢ Una descarga de endeudamiento debido a una decisión o una política definida del acreedor para interrumpir la actividad de cobro y cancelar la deuda. La política definida de un acreedor puede ser por escrito o una práctica comercial establecida del acreedor. La práctica establecida de un acreedor de detener la actividad de cobro y abandonar una deuda cuando expira un período de impago en particular es una política definida.

➢ El vencimiento del período de prueba de falta de pago. Este evento ocurre cuando el acreedor no ha recibido un pago de la deuda durante el período de prueba. El período de prueba es un período de 36 meses que finaliza el 31 de diciembre, más cualquier momento en que el acreedor haya sido excluido de la actividad de cobro por una suspensión en bancarrota o una prohibición similar según la ley estatal o local. El acreedor puede refutar la ocurrencia de este evento identificable si:

   o El acreedor (o una agencia de cobro de terceros en nombre del acreedor) ha participado en una actividad significativa de cobro de buena fe durante el período de 12 meses que finaliza el 31 de diciembre.

   o Los hechos y circunstancias que existen el 31 de enero después del final del período de 36 meses indican que la deuda fue cancelada. La actividad significativa de cobro de buena fe no incluye la acción de cobro nominal o ministerial, como un envío automatizado por correo. Los hechos y circunstancias que indican que una deuda no fue cancelada incluyen la existencia de un gravamen relacionado con la deuda (hasta el valor de la garantía) o la venta de la deuda por parte del acreedor.

➢ Otra descarga real antes de un evento identificable.

2.12.8 Pérdida operativa neta (NOL)

La Ley CARES deroga temporalmente la limitación de ingresos del 80% para las deducciones de pérdidas operativas netas para los años que comienzan antes de 2021. Para las pérdidas que surjan en 2018, 2019, 2020 y 2021, se permite una prórroga de cinco años.

El Procedimiento de Ingresos 2020-24 proporciona orientación a los contribuyentes con pérdidas operativas netas que se transfieren bajo la Ley CARES al proporcionar procedimientos para:

➢ renunciar al período de arrastre en el caso de una pérdida operativa neta que surja en un año fiscal que comience después del 31 de diciembre de 2017 y antes del 1 de enero de 2021,

➢ sin tener en cuenta ciertas cantidades de ingresos extranjeros sujetos al impuesto de transición que normalmente se habrían incluido como ingresos durante el período de remanente de cinco años, y

> ➢ waiving a carryback period, reducing a carryback period, or revoking an election to waive a carryback period for a taxable year that began before Jan. 1, 2018, and ended after Dec. 31, 2017.

In Notice 2020-26, the IRS grants a six-month extension of time to file Form 1045 or Form 1139, as applicable, with respect to the carryback of a net operating loss that arose in any taxable year that began during calendar year 2018 and that ended on or before June 30, 2019. Individuals, trusts, and estates would file Form 1045, while corporations would file Form 1139.

When a taxpayer makes an election under section 965(n) and it results in a net operating loss (NOL), the taxpayer may be able to claim the reduction on Schedule 1, line 8(a).

If the casualty loss deduction causes a taxpayer's deductions for the year to be more than their income for the year, there may be a net operating loss. See Publication 536, *Net Operating Losses (NOLs) for Individuals, Estates and Trusts*.

2.12.9 Premium Tax Credit

Although there is no penalty for not having health insurance, if the taxpayer purchased health care through the Marketplace, the individual must complete Form 8962 to calculate if they need to repay the premium tax credit repayment.

Using Form 8962, the Premium Tax Credit (PTC) is a credit that can help individuals and their families pay for their health insurance if they have enrolled in a qualified health plan through the Marketplace. The Marketplace is an exchange for those who need qualified health care to purchase qualifying plans, and a taxpayer may be able to claim the Premium Tax Credit if an individual and the tax family (as defined below) enrolled through the Marketplace for a qualified health plan. For more information, see Publication 974 and Instructions Form 8962. The Premium Tax Credit is reported on both Form 1040 and Form 1040NR.

Chapter 13 Excess Advanced Premium Tax Credit Repayment

For tax year 2023 the excess subsidy repayments will vary from $350 to $3,000 based on income. Repayment begins if the taxpayer's income is under 400% of the poverty level.

The Premium Tax Credit helps pay health insurance premiums that were purchased through the Health Insurance Marketplace. If the advanced payments of this credit were made for coverage for the taxpayer, spouse, or dependents, Form 8962 would be used. If the advanced payments were more than the Premium Tax Credit, the taxpayer has an excess to be repaid, which is reported on Schedule 2, line 46, and added to their tax liability, meaning that paying their taxes will also repay that excess. An additional tax liability could be caused by the taxpayer or spouse having an increase in income and not reporting the change to the Marketplace. If the advanced payments exceed the credit allowed, the income tax liability imposed for the tax year is increased by the difference.

➤ renunciar a un período de remanente, reducir un período de arrastre o revocar una elección para renunciar a un período de arrastre para un año fiscal que comenzó antes del 1 de enero de 2018 y finalizó después del 31 de diciembre de 2017.

En el Aviso 2020-26, el IRS otorga una extensión de tiempo de seis meses para presentar el Formulario 1045 o el Formulario 1139, según corresponda, con respecto al arrastre de una pérdida operativa neta que surgió en cualquier año fiscal que comenzó durante el año calendario 2018 y que terminó el 30 de junio de 2019 o antes. Los individuos, fideicomisos y patrimonios presentarían el Formulario 1045, mientras que las corporaciones presentarían el Formulario 1139.

Cuando un contribuyente hace una elección bajo la sección 965(n) y resulta en una pérdida operativa neta (NOL), el contribuyente puede reclamar la reducción en el Anexo 1, línea 8(a).

Si la deducción por pérdida por accidente hace que las deducciones de un contribuyente para el año sean mayores que sus ingresos para el año, puede haber una pérdida operativa neta. Vea la Publicación 536, *Pérdidas Operativas Netas (NOL) para individuos, patrimonios y fideicomisos.*

2.12.9 Crédito fiscal para primas

Aunque no hay multa por no tener seguro de salud, si el contribuyente compró atención médica a través del Mercado, la persona debe completar el Formulario 8962 para calcular si necesita pagar el reembolso del crédito tributario de la prima.

Usando el Formulario 8962, el Crédito Tributario para Primas (PTC, por sus siglas en inglés) es un crédito que puede ayudar a las personas y sus familias a pagar su seguro de salud si se han inscrito en un plan de salud calificado a través del Mercado. El Mercado es un intercambio para aquellos que necesitan atención médica calificada para comprar planes calificados, y un contribuyente puede reclamar el Crédito Tributario para Primas si un individuo y la familia tributaria (como se define a continuación) se inscribieron a través del Mercado para un plan de salud calificado. Para obtener más información, consulte la Publicación 974 y el Formulario de instrucciones 8962. El Crédito Tributario para Primas se reporta tanto en el Formulario 1040 como en el Formulario 1040NR.

Reembolso del Crédito Fiscal Anticipado por Exceso de Prima

Para el año fiscal 2023, los reembolsos de subsidios en exceso variarán de $350 a $3,000 según los ingresos. El reembolso comienza si los ingresos del contribuyente están por debajo del 400% del nivel de pobreza.

El Crédito Tributario para Primas ayuda a pagar las primas de seguro médico que se compraron a través del Mercado de Seguros Médicos. Si los pagos anticipados de este crédito se hicieran para la cobertura del contribuyente, cónyuge o dependientes, se usaría el Formulario 8962. Si los pagos anticipados fueron más que el Crédito Tributario de Prima, el contribuyente tiene un exceso que debe pagarse, que se reporta en el Anexo 2, línea 46, y se agrega a su obligación tributaria, lo que significa que el pago de sus impuestos también reembolsará ese exceso. Una obligación tributaria adicional podría ser causada por el contribuyente o cónyuge que tiene un aumento en los ingresos y no reporta el cambio al Mercado. Si los pagos anticipados exceden el crédito permitido, la obligación tributaria impuesta para el año fiscal se incrementa en la diferencia.

For any month during the year the taxpayer, spouse, or dependents did not have minimum essential coverage and do not have a coverage exemption, the taxpayer may need to make an individual shared responsibility payment on the tax return. The annual payment amount is either a percentage of taxpayer's household income or a flat dollar amount, whichever is greater. The national average premium is capped for a bronze level health plan on the Marketplace.

2.12.10 Employee Fringe Benefits

A fringe benefit is any benefit provided by an employer to individuals in addition to their normal compensation. A person who performs services for the employer does not have to be an employee; he or she can be an independent contractor, partner, or director. The employer is the provider of the fringe benefit if it is provided for services performed for the employer, and the person who performs services for the employer is the recipient of the fringe benefit.

Fringe benefits received from an employer are considered compensation. They are taxable and must be included in income unless tax law specifically excludes the benefits, or the taxpayer paid fair market value for the benefit (in which it would no longer be a provision from the employer or a fringe benefit). The employer usually determines the amount of the fringe benefits and includes this amount in the employee's W-2. The total value of the fringe benefits should be shown in box 12. The employer is the provider of the benefit even if a customer of the employer provided the services. The employee who profits from the fringe benefit reports the provision as income.

Employers can report noncash fringe benefits in box 1 of the W-2 (with a notation in box 14) using one of the two following accounting periods:

➢ The general rule, under which benefits are reported for a full calendar year (January 1st through December 31st).
➢ The special accounting period rule, under which benefits provided during the last two months of the calendar year (or any shorter period) are treated as being paid during the following calendar year.

Example 1: Smith's Enterprises has provided Frank Jones and Courtney Keys noncash fringe benefits since 2020 and reports some of them to the IRS using the special accounting period rule. To report the value of those provided benefits on their W-2s, Smith's Enterprises will count November and December of 2022 and January through October of 2023 as one calendar year.

Employers do not have to use the same accounting period for each fringe benefit they provide, but they must use whichever accounting period they choose for every person who receives the benefit. The employee must use the same accounting period as the employer to report taxable noncash fringe benefits.

Asignación compartida de directivas

Para cualquier mes durante el año que el contribuyente, cónyuge o dependientes no tuvieron cobertura esencial mínima y no tienen una exención de cobertura, el contribuyente puede necesitar hacer un pago de responsabilidad compartida individual en la declaración de impuestos. El monto del pago anual es un porcentaje del ingreso familiar del contribuyente o un monto fijo en dólares, lo que sea mayor. La prima promedio nacional está limitada para un plan de salud de nivel bronce en el Mercado.

2.12.10 Beneficios complementarios para empleados

Un beneficio complementario es cualquier beneficio proporcionado por un empleador a individuos además de su compensación normal. Una persona que presta servicios para el empleador no tiene que ser un empleado; Él o ella puede ser un contratista independiente, socio o director. El empleador es el proveedor del beneficio complementario si se proporciona por servicios prestados para el empleador, y la persona que presta servicios para el empleador es el receptor del beneficio complementario.

Los beneficios complementarios recibidos de un empleador se consideran compensación. Están sujetos a impuestos y deben incluirse en los ingresos, a menos que la ley tributaria excluya específicamente los beneficios, o que el contribuyente haya pagado el valor justo de mercado por el beneficio (en el que ya no sería una provisión del empleador o un beneficio complementario). El empleador generalmente determina el monto de los beneficios complementarios e incluye esta cantidad en el W-2 del empleado. El valor total de las prestaciones complementarias debe indicarse en la casilla 12. El empleador es el proveedor del beneficio, incluso si un cliente del empleador proporcionó los servicios. El empleado que se beneficia del beneficio complementario reporta la provisión como ingreso.

Los empleadores pueden reportar beneficios complementarios no monetarios en la casilla 1 del W-2 (con una anotación en la casilla 14) utilizando uno de los dos períodos contables siguientes:

➢ La regla general, según la cual los beneficios se reportan durante un año calendario completo (del 1 de enero al 31 de diciembre).
➢ La regla del período contable especial, en virtud de la cual las prestaciones concedidas durante los dos últimos meses del año civil (o cualquier período más corto) se consideran pagadas durante el año civil siguiente.

Ejemplo 1: Smith's Enterprises ha proporcionado beneficios complementarios no monetarios a Frank Jones y Courtney Keys desde 2020 e informa algunos de ellos al IRS utilizando la regla de período contable especial. Para informar el valor de los beneficios proporcionados en sus W-2, Smith's Enterprises contará noviembre y diciembre de 2022 y enero a octubre de 2023 como un año calendario.

Los empleadores no tienen que usar el mismo período contable para cada beneficio complementario que proporcionan, pero deben usar el período contable que elijan para cada persona que recibe el beneficio. El empleado debe usar el mismo período contable que el empleador para reportar beneficios complementarios no monetarios imponibles.

Example 2: Smith's Enterprises provided employee discounts and athletic facilities as fringe benefits to both Frank Jones and Courtney Keys. The company can report each fringe benefit using a different accounting rule, but no matter which rule they use for each benefit, the fringe benefit must be reported the same way for both Frank and Courtney. In other words, the company can report the employee discounts using the general rule and the athletic facilities using the special accounting period rule, but they cannot report athletic facilities under the general rule for Courtney and then report them under the special accounting period rule for Frank.

Cafeteria Plans

Cafeteria plans are a type of benefit package consisting of fringe benefits; most are written flexible spending arrangement plans that allow employees to choose between receiving cash or taxable benefits instead of certain qualified benefits that are excluded from wages. Generally, a cafeteria plan does not include any plan that offers a benefit that defers pay, but a cafeteria plan can include a qualified 401(k) plan as a benefit. Qualified benefits under a cafeteria plan can include the following:

➢ Accident and health benefits (but not Archer medical savings accounts or long-term care insurance).
➢ Adoption assistance.
➢ Dependent care assistance.
➢ Group-term life insurance coverage.
➢ Health savings accounts (HSAs). Distributions from an HSA may be used to pay eligible long-term care insurance premiums or qualified long-term care services in addition to unreimbursed medical expenses.

Excluded fringe benefits are not subject to federal income tax withholding; in most cases, they are not subject to Social Security, Medicare, or federal unemployment tax (FUTA) and aren't reported on Form W-2. A cafeteria plan cannot include the following benefits:

➢ Archer medical savings accounts (MSAs).
➢ Athletic facilities.
➢ *De minimis* (minimal) benefits.
➢ Educational assistance (including scholarships or fellowships; see Publication 970, *Tax Benefits for Education*).
➢ Employee discounts.
➢ Employer-provided cell phones.
➢ Lodging on the business premises.
➢ Meals.
➢ No-additional-cost services.
➢ Retirement planning services.
➢ Transportation (commuting) benefits.
➢ Tuition reduction.
➢ Working condition benefits.

The following are some of the possible fringe benefits that can be included under the cafeteria plan.

Ejemplo 2: Smith's Enterprises proporcionó descuentos para empleados e instalaciones deportivas como beneficios complementarios tanto para Frank Jones como para Courtney Keys. La compañía puede reportar cada beneficio complementario usando una regla contable diferente, pero no importa qué regla usen para cada beneficio, el beneficio adicional debe reportarse de la misma manera tanto para Frank como para Courtney. En otras palabras, la compañía puede reportar los descuentos de los empleados utilizando la regla general y las instalaciones deportivas utilizando la regla del período contable especial, pero no pueden reportar las instalaciones deportivas bajo la regla general para Courtney y luego reportarlos bajo la regla del período contable especial para Frank.

Planes de Cafetería

Los planes de cafetería son un tipo de paquete de beneficios que consiste en beneficios complementarios; La mayoría son planes escritos de arreglos de gastos flexibles que permiten a los empleados elegir entre recibir beneficios en efectivo o gravables en lugar de ciertos beneficios calificados que están excluidos de los salarios. Generalmente, un plan de cafetería no incluye ningún plan que ofrezca un beneficio que difiera el pago, pero un plan de cafetería puede incluir un plan 401(k) calificado como beneficio. Los beneficios calificados bajo un plan de cafetería pueden incluir lo siguiente:

➢ Beneficios de accidentes y salud (pero no cuentas de ahorro médico Archer o seguro de cuidado a largo plazo).
➢ Asistencia para la adopción.
➢ Asistencia para el cuidado de dependientes.
➢ Cobertura de seguro de vida a término grupal.
➢ Cuentas de ahorro para la salud (HSA, por sus siglas en inglés). Las distribuciones de una HSA se pueden usar para pagar primas de seguro de cuidado a largo plazo elegibles o servicios calificados de cuidado a largo plazo, además de los gastos médicos no reembolsados.

Los beneficios complementarios excluidos no están sujetos a retención del impuesto federal sobre la renta; en la mayoría de los casos, no están sujetos al Seguro Social, Medicare o al impuesto federal de desempleo (FUTA) y no se reportan en el Formulario W-2. Un plan de cafetería no puede incluir los siguientes beneficios:

➢ Cuentas de ahorro médico (MSA) de Archer.
➢ Instalaciones deportivas.
➢ *Beneficios de minimis* (mínimos).
➢ Asistencia educativa (incluyendo becas o becas; ver Publicación 970, *Beneficios fiscales para la educación*).
➢ Descuentos para empleados.
➢ Teléfonos celulares proporcionados por el empleador.
➢ Alojamiento en el local comercial.
➢ Comidas.
➢ Servicios sin costo adicional.
➢ Servicios de planificación de la jubilación.
➢ Beneficios de transporte (desplazamiento).
➢ Reducción de matrícula.
➢ Beneficios de las condiciones de trabajo.

Los siguientes son algunos de los posibles beneficios adicionales que se pueden incluir en el plan de cafetería.

Adoption Assistance

Adoption assistance is considered a benefit when it meets the following requirements:

> ➤ The plan must benefit the employees who qualify under the rules set up by the employer, and the rules cannot give special treatment or perks to highly compensated employees or their dependents.
> ➤ The plan does not pay more than 5% of its payments during the year to shareholders, owners, their spouses, or their dependents.
> ➤ The employer gives reasonable notice of the adoption plan to all eligible employees.
> ➤ Employees provide substantiation that the payments or the reimbursements are used for qualifying expenses.

A highly compensated employee is an employee who meets either of the following tests:

> ➤ The employee was a 5% owner at any time during the year or the preceding year.
> ➤ The employee received more than $130,000 in pay for the preceding year.

The second test listed above can be disregarded if the employee was not in the top 20% of the employees' pay ranking for the preceding year. All payments or reimbursements made under the adoption assistance program is excluded from wages subject to federal income tax withholding.

All qualifying adoption assistance expenses paid or reimbursed by the employer is reported in box 12 of the employee's Form W-2. Code T is used to identify the amount of the nonrefundable credit. Nonrefundable credits lower the taxpayer's tax liability. See Publication 15-B and IRC Sec 137.

Dependent Care Assistance

If the employer provides dependent care assistance under a qualified plan, the taxpayer may be able to exclude the amount from income. Dependent care benefits include the following:

> ➤ Amounts the employer paid directly to the care provider.
> ➤ The fair market value of the care in a day-care facility provided or sponsored by the employer.

The amounts paid are reported on Form W-2, box 10. To claim the exclusion, the taxpayer would complete Part III of Form 2441: *Child and Dependent Care Expenses*. See Publication 503.

 *Señor 1040 Says*: Individuals who provide childcare in their own home are considered self-employed and should report their income on Schedule C. If the childcare is provided in the child's home, they are considered employees and should receive a W-2 from the child's parent or guardian, who should report the caretaker's income on Schedule H.

Asistencia para la adopción

La asistencia para la adopción se considera un beneficio cuando cumple con los siguientes requisitos:

> ➢ El plan debe beneficiar a los empleados que califican bajo las reglas establecidas por el empleador, y las reglas no pueden dar un trato especial o beneficios a los empleados altamente remunerados o sus dependientes.
> ➢ El plan no paga más del 5% de sus pagos durante el año a los accionistas, propietarios, sus cónyuges o sus dependientes.
> ➢ El empleador da un aviso razonable del plan de adopción a todos los empleados elegibles.
> ➢ Los empleados proporcionan una justificación de que los pagos o los reembolsos se utilizan para gastos calificados.

Un empleado altamente remunerado es un empleado que cumple con cualquiera de las siguientes pruebas:

> ➢ El empleado era un propietario del 5% en cualquier momento durante el año o el año anterior.
> ➢ El empleado recibió más de $130,000 en pago por el año anterior.

La segunda prueba enumerada anteriormente puede descartarse si el empleado no estaba en el 20% superior de la clasificación salarial de los empleados durante el año anterior. Todos los pagos o reembolsos realizados bajo el programa de asistencia para la adopción están excluidos de los salarios sujetos a la retención del impuesto federal sobre la renta.

Todos los gastos de asistencia de adopción calificados pagados o reembolsados por el empleador se reportan en la casilla 12 del Formulario W-2 del empleado. El código T se utiliza para identificar el monto del crédito no reembolsable. Los créditos no reembolsables reducen la obligación tributaria del contribuyente. Véase la Publicación 15-B y el IRC, sección 137.

Asistencia para el cuidado de dependientes

Si el empleador proporciona asistencia para el cuidado de dependientes bajo un plan calificado, el contribuyente puede excluir el monto de los ingresos. Los beneficios de cuidado de dependientes incluyen lo siguiente:

> ➢ Montos que el empleador pagó directamente al proveedor de atención.
> ➢ El valor justo de mercado de la atención en una guardería proporcionada o patrocinada por el empleador.

Los montos pagados se reportan en el Formulario W-2, casilla 10. Para reclamar la exclusión, el contribuyente completaría la Parte III del Formulario 2441: Gastos por cuidado de *hijos y dependientes*. Véase la publicación 503.

Señor 1040 dice: Las personas que brindan cuidado infantil en su propio hogar se consideran trabajadores por cuenta propia y deben informar sus ingresos en el Anexo C. Si el cuidado infantil se proporciona en el hogar del niño, se consideran empleados y deben recibir un W-2 del padre o tutor del niño, quien debe informar los ingresos del cuidador en el Anexo H.

Group-Term Life Insurance

Generally, group-term life insurance coverage provided by an employer (current or former) to employees is not included as income up to the cost of $50,000 after being reduced by any amount the employee paid toward the purchase of the insurance.

If the coverage is worth more than $50,000, the employee must include the amount of money that the employer-provided insurance is costing the employer as the employee's personal income. If the employer provided more than $50,000 of coverage, the includable amount is reported as part of the employee's wages in boxes 1, 3, and 5 of Form W-2. It is also shown separately in box 12 with code C on the W-2. Life insurance coverage should meet the following conditions:

➢ The employer provided a general death benefit that is not included in income.
➢ The employer provided it to a group of employees (usually 10 or more).
➢ The employer provided an amount of insurance to each employee based on a formula that prevents individual selection.
➢ The employer provided the insurance under a policy that was directly or indirectly carried. Even if the employer did not pay any of the cost, the employer is considered to carry it since the employer arranged for payment of its cost by the employees and charged at least one employee less than, and one employee more than, the cost of their insurance.

Group-term life insurance that is payable on the death of the employee, employee's spouse, or dependent, and with a payment amount of less than $2,000, is considered a *de minimis* benefit.

The following types of insurance plans are not group-term insurance:

➢ Insurance that does not provide general death benefits such as travel insurance or only provides accidental death benefits.
➢ Life insurance on the life of the employee's spouse or dependent.
➢ Insurance provided under a policy that provides a permanent benefit (an economic value that extends more than 1 year unless certain requirements are met). See Internal Revenue Code (IRC) section 1.79-1 for more information.

Health Savings Accounts (HSAs)

A Health Savings Account (HSA) is a form of pretax savings account set up to help set aside money to pay for future medical costs. If the taxpayer is an eligible individual, HSA contributions can be made by the employer, the taxpayer, or any of the taxpayer's family members. Medical expenses must not be reimbursable by the insurance or other sources, Taxpayer must be covered by a High Deductible Health Plan (HDHP) and not covered by another health plan.

Contributions made by the employer are not included in income. Distributions from the HSA that are used to pay for qualified medical expenses are included in income. Contributions to the account are used to pay current or future medical expenses of the account owner, spouse, and any qualified dependent.

Seguro de vida a término grupal

En general, la cobertura de seguro de vida a término grupal proporcionada por un empleador (actual o anterior) a los empleados no se incluye como ingreso hasta el costo de $50,000 después de haber sido reducida por cualquier cantidad que el empleado haya pagado para la compra del seguro.

Si la cobertura vale más de $50,000, el empleado debe incluir la cantidad de dinero que el seguro proporcionado por el empleador le está costando al empleador como ingreso personal del empleado. Si el empleador proporcionó más de $50,000 de cobertura, la cantidad incluible se reporta como parte del salario del empleado en las casillas 1, 3 y 5 del Formulario W-2. También se muestra por separado en la casilla 12 con el código C en el W-2. La cobertura del seguro de vida debe cumplir con las siguientes condiciones:

> ➢ El empleador proporcionó un beneficio general por fallecimiento que no está incluido en los ingresos.
> ➢ El empleador lo proporcionó a un grupo de empleados (generalmente 10 o más).
> ➢ El empleador proporcionó una cantidad de seguro a cada empleado basada en una fórmula que impide la selección individual.
> ➢ El empleador proporcionó el seguro bajo una póliza que se llevó directa o indirectamente. Incluso si el empleador no pagó nada del costo, se considera que el empleador lo lleva a cabo, ya que el empleador organizó el pago de su costo por parte de los empleados y cobró al menos a un empleado menos que, y un empleado más que, el costo de su seguro.

El seguro de vida grupal a término que se paga a la muerte del empleado, el cónyuge del empleado o el dependiente, y con un monto de pago de menos de $2,000, se considera un *beneficio de minimis*.

Los siguientes tipos de planes de seguro no son seguros a término grupal:

> ➢ Seguro que no proporciona beneficios generales por fallecimiento, como el seguro de viaje, o solo proporciona beneficios por muerte accidental.
> ➢ Seguro de vida sobre la vida del cónyuge o dependiente del empleado.
> ➢ Seguro proporcionado bajo una póliza que proporciona un beneficio permanente (un valor económico que se extiende más de 1 año a menos que se cumplan ciertos requisitos). Consulte la sección 1.79-1 del Código de Rentas Internas (IRC) para obtener más información.

Cuentas de ahorro para la salud (HSA)

Una Cuenta de Ahorros para la Salud (HSA, por sus siglas en inglés) es una forma de cuenta de ahorros antes de impuestos establecida para ayudar a reservar dinero para pagar costos médicos futuros. Si el contribuyente es una persona elegible, las contribuciones a HSA pueden ser hechas por el empleador, el contribuyente o cualquiera de los miembros de la familia del contribuyente. Los gastos médicos no deben ser reembolsables por el seguro u otras fuentes, el contribuyente debe estar cubierto por un plan de salud con deducible alto (HDHP) y no cubierto por otro plan de salud.

Las contribuciones hechas por el empleador no se incluyen en los ingresos. Las distribuciones de la HSA que se utilizan para pagar gastos médicos calificados se incluyen en los ingresos. Las contribuciones a la cuenta se utilizan para pagar los gastos médicos actuales o futuros del propietario de la cuenta, el cónyuge y cualquier dependiente calificado.

Contributions by a partnership to a bona fide partner's HSA are not considered to be contributions by an employer. The contributions are treated as a distribution and are not included in the partner's gross income.

If the contributions by the partnership are for the partner's services rendered, they are treated as guaranteed payments that are included in the partner's gross income.

Contributions by an S corporation to a 2% shareholder-employee's HSA for services rendered are treated as guaranteed payments and are included in the shareholder-employee's gross income. The shareholder-employee may deduct the contribution made to the shareholder-employee's HSA. See Publication 969.

Holiday Gifts

If the employer provides nominal-value holiday gifts such as a turkey or ham, they do not have to be included in the employees' income. If the employer gives the employee cash, a gift certificate, or a similar item that can be exchanged for cash, the gift is compensation and must be included in the employee's income.

Transportation

If an employer provides a qualified transportation fringe benefit, a certain amount may be excluded from income. Providing any of the below can be a qualified transportation fringe benefit:

> ➤ A transit pass.
> ➤ Qualified parking.
> ➤ Transportation in a commuter highway vehicle (must seat at least 6 adults) between the taxpayer's home and workplace.

Cash reimbursements by an employer for these expenses under a bona fide reimbursement arrangement are also excludable. However, cash reimbursement for a transit pass is excludable only if a voucher or similar item that can be exchanged only for a transit pass is not readily available for direct distribution to the taxpayer.

The exclusion for commuter highway vehicle transportation and transit passes fringe benefits cannot be more than a total of $280 a month, regardless of the total value of both benefits.

The exclusion for the qualified parking fringe benefit cannot be more than $280 a month, regardless of its value. For benefits with a value higher than the limit, the excess must be included as income. If the benefits have a value that is more than these limits, the excess is included as income. See IRC Sec 132(f).

Other Fringe Benefits

The following fringe benefits are not included under the cafeteria plan.

Las contribuciones de una sociedad a la HSA de un socio de buena fe no se consideran contribuciones de un empleador. Las aportaciones se tratan como una distribución y no se incluyen en los ingresos brutos del socio.

Si las contribuciones de la sociedad son para los servicios prestados por el socio, se tratan como pagos garantizados que se incluyen en los ingresos brutos del socio.

Las contribuciones de una corporación S a una HSA del 2% de los accionistas-empleados por los servicios prestados se tratan como pagos garantizados y se incluyen en el ingreso bruto del accionista-empleado. El accionista-empleado puede deducir la contribución hecha a la HSA del accionista-empleado. Ver Publicación 969.

Regalos navideños

Si el empleador proporciona regalos navideños de valor nominal, como un pavo o jamón, no tienen que incluirse en los ingresos de los empleados. Si el empleador le da al empleado dinero en efectivo, un certificado de regalo o un artículo similar que se puede cambiar por dinero en efectivo, el regalo es una compensación y debe incluirse en los ingresos del empleado.

Transporte

Si un empleador proporciona un beneficio adicional de transporte calificado, una cierta cantidad puede ser excluida de los ingresos. Proporcionar cualquiera de los siguientes puede ser un beneficio adicional de transporte calificado:

> ➤ Un pase de tránsito.
> ➤ Estacionamiento calificado.
> ➤ Transporte en un vehículo de carretera de cercanías (debe tener capacidad para al menos 6 adultos) entre el hogar y el lugar de trabajo del contribuyente.

También se excluyen los reembolsos en efectivo por parte de un empleador por estos gastos en virtud de un acuerdo de reembolso de buena fe. Sin embargo, el reembolso en efectivo de un pase de tránsito sólo se puede excluir si un vale o artículo similar que sólo puede cambiarse por un pase de tránsito no está fácilmente disponible para su distribución directa al contribuyente.

La exclusión para el transporte de vehículos de carretera y los beneficios complementarios de pases de tránsito no puede ser más de un total de $280 por mes, independientemente del valor total de ambos beneficios.

La exclusión para el beneficio adicional de estacionamiento calificado no puede ser más de $280 por mes, independientemente de su valor. Para las prestaciones con un valor superior al límite, el exceso debe incluirse como ingreso. Si los beneficios tienen un valor que es mayor que estos límites, el exceso se incluye como ingreso. Véase IRC, artículo 132(f).

Otros beneficios adicionales

Los siguientes beneficios complementarios no están incluidos en el plan de cafetería.

Athletic Facilities

The value of an employee's on-site use of a gym or another athletic facility operated by the employer can be excluded from the employee's income. The gym must be primarily used by employees, their spouses, and their dependent children. However, if the employer pays for a fitness program provided to the employee that is off-site at a hotel or athletic club, the value of the program is included as income. Some exceptions apply.

De Minimis Fringe Benefits

If an employer provides its employees with a product or service, and the cost of it is so small that it would be unreasonable for the employer to account for it, the value is not included in the employee's income. These are *de minimis* fringe benefits. Generally, the value of these benefits, such as discounts at company cafeterias, cab fares when working overtime, and company picnics, are not included in the employee's income.

While many of the *de minimis* fringe benefits are typically not included in an employee's gross income, in most circumstances, the employer is allowed a deduction for costs incurred. Any cash benefit or its equivalent (such as the use of a company credit card) cannot be excluded as a *de minimis* benefit under any circumstance.

Educational Assistance

If the taxpayer received educational assistance benefits from their employer under a qualified educational assistance program, up to $5,250 of eligible assistance can be excluded yearly, in which case it would not be included on the W-2 or be a part of a return. However, if the education was not work-related or if the taxpayer is a highly-compensated employee, the assistance from the employer may be taxable. See Publication 970.

An employee who meets either of the following tests is a highly-compensated employee:

> ➢ The employee was a 5% owner at any time during the year or the preceding year.
> ➢ The employee received more than $120,000 in pay for the preceding year.

The second test listed above can be ignored if the employee was not in the top 20% of the employees' pay ranking for the preceding year. All payments or reimbursements made under the adoption assistance program must be excluded from wages subject to federal income tax withholding.

A student in a degree-program can exclude amounts received from a qualified scholarship or fellowship. Excludable income from a qualified scholarship or fellowship is any amount received that is used for the following:

> ➢ Tuition and fees to enroll at or attend an eligible educational institution.
> ➢ Fees, books, and equipment required for courses at the eligible educational institution.

Instalaciones deportivas

El valor del uso in situ de un empleado de un gimnasio u otra instalación deportiva operada por el empleador puede excluirse de los ingresos del empleado. El gimnasio debe ser utilizado principalmente por los empleados, sus cónyuges y sus hijos dependientes. Sin embargo, si el empleador paga por un programa de acondicionamiento físico proporcionado al empleado que está fuera del sitio en un hotel o club deportivo, el valor del programa se incluye como ingreso. Se aplican algunas excepciones.

Beneficios complementarios de minimis

Si un empleador proporciona a sus empleados un producto o servicio, y el costo de este es tan pequeño que no sería razonable que el empleador lo contabilice, el valor no se incluye en los ingresos del empleado. Estos son beneficios adicionales *de minimis*. En general, el valor de estos beneficios, como descuentos en las cafeterías de la empresa, tarifas de taxi cuando se trabaja horas extras y picnics de la empresa, no se incluyen en los ingresos del empleado.

Si bien muchos de los beneficios complementarios de *minimis* generalmente no se incluyen en el ingreso bruto de un empleado, en la mayoría de las circunstancias, al empleador se le permite una deducción por los costos incurridos. Cualquier beneficio en efectivo o su equivalente (como el uso de una tarjeta de crédito de la empresa) no puede excluirse como un beneficio de *minimis* en ninguna circunstancia.

Asistencia Educativa

Si el contribuyente recibió beneficios de asistencia educativa de su empleador bajo un programa de asistencia educativa calificado, se pueden excluir hasta $5,250 de asistencia elegible anualmente, en cuyo caso no se incluiría en el W-2 ni sería parte de una declaración. Sin embargo, si la educación no estaba relacionada con el trabajo o si el contribuyente es un empleado altamente remunerado, la asistencia del empleador puede estar sujeta a impuestos. Véase la Publicación 970.

Un empleado que cumple con cualquiera de las siguientes pruebas es un empleado altamente remunerado:

➢ El empleado era un propietario del 5% en cualquier momento durante el año o el año anterior.
➢ El empleado recibió más de $120,000 en pago por el año anterior.

La segunda prueba mencionada anteriormente puede ignorarse si el empleado no estaba en el 20% superior de la clasificación salarial de los empleados durante el año anterior. Todos los pagos o reembolsos realizados bajo el programa de asistencia para la adopción deben excluirse de los salarios sujetos a la retención del impuesto federal sobre la renta.

Un estudiante en un programa de grado puede excluir las cantidades recibidas de una beca o beca calificada. El ingreso excluible de una beca o beca calificada es cualquier cantidad recibida que se utilice para lo siguiente:

➢ Matrícula y cuotas para inscribirse o asistir a una institución educativa elegible.
➢ Tarifas, libros y equipo requeridos para los cursos en la institución educativa elegible.

Payments received for services required as a condition of receiving a scholarship or fellowship grant must be included in the taxpayer's income, even if the services are required of all students for the degree. Amounts used for room and board do not qualify for the exclusion. This includes amounts received for teaching and research. Include these payments on Form 1040, line 1.

Employee Discounts

The exclusion applies to a price reduction given to the employee for property or services offered to the customer in the ordinary course of the line of business. The discount does not apply to discounts given on real property or discounts on personal property of a kind commonly held for investment, such as stocks and bonds.

Employer-Provided Cell Phones

The value of an employer-provided cell phone that is primarily for non-compensatory business reasons is excludable from an employee's income as a working condition. Personal use of an employer-provided cell phone is excludable from an employee's income as a *de minimis* fringe benefit.

Employer-Provided Lodging and Meals

Do not include the value of meals and lodging the employer provided at no charge to the taxpayer and the taxpayer's family as income, if the following conditions are met:

The meals are:

➢ Furnished on the business premises of the employer.
➢ Furnished for the convenience of the employer.

The lodging is:

➢ Furnished on the business premises of the employer.
➢ Furnished for the convenience of the employer.
➢ A condition of employment (the taxpayer must accept the lodging to properly perform their duties).

The taxpayer does not include as income the value of meals, or meal money, that qualifies as a *de minimis* fringe benefit.

No-Additional-Cost Services

The value of services received from one's employer for free, at no cost, or for a reduced price is not included in the taxpayer's income if the employer does the following:

➢ Offers the same service for sale to customers in the ordinary course of the line of business in which the employee works.
➢ Does not have a substantial additional cost (including any sales income given up) to provide the employee with the service (regardless of what the employee paid for the service).

Los pagos recibidos por los servicios requeridos como condición para recibir una beca o beca deben incluirse en los ingresos del contribuyente, incluso si los servicios se requieren de todos los estudiantes para el título. Las cantidades utilizadas para alojamiento y comida no califican para la exclusión. Esto incluye las cantidades recibidas para la enseñanza y la investigación. Incluya estos pagos en el Formulario 1040, línea 1.

Descuentos para empleados

La exclusión se aplica a una reducción de precio otorgada al empleado por bienes o servicios ofrecidos al cliente en el curso ordinario de la línea de negocios. El descuento no se aplica a los descuentos otorgados en bienes inmuebles o descuentos en bienes personales de un tipo comúnmente mantenido para inversión, como acciones y bonos.

Teléfonos celulares proporcionados por el empleador

El valor de un teléfono celular proporcionado por el empleador que es principalmente por razones comerciales no compensatorias se puede excluir de los ingresos de un empleado como condición de trabajo. El uso personal de un teléfono celular proporcionado por el empleador se excluye de los ingresos de un empleado como un *beneficio complementario* de minimis.

Alojamiento y comidas proporcionadas por el empleador

No incluya el valor de las comidas y el alojamiento que el empleador proporcionó sin cargo al contribuyente y a la familia del contribuyente como ingreso, si se cumplen las siguientes condiciones:

Las comidas son:

> ➢ Amueblado en las instalaciones comerciales del empleador.
> ➢ Amueblado para la comodidad del empleador.

El alojamiento es:

> ➢ Amueblado en las instalaciones comerciales del empleador.
> ➢ Amueblado para la comodidad del empleador.
> ➢ Una condición de empleo (el contribuyente debe aceptar el alojamiento para desempeñar adecuadamente sus funciones).

El contribuyente no incluye como ingreso el valor de las comidas, o el dinero de la comida, que califica como un *beneficio complementario* de minimis.

Servicios sin costo adicional

El valor de los servicios recibidos del empleador de forma gratuita, sin costo o a un precio reducido no se incluye en los ingresos del contribuyente si el empleador hace lo siguiente:

> ➢ Ofrece el mismo servicio para la venta a los clientes en el curso ordinario de la línea de negocio en la que trabaja el empleado.
> ➢ No tiene un costo adicional sustancial (incluidos los ingresos por ventas entregados) para proporcionar al empleado el servicio (independientemente de lo que el empleado pagó por el servicio).

No-additional-cost services are excess capacity services, such as tickets for airlines, buses, or trains, hotel rooms, or telephone services provided for free or at a reduced price to employees working in that line of service.

Example: Amanda is employed as a flight attendant for a company that owns both an airline and a hotel chain. The employer allows Amanda to take free personal flights if there is an unoccupied seat and to stay in any of the company's hotels for free if there is an unoccupied room. What would and wouldn't be included as income?

Explanation: The value of the personal flight isn't included in her income because there is no cost involved in letting her take a seat that would have remained unoccupied anyway. However, if the company allowed Amanda to reserve her seat, then the value of the ticket would be included as income. This is because the company can no longer sell that seat and has lost the potential revenue they could have gained from it. However, this potential loss or gain isn't a factor with the hotel room; since Amanda does not work in the hotel side of the business, the value of the hotel room would be included as income either way. If the benefits have a value that is more than these limits, the excess is included as income.

2.12.11 Depreciation of Rental Property

Depreciation is a capital expense. Depreciation begins when the property has been placed in service.

Depreciation is the annual deduction for recovery of the purchase price of the fixed-asset expenditure. Property used for business should be depreciated. The amount of depreciation taken each year is determined by the basis of the property, the recovery period for that property, and the depreciation method. The recovery period for residential rental property under MACRS is 27.5 years and is used for property placed in service after 1986.

Depreciation for rental property (in the year placed in service) is reported on Form 4562, *Depreciation and Amortization*, and flows to Schedule E.

Depreciation that was not taken in one year cannot be taken in a following year. But an amended return (Form 1040X) can be filed for the year in which it was not taken (if no more than three years prior). If depreciable property is sold, its basis for determining gain or loss will be reduced by depreciation "allowed or allowable," even if not deducted. Land is never depreciated.

Section 179 deductions cannot be used to depreciate rental property. The rental property can be depreciated if all the following requirements are met:

➢ The taxpayer owns the property.
➢ The taxpayer uses the property as an income-producing activity.
➢ The property has a determinable useful life.
➢ The property is expected to last more than one year.

Chapter 15 Property That Can Be Depreciated

Most types of tangible property can be depreciated. Examples of tangible property are:

➢ Buildings

Los servicios sin costo adicional son servicios de exceso de capacidad, como boletos para aerolíneas, autobuses o trenes, habitaciones de hotel o servicios telefónicos proporcionados de forma gratuita o a un precio reducido a los empleados que trabajan en esa línea de servicio.

Ejemplo: Amanda trabaja como azafata para una compañía propietaria de una aerolínea y una cadena hotelera. El empleador permite a Amanda tomar vuelos personales gratuitos si hay un asiento desocupado y quedarse en cualquiera de los hoteles de la compañía de forma gratuita si hay una habitación desocupada. ¿Qué se incluiría y qué no se incluiría como ingreso?

Explicación: El valor del vuelo personal no está incluido en sus ingresos porque no hay ningún costo involucrado en dejarla tomar un asiento que habría permanecido desocupado de todos modos. Sin embargo, si la compañía permitía que Amanda reservara su asiento, entonces el valor del boleto se incluiría como ingreso. Esto se debe a que la compañía ya no puede vender ese asiento y ha perdido los ingresos potenciales que podrían haber obtenido de él. Sin embargo, esta pérdida o ganancia potencial no es un factor con la habitación del hotel; dado que Amanda no trabaja en el lado hotelero del negocio, el valor de la habitación del hotel se incluiría como ingreso de cualquier manera. Si los beneficios tienen un valor que es mayor que estos límites, el exceso se incluye como ingreso.

2.12.11 Depreciación de la propiedad de alquiler

La depreciación es un gasto de capital. La depreciación comienza cuando la propiedad ha sido puesta en servicio.

La depreciación es la deducción anual por recuperación del precio de compra del gasto en activos fijos. La propiedad utilizada para negocios debe depreciarse. El monto de la depreciación tomada cada año está determinado por la base de la propiedad, el período de recuperación de esa propiedad y el método de depreciación. El período de recuperación de la propiedad residencial de alquiler bajo MACRS es de 27,5 años y se utiliza para la propiedad puesta en servicio después de 1986.

La depreciación de la propiedad de alquiler (en el año en que se puso en servicio) se reporta en el Formulario 4562, *Depreciación y amortización*, y fluye al Anexo E.

La depreciación que no se tomó en un año no se puede tomar en un año siguiente. Pero se puede presentar una declaración enmendada (Formulario 1040X) para el año en que no se tomó (si no más de tres años antes). Si se vende una propiedad depreciable, su base para determinar la ganancia o pérdida se reducirá por la depreciación "permitida o permitida", incluso si no se deduce. La tierra nunca se deprecia.

Las deducciones de la Sección 179 no se pueden usar para depreciar la propiedad de alquiler. La propiedad de alquiler se puede depreciar si se cumplen todos los siguientes requisitos:

 ➢ El contribuyente es dueño de la propiedad.
 ➢ El contribuyente utiliza la propiedad como una actividad generadora de ingresos.
 ➢ El inmueble tiene una vida útil determinable.
 ➢ Se espera que la propiedad dure más de un año.

Propiedad que se puede depreciar

La mayoría de los tipos de bienes tangibles pueden depreciarse. Ejemplos de bienes tangibles son:

 ➢ Edificios

> ➤ Vehicles
> ➤ Machinery
> ➤ Furniture
> ➤ Equipment
> ➤ Storage facilities

Land is tangible property and can never be depreciated. Some intangible items that can be depreciated are:

> ➤ Copyrights
> ➤ Patents
> ➤ Computer software if life value is more than one year.

Property that needs to be depreciated must meet the following requirements:

> ➤ Must be the taxpayer's own property.
> ➤ Must be used in the taxpayer's business or income-producing activity.
> ➤ Property must have a determinable useful life.
> ➤ The property is expected to last more than one year.

Depreciation is a way of accounting for the costs associated with durable goods used in a business, for investment, or for a hobby. The recovery period is determined by the IRS and the taxpayer deducts the cost of the item over the property class life. Only the percentage of the cost corresponding to the percentage of use attributable to deductible purposes can be depreciated; costs attributed to personal use can never be depreciated. Depreciation starts when the asset is placed into service and ends when the property is disposed or worn out.

Basis is a way of determining the cost of an investment in property and is decided by how it was acquired. If the property was purchased, the purchase price is the basis. Any improvements made to the property are then added to that basis. The purchase price plus improvements constitutes the adjusted basis. Other items that add to the basis are the expenses of acquiring the property (commissions, sales tax, and freight charges). There are also items that reduce the basis, which include depreciation, nontaxable distributions, and postponed gain on home sales. This is also referred to as "cost basis".

TCJA keeps the general recovery periods of 39 years for nonresidential real property and 27.5 years for residential rental property; it does not change the alternative depreciation system recovery period for residential rental property from 40 years to 30 years. Qualified leasehold improvement property, qualified restaurant property, and qualified retail improvement property are no longer separately defined and given a special 15-year recovery period under the new law.

Under the new law, real property used in trade or business electing out of the interest deduction limit must use the alternative depreciation system to depreciate any of its nonresidential real property, residential rental property, and qualified improvement property. This change applies to taxable years beginning after Dec. 31, 2017.

➢ Vehículos
➢ Maquinaria
➢ Mueble
➢ Equipo
➢ Instalaciones de almacenamiento

La tierra es propiedad tangible y nunca puede ser depreciada. Algunos elementos intangibles que se pueden depreciar son:

➢ Autor
➢ Patentes
➢ Software informático si el valor de vida es superior a un año.

La propiedad que necesita ser depreciada debe cumplir con los siguientes requisitos:

➢ Debe ser propiedad propia del contribuyente.
➢ Debe ser utilizado en el negocio del contribuyente o actividad generadora de ingresos.
➢ La propiedad debe tener una vida útil determinable.
➢ Se espera que la propiedad dure más de un año.

La depreciación es una forma de contabilizar los costos asociados con los bienes duraderos utilizados en un negocio, para la inversión o para un pasatiempo. El período de recuperación es determinado por el IRS y el contribuyente deduce el costo del artículo durante la vida de la clase de propiedad. Sólo puede depreciarse el porcentaje del coste correspondiente al porcentaje de uso atribuible a efectos de deducción; Los costos atribuidos al uso personal nunca pueden depreciarse. La depreciación comienza cuando el activo se pone en servicio y termina cuando la propiedad se dispone o se desgasta.

La base es una forma de determinar el costo de una inversión en propiedad y se decide por cómo se adquirió. Si la propiedad fue comprada, el precio de compra es la base. Cualquier mejora realizada en la propiedad se agrega a esa base. El precio de compra más las mejoras constituye la base ajustada. Otros elementos que se suman a la base son los gastos de adquisición de la propiedad (comisiones, impuesto sobre las ventas y cargos de flete). También hay elementos que reducen la base, que incluyen depreciación, distribuciones no imponibles y ganancias pospuestas en las ventas de viviendas. Esto también se conoce como "base de costos".

TCJA mantiene los períodos generales de recuperación de 39 años para bienes inmuebles no residenciales y 27.5 años para propiedades residenciales de alquiler; No cambia el período de recuperación del sistema de depreciación alternativo para propiedades residenciales de alquiler de 40 años a 30 años. La propiedad calificada de mejora de arrendamiento, la propiedad calificada de restaurante y la propiedad calificada de mejora minorista ya no se definen por separado y se les otorga un período especial de recuperación de 15 años bajo la nueva ley.

Bajo la nueva ley, los bienes inmuebles utilizados en el comercio o negocios que eligen fuera del límite de deducción de intereses deben usar el sistema de depreciación alternativo para depreciar cualquiera de sus bienes inmuebles no residenciales, propiedades de alquiler residencial y propiedades de mejora calificadas. Este cambio se aplica a los años fiscales que comiencen después del 31 de diciembre de 2017.

2.13 Withholding and Estimated Tax Payments

Federal Income Tax Withheld

Form 1040, page 2, line 25, reports the federal income tax withheld from all income reported by forms such as the W-2, W-2G, 1099-R, 1099-NEC, SSA-1099, and Schedule K. The amount of tax withheld is on Form W-2 in box 2 and on the Form 1099 series in box 4. If the taxpayer had federal tax withheld from Social Security benefits, it is in box 6 of Form SSA-1099. If the taxpayer had additional Medicare tax withheld by their employer, that amount shows on Form 1040, Schedule 2, line 11. Calculate the additional Medicare tax on Form 8959 and attach it to the return.

Estimated Tax Payments

Form 1040, page 2, line 26, reports any estimated tax payments made in the current tax year and any overpayments applied from the prior year's tax return. If a taxpayer and their spouse have divorced during the current tax year and made estimated payments together, enter the former spouse's SSN in the space provided on the front of Form 1040. The taxpayer should attach a statement to Form 1040 explaining that the divorced couple made the payments together; that statement should also contain proof of payments, the name, and SSN of the individual making the payments. Taxpayers may need to pay estimated payments if they expect to owe at least $1,000.

Estimated tax payments are also referred to as quarterlies since the payments are due in four equal payments. If the due dates fall on a Saturday, Sunday, or a legal holiday, estimated payments are due on the next business day. Estimated payments are due on the following dates:

> ➤ April 15th
> ➤ June 15th
> ➤ September 15th
> ➤ January 15th (of the following year)

2.14 Balance Due and Refund Options

Balance Due Returns

Taxpayers who owe additional tax must pay their balances due by the original due date of the return or be subject to interest and penalties. An extension of time to file may be filed electronically by the original due date of the return, but it is an extension of time to file the return, not an extension of time to pay a balance due. Tax professionals should inform taxpayers of their obligations and options for paying balances due. Taxpayers have several choices when paying taxes owed on their returns as well as paying estimated tax payments.

Tax returns with amounts due can still be filed electronically, and the payment can also be made directly to the IRS via ACH withdrawals. The taxpayer can schedule a payment on or before the tax payment deadline. If a balance due return was submitted after the due date, the payment date must be the same day the Provider transmitted the return. Taxpayers can make payments by Electronic Fund Withdrawal for amounts due from the following forms:

2.13 Retención y pago de impuestos estimados

Impuesto federal sobre la renta retenido

El Formulario 1040, página 2, línea 25, reporta el impuesto federal sobre la renta retenido de todos los ingresos reportados por formularios como el W-2, W-2G, 1099-R, 1099-NEC, SSA-1099 y el Anexo K. El monto del impuesto retenido está en el Formulario W-2 en la casilla 2 y en la serie del Formulario 1099 en la casilla 4. Si al contribuyente se le retuvo el impuesto federal de los beneficios del Seguro Social, se encuentra en la casilla 6 del Formulario SSA-1099. Si el contribuyente tuvo un impuesto adicional de Medicare retenido por su empleador, esa cantidad se muestra en el Formulario 1040, Anexo 2, línea 11. Calcule el impuesto adicional de Medicare en el Formulario 8959 y adjúntelo a la declaración.

Pagos de impuestos estimados

El Formulario 1040, página 2, línea 26, reporta cualquier pago de impuestos estimados realizado en el año tributario actual y cualquier sobrepago aplicado de la declaración de impuestos del año anterior. Si un contribuyente y su cónyuge se han divorciado durante el año tributario actual y han realizado pagos estimados juntos, ingrese el SSN del excónyuge en el espacio provisto en el frente del Formulario 1040. El contribuyente debe adjuntar una declaración al Formulario 1040 explicando que la pareja divorciada hizo los pagos juntos; esa declaración también debe contener prueba de pagos, el nombre y el SSN de la persona que realiza los pagos. Es posible que los contribuyentes tengan que hacer pagos estimados si esperan deber al menos $1,000.

Los pagos de impuestos estimados también se conocen como trimestrales, ya que los pagos vencen en cuatro pagos iguales. Si las fechas de vencimiento caen en sábado, domingo o feriado legal, los pagos estimados vencen el siguiente día hábil. Los pagos estimados vencen en las siguientes fechas:

> ➢ 15 de abril
> ➢ 15 de junio
> ➢ 15 de septiembre
> ➢ 15 de enero (del año siguiente)

2.14 Opciones de saldo adeudado y reembolso

Devoluciones de saldo adeudado

Los contribuyentes que adeudan impuestos adicionales deben pagar sus saldos adeudados antes de la fecha de vencimiento original de la declaración o estar sujetos a intereses y multas. Una extensión de tiempo para presentar puede presentarse electrónicamente antes de la fecha de vencimiento original de la declaración, pero es una extensión de tiempo para presentar la declaración, no una extensión de tiempo para pagar un saldo adeudado. Los profesionales de impuestos deben reportar a los contribuyentes de sus obligaciones y opciones para pagar los saldos adeudados. Los contribuyentes tienen varias opciones al pagar los impuestos adeudados en sus declaraciones, así como al pagar los pagos de impuestos estimados.

Las declaraciones de impuestos con montos adeudados aún se pueden presentar electrónicamente, y el pago también se puede hacer directamente al IRS a través de retiros de ACH. El contribuyente puede programar un pago en o antes de la fecha límite de pago de impuestos. Si se presentó una declaración de saldo adeudado después de la fecha de vencimiento, la fecha de pago debe ser el mismo día en que el Proveedor transmitió la declaración. Los contribuyentes pueden hacer pagos por Retiro Electrónico de Fondos por montos adeudados de los siguientes formularios:

- Current year Form 1040.
- Form 1040-ES, *Estimated Tax for Individuals*. When filing the tax return, the taxpayer can select all four dates to electronically make the payment.
- Form 4868, *Application for Automatic Extension of Time to File U.S. Individual Income Tax Return.*
- Form 2350, *Application for Extension of Time to File U.S. Income Tax Return for Citizens and Resident Aliens Abroad Who Expect to Qualify for Special Tax Treatment.*

The tax professional needs to make sure the client's banking information is accurate and includes the routing transit number (RTN), the bank account number, the account type (checking or savings), the date the payment will be withdrawn (year, month, and day), and the amount of the payment. If the payment is being made after the due date, this should include interest and penalties as well.

Other ways to pay the balance due, such as IRS Direct Pay, via credit or debit card (though some credit card companies may charge an additional fee called a "cash advance" to use this method), using the Electronic Federal Tax Payment System (EFTPS), by check or money order, or through an installment agreement.

Chapter 16 Refund Options

When individual taxpayers have an overpayment on their current-year tax return, they have several ways to receive the overpayment:

- Apply the overpayment to next year's estimated tax return.
- Receive a paper check.
- Receive a direct deposit.
- Divide the refund amount into different bank accounts (not supported by all software).

2.15 Tax Return Due Dates and Filing for Extensions

The individual 2023 tax year due dates are April 16, 2023, and October 15, 2024.

Domain 2 Review Questions

To obtain the maximum benefit from this chapter, LTP recommends that you complete each of the following questions, and then compare them to the answers with feedback that immediately follows. Under governing self-study standards, vendors are required to present review questions intermittently throughout each self-study course.

These questions and explanations are not part of the final examination and will not be graded by LTP.

1. Raquel started her makeup business in 2022 and wants to know which accounting period is best for her. Which of the following accounting periods can Raquel choose from?

    a. Only calendar year
    b. Only fiscal year
    c. Month to month
    d. Calendar year or fiscal year

- ➢ Formulario 1040 del año actual.
- ➢ Formulario 1040-ES, *Impuesto estimado para personas físicas*. Al presentar la declaración de impuestos, el contribuyente puede seleccionar las cuatro fechas para realizar el pago electrónicamente.
- ➢ Formulario 4868, *Solicitud de prórroga automática del plazo para presentar la declaración de impuestos sobre la renta individual de los Estados Unidos*.
- ➢ Formulario 2350, *Solicitud de prórroga para presentar la declaración de impuestos de los Estados Unidos para ciudadanos y extranjeros residentes en el extranjero que esperan calificar para un tratamiento fiscal especial*.

El profesional de impuestos debe asegurarse de que la información bancaria del cliente sea precisa e incluya el número de tránsito de ruta (RTN), el número de cuenta bancaria, el tipo de cuenta (corriente o de ahorros), la fecha en que se retirará el pago (año, mes y día) y el monto del pago. Si el pago se realiza después de la fecha de vencimiento, esto también debe incluir intereses y multas.

Otras formas de pagar el saldo adeudado, como Direct Pay del IRS, con tarjeta de crédito o débito (aunque algunas compañías de tarjetas de crédito pueden cobrar una tarifa adicional llamada "adelanto en efectivo" para usar este método), utilizando el Sistema Electrónico de Pago de Impuestos Federales (EFTPS), por cheque o giro postal, o a través de un acuerdo de pago a plazos.

Opciones de reembolso

Cuando los contribuyentes individuales tienen un sobrepago en su declaración de impuestos del año en curso, tienen varias maneras de recibir el sobrepago:

- ➢ Aplique el sobrepago a la declaración de impuestos estimada del próximo año.
- ➢ Reciba un cheque impreso.
- ➢ Recibe un depósito directo.
- ➢ Divida el monto del reembolso en diferentes cuentas bancarias (no compatibles con todo el software).

2.15 Fechas de vencimiento de la declaración de impuestos y presentación de extensiones

Las fechas de vencimiento individuales del año tributario 2023 son el 16 de abril de 2023 y el 15 de octubre de 2024.

Dominio 2 Preguntas de repaso

Para obtener el máximo beneficio de este capítulo, LTP recomienda que complete cada una de las siguientes preguntas y luego las compare con las respuestas con los comentarios que siguen inmediatamente. Bajo los estándares de autoestudio vigentes, los proveedores deben presentar preguntas de revisión intermitentemente a lo largo de cada curso de autoestudio.

Estas preguntas y explicaciones no son parte del examen final y no serán calificadas por LTP.

1. Raquel comenzó su negocio de maquillaje en 2022 y quiere saber qué período contable es mejor para ella. ¿Cuál de los siguientes períodos contables puede elegir Raquel?

- a. Sólo año natural
- b. Sólo ejercicio fiscal
- c. Mes a mes
- d. Año calendario o año fiscal

2. Which of the following is not considered self-employed?

    a. Conducts a trade or business as a sole proprietorship.
    b. Is an independent contractor.
    c. Hires, pays, and supervises workers for the employer.
    d. Is in business for him or herself.

3. Which of the following can be included in Part V "Other Expenses" on Schedule C?

    a. Bad debts from sales or services
    b. Charitable contributions
    c. Business equipment and furniture
    d. Personal living and family expenses

4. Susie is a server at the local grill. She needs to report uncollected Social Security and Medicare tax on her wages earned. Which of the following forms would she use?

    a. Form 4137
    b. Form 8919
    c. Form 2210
    d. Form 1040

5. Which type of income is **not** reported on 2022 Form 1040, Schedule 1, line 8?

    a. Hobby income
    b. Awards
    c. Tip income
    d. Gambling winnings

6. What is the maximum taxable amount of Social Security?

    a. 85%
    b. 35%
    c. 10%
    d. 25%

7. Which of the following income is taxable?

    a. Workers' compensation
    b. Welfare and other public assistance benefits
    c. Veterans' benefits
    d. Alimony (prior to December 31, 2018)

8. Which of the following is not the best description of constructively received income?

    a. Amanda received an interest payment on December 31 but did not put it into the bank until Jan 2.
    b. Andres earned money from his employer for the prior year. He did not pick the money up until the following year.
    c. Karina received an early penalty withdrawal that was substantially less than what she would have earned if she left the money in the account until maturity.
    d. Kevin had some bond payments credited to his account on January 1. He did not withhold the payment until April 15.

2. ¿Cuál de los siguientes no se considera autónomo?

    a. Lleva a cabo un comercio o negocio como propietario único.
    b. Es un contratista independiente.
    c. Contrata, paga y supervisa a los trabajadores para el empleador.
    d. Está en el negocio por sí mismo.

3. ¿Cuál de los siguientes puede incluirse en la Parte V "Otros gastos" del Anexo C?

    a. Deudas incobrables por ventas o servicios
    b. Contribuciones caritativas
    c. Equipamiento y mobiliario empresarial
    d. Gastos personales de vida y familiares

4. Susie es una mesera en la parrilla local. Ella necesita reportar los impuestos no cobrados del Seguro Social y Medicare sobre sus salarios ganados. ¿Cuál de las siguientes formas usaría?

    a. Formulario 4137
    b. Formulario 8919
    c. Formulario 2210
    d. Formulario 1040

5. ¿Qué tipo de ingresos **no** se reportan en la línea 8 en el Anexo 1 del Formulario 1040 de 2022?

    a. Ingresos por afición
    b. Premios
    c. Ingresos por propinas
    d. Ganancias de juego

6. ¿Cuál es la base imponible máxima del Seguro Social?

    a. 85%
    b. 35%
    c. 10%
    d. 25%

7. ¿Cuál de los siguientes ingresos está sujeto a impuestos?

    a. Compensación de trabajadores
    b. Prestaciones sociales y otras prestaciones de asistencia pública
    c. Beneficios para veteranos
    d. Pensión alimenticia (antes del 31 de diciembre de 2018)

8. ¿Cuál de las siguientes no es la mejor descripción de los ingresos recibidos constructivamente?

    a. Amanda recibió un pago de intereses el 31 de diciembre, pero no lo puso en el banco hasta el 2 de enero.
    b. Andrés ganó dinero de su empleador durante el año anterior. No recogió el dinero hasta el año siguiente.
    c. Karina recibió un retiro anticipado de penalización que fue sustancialmente menor de lo que habría ganado si hubiera dejado el dinero en la cuenta hasta su vencimiento.
    d. Kevin tenía algunos pagos de bonos acreditados en su cuenta el 1 de enero. No retuvo el pago hasta el 15 de abril.

9. Which of the following is a form of dividend income?

   a. Ordinary dividends
   b. Dividends from a credit union
   c. Reinvested dividends
   d. Dividends from a partnership

10. Jacob's daughter Peyton inherited some money from her great grandma. Peyton's interest earned this year was $2,210. Which of the following is the best answer for the scenario?

   a. Peyton will file her own tax return since the amount earned is more than $2,200.
   b. Jacob can file Form 8814 and report Peyton's earned interest.
   c. Jacob and Peyton need to decide which is the lowest tax consequence for the two of them and that is who files the interest earned.
   d. Peyton does not need to file a return since it is lower than her filing requirements.

11. Which of the following is taxable income?
   a. Workers' compensation
   b. Welfare benefits
   c. Veterans' benefits
   d. Disability reported on Form W-2

12. Jerry has three qualifying children for the federal dependent care expense. What is the maximum amount Jerry can claim?

   a. $3,000
   b. $10,500
   c. $16,000
   d. No limit

13. Which scenario could make a taxpayer pay a capital gains tax on their primary residence?

   a. The taxpayer lived in the main house for two of the last five years.
   b. The taxpayer's gain on his primary residence is less than $250,000.
   c. The taxpayer and their spouse have lived in the house for two of the last five years.
   d. The taxpayer sold the house in 18 months because they found a house they liked more.

14. Which of the following best describes basis?

   a. Basis is the amount of investment in the asset for tax purposes.
   b. Basis includes inventory.
   c. Basis includes land.
   d. Basis is a capital asset.

9. ¿Cuál de las siguientes es una forma de ingreso por dividendos?

    a. Dividendos ordinarios
    b. Dividendos de una cooperativa de ahorro y crédito
    c. Dividendos reinvertidos
    d. Dividendos de una sociedad

10. La hija de Jacob, Peyton, heredó algo de dinero de su bisabuela. El interés de Peyton ganado este año fue de $2,210. ¿Cuál de las siguientes es la mejor respuesta para el escenario?

    a. Peyton presentará su propia declaración de impuestos ya que la cantidad ganada es de más de $2,200.
    b. Jacob puede presentar el Formulario 8814 e reportar los intereses ganados de Peyton.
    c. Jacob y Peyton deben decidir cuál es la consecuencia fiscal más baja para los dos y quién presenta los intereses ganados.
    d. Peyton no necesita presentar una declaración ya que es más baja que sus requisitos de presentación.

11. ¿Cuál de los siguientes es el ingreso imponible?
    a. Compensación de trabajadores
    b. Prestaciones sociales
    c. Beneficios para veteranos
    d. Discapacidad reportada en el Formulario W-2

12. Jerry tiene tres hijos calificados para el gasto federal de cuidado de dependientes. ¿Cuál es la cantidad máxima que Jerry puede reclamar?

    a. $3,000
    b. $10.500
    c. $16,000
    d. Sin límite

13. ¿Qué escenario podría hacer que un contribuyente pague un impuesto sobre las ganancias de capital en su residencia principal?

    a. El contribuyente vivió en la casa principal durante dos de los últimos cinco años.
    b. La ganancia del contribuyente en su residencia principal es inferior a $250,000.
    c. El contribuyente y su cónyuge han vivido en la casa durante dos de los últimos cinco años.
    d. El contribuyente vendió la casa en 18 meses porque encontró una casa que le gustó más.

14. ¿Cuál de las siguientes opciones describe mejor la base?

    a. La base es la cantidad de inversión en el activo a efectos fiscales.
    b. La base incluye inventario.
    c. La base incluye tierra.
    d. La base es un activo de capital.

Domain 2 Review Questions Answers

1. Raquel started her makeup business in 2022 and wants to know which accounting period is best for her. Which of the following accounting periods can Raquel choose from?

    a. Only calendar year
    b. Only fiscal year
    c. Month to month
    d. Calendar year or fiscal year

2. Which of the following is not considered self-employed?

    a. Conducts a trade or business as a sole proprietorship.
    b. Is an independent contractor.
    c. Hires, pays, and supervises workers for the employer.
    d. Is in business for him or herself.

3. Which of the following can be included in Part V "Other Expenses" on Schedule C?

    a. Bad debts from sales or services
    b. Charitable contributions
    c. Business equipment and furniture
    d. Personal living and family expenses

4. Susie is a server at the local grill. She needs to report uncollected Social Security and Medicare tax on her wages earned. Which of the following forms would she use?

    a. Form 4137
    b. Form 8919
    c. Form 2210
    d. Form 1040

5. Which type of income is **not** reported on 2022 Form 1040, Schedule 1, line 8?

    a. Hobby income
    b. Awards
    c. Tip income
    d. Gambling winnings

6. What is the maximum taxable amount of Social Security?
    a. 85%
    b. 35%
    c. 10%
    d. 25%

7. Which of the following income is taxable?

    a. Workers' compensation
    b. Welfare and other public assistance benefits
    c. Veterans' benefits
    d. Alimony (prior to December 31, 2018)

Dominio 2 Respuestas a las preguntas de repaso

1. Raquel comenzó su negocio de maquillaje en 2022 y quiere saber qué período contable es mejor para ella. ¿Cuál de los siguientes períodos contables puede elegir Raquel?

   a. Sólo año natural
   b. Sólo ejercicio fiscal
   c. Mes a mes
   d. Año calendario o año fiscal

2. ¿Cuál de los siguientes no se considera autónomo?

   a. Lleva a cabo un comercio o negocio como propietario único.
   b. Es un contratista independiente.
   c. Contrata, paga y supervisa a los trabajadores para el empleador.
   d. Está en el negocio por sí mismo.

3. ¿Cuál de los siguientes puede incluirse en la Parte V "Otros gastos" del Anexo C?

   a. Deudas incobrables por ventas o servicios
   b. Contribuciones caritativas
   c. Equipamiento y mobiliario empresarial
   d. Gastos personales de vida y familiares

4. Susie es una mesera en la parrilla local. Ella necesita reportar los impuestos no cobrados del Seguro Social y Medicare sobre sus salarios ganados. ¿Cuál de las siguientes formas usaría?

   a. Formulario 4137
   b. Formulario 8919
   c. Formulario 2210
   d. Formulario 1040

5. ¿Qué tipo de ingresos **no** se reportan en la línea 8 en el Anexo 1 del Formulario 1040 de 2022?

   a. Ingresos por afición
   b. Premios
   c. Ingresos por propinas
   d. Ganancias de juego

6. ¿Cuál es la base imponible máxima del Seguro Social?
   a. 85%
   b. 35%
   c. 10%
   d. 25%

7. ¿Cuál de los siguientes ingresos está sujeto a impuestos?

   a. Compensación de trabajadores
   b. Prestaciones sociales y otras prestaciones de asistencia pública
   c. Beneficios para veteranos
   d. Pensión alimenticia (antes del 31 de diciembre de 2018)

8. Which of the following is not the best description of constructively received income?

   a. Amanda received an interest payment on December 31 but did not put it into the bank until Jan 2.
   b. Andres earned money from his employer for the prior year. He did not pick the money up until the following year.
   c. Karina received an early penalty withdrawal that was substantially less than what she would have earned if she left the money in the account until maturity.
   d. Kevin had some bond payments credited to his account on January 1. He did not withhold the payment until April 15.

9. Which of the following is a form of dividend income?

   a. Ordinary dividends
   b. Dividends from a credit union
   c. Reinvested dividends
   d. Dividends from a partnership

10. Jacob's daughter Peyton inherited some money from her great grandma. Peyton's interest earned this year was $2,210. Which of the following is the best answer for the scenario?

    a. Peyton will file her own tax return since the amount earned is more than $2,200.
    b. Jacob can file Form 8814 and report Peyton's earned interest.
    c. Jacob and Peyton need to decide which is the lowest tax consequence for the two of them and that is who files the interest earned.
    d. Peyton does not need to file a return since it is lower than her filing requirements.

11. Which of the following is taxable income?
    a. Workers' compensation
    b. Welfare benefits
    c. Veterans' benefits
    d. Disability reported on Form W-2

12. Jerry has three qualifying children for the federal dependent care expense. What is the maximum amount Jerry can claim?

    a. $3,000
    b. $10,500
    c. $16,000
    d. No limit

8. ¿Cuál de las siguientes no es la mejor descripción de los ingresos recibidos constructivamente?

   a. Amanda recibió un pago de intereses el 31 de diciembre, pero no lo puso en el banco hasta el 2 de enero.
   b. Andrés ganó dinero de su empleador durante el año anterior. No recogió el dinero hasta el año siguiente.
   c. Karina recibió un retiro anticipado de penalización que fue sustancialmente menor de lo que habría ganado si hubiera dejado el dinero en la cuenta hasta su vencimiento.
   d. Kevin tenía algunos pagos de bonos acreditados en su cuenta el 1 de enero. No retuvo el pago hasta el 15 de abril.

9. ¿Cuál de las siguientes es una forma de ingreso por dividendos?

   a. Dividendos ordinarios
   b. Dividendos de una cooperativa de ahorro y crédito
   c. Dividendos reinvertidos
   d. Dividendos de una sociedad

10. La hija de Jacob, Peyton, heredó algo de dinero de su bisabuela. El interés de Peyton ganado este año fue de $2,210. ¿Cuál de las siguientes es la mejor respuesta para el escenario?

    a. Peyton presentará su propia declaración de impuestos ya que la cantidad ganada es de más de $2,200.
    b. Jacob puede presentar el Formulario 8814 e reportar los intereses ganados de Peyton.
    c. Jacob y Peyton deben decidir cuál es la consecuencia fiscal más baja para los dos y quién presenta los intereses ganados.
    d. Peyton no necesita presentar una declaración ya que es más baja que sus requisitos de presentación.

11. ¿Cuál de los siguientes es el ingreso imponible?
    a. Compensación de trabajadores
    b. Prestaciones sociales
    c. Beneficios para veteranos
    d. Discapacidad reportada en el Formulario W-2

12. Jerry tiene tres hijos calificados para el gasto federal de cuidado de dependientes. ¿Cuál es la cantidad máxima que Jerry puede reclamar?

    a. $3,000
    b. $10.500
    c. $16,000
    d. Sin límite

13. Which scenario could make a taxpayer pay a capital gains tax on their primary residence?

    a. The taxpayer lived in the main house for two of the last five years.
    b. The taxpayer's gain on his primary residence is less than $250,000.
    c. The taxpayer and their spouse have lived in the house for two of the last five years.
    d. The taxpayer sold the house in 18 months because they found a house they liked more.

14. Which of the following best describes basis?

    a. Basis is the amount of investment in the asset for tax purposes.
    b. Basis includes inventory.
    c. Basis includes land.
    d. Basis is a capital asset.

13. ¿Qué escenario podría hacer que un contribuyente pague un impuesto sobre las ganancias de capital en su residencia principal?

    a. El contribuyente vivió en la casa principal durante dos de los últimos cinco años.
    b. La ganancia del contribuyente en su residencia principal es inferior a $250,000.
    c. El contribuyente y su cónyuge han vivido en la casa durante dos de los últimos cinco años.
    d. El contribuyente vendió la casa en 18 meses porque encontró una casa que le gustó más.

14. ¿Cuál de las siguientes opciones describe mejor la base?

    a. La base es la cantidad de inversión en el activo a efectos fiscales.
    b. La base incluye inventario.
    c. La base incluye tierra.
    d. La base es un activo de capital.

Domain 3 Practices, Procedures, and Professional Responsibility

3.1 Tax-related Identity Theft (Pub 5199)

To help prevent identity theft, return preparers should confirm the identities and taxpayer identification numbers (TINs) of taxpayers, their spouses, dependents, and EITC-qualifying children contained on the returns being prepared. TINs include Social Security Numbers (SSNs), Adopted Taxpayer Identification Numbers (ATINs), and Individual Taxpayer Identification Numbers (ITINs).

To confirm identities, the preparer can request a picture ID reflecting the taxpayer's name and address as well as Social Security cards or other documents providing the TINs of all individuals to be listed on the return.

Steps for Victims of Tax-Related Identity Theft

All victims of identity theft should follow the recommendations of the Federal Trade Commission:

➢ File a report with the local police.
➢ File a complaint with the Federal Trade Commission at www.consumer.ftc.gov or the FTC Identity Theft hotline at 877-438-4338 or TTY 866-653-4261.
➢ Contact one of the three major credit bureaus to place a "fraud alert" on your account:
  o Equifax – www.equifax.com, 800-525-6285.
  o Experian – www.experian.com, 888-397-3742.
  o TransUnion – www.transunion.com, 800-680-7289.
➢ Close any accounts that have been tampered with or opened fraudulently.
➢ If your SSN has been compromised and you know or suspect you may be a victim of tax-related identity theft, take these additional steps:
  o Respond immediately to any IRS notice; call the number provided.
  o Complete IRS Form 14039, *Identity Theft Affidavit*. Use a fillable form at IRS.gov, print, then mail or fax according to the form's instructions.
  o Continue to pay your taxes and file your tax return, even if you must do so by paper.
  o If you previously contacted the IRS and did not have a resolution, contact the Identity Protection Specialized Unit at 800-908-4490. They have teams available to assist.

The IRS has greatly reduced the time it takes to resolve identity theft cases, but please know these are extremely complex cases, frequently touching on multiple issues and multiple tax years. It can be time-consuming. A typical case can take about 120 days to resolve.

If you are unable to get the issue resolved and are experiencing financial difficulties, contact the Taxpayer Advocate Service toll-free at 877-777-4778.

Tax Preparers can be ID Thieves

The tax professional can also be an individual who will steal taxpayer's information. This can happen in the following ways:

Dominio 3 Prácticas, procedimientos y responsabilidad profesional

3.1 Robo de identidad relacionado con impuestos (Pub 5199)

Para ayudar a prevenir el robo de identidad, los preparadores de declaraciones deben confirmar las identidades y los números de identificación del contribuyente (TIN) de los contribuyentes, sus cónyuges, dependientes e hijos calificados para el EITC contenidos en las declaraciones que se están preparando. Los TIN incluyen números de Seguro Social (SSN), números de identificación del contribuyente adoptados (ATIN) y números de identificación individual del contribuyente (ITIN).

Para confirmar las identidades, el preparador puede solicitar una identificación con foto que refleje el nombre y la dirección del contribuyente, así como tarjetas de Seguro Social u otros documentos que proporcionen los TIN de todas las personas que figuran en la declaración.

Pasos para las víctimas de robo de identidad relacionado con impuestos

Todas las víctimas de robo de identidad deben seguir las recomendaciones de la Comisión Federal de Comercio:

➢ Presente una denuncia ante la policía local.
➢ Presente una queja ante la Comisión Federal de Comercio en www.consumer.ftc.gov o en la línea directa de Robo de Identidad de la FTC al 877-438-4338 o TTY 866-653-4261.
➢ Póngase en contacto con una de las tres principales agencias de crédito para colocar una "alerta de fraude" en su cuenta:
  o Equifax – www.equifax.com, 800-525-6285.
  o Experian – www.experian.com, 888-397-3742.
  o TransUnion – www.transunion.com, 800-680-7289.
➢ Cierre todas las cuentas que hayan sido manipuladas o abiertas de manera fraudulenta.
➢ Si su SSN ha sido comprometido y usted sabe o sospecha que puede ser víctima de robo de identidad relacionado con impuestos, tome estas medidas adicionales:
➢ Responder inmediatamente a cualquier aviso del IRS; Llame al número proporcionado.
➢ Complete el Formulario 14039 del IRS, *Declaración jurada de robo de identidad*. Use un formulario rellenable en IRS.gov, imprímalo y luego por correo o fax de acuerdo con las instrucciones del formulario.
➢ Continúe pagando sus impuestos y presente su declaración de impuestos, incluso si debe hacerlo en papel.
➢ Si anteriormente se comunicó con el IRS y no tuvo una resolución, comuníquese con la Unidad Especializada de Protección de Identidad al 800-908-4490. Tienen equipos disponibles para ayudar.

El IRS ha reducido en gran medida el tiempo que lleva resolver los casos de robo de identidad, pero tenga en cuenta que estos son casos extremadamente complejos, que con frecuencia tocan múltiples problemas y múltiples años fiscales. Puede llevar mucho tiempo. Un caso típico puede tardar unos 120 días en resolverse.

Si no puede resolver el problema y tiene dificultades financieras, comuníquese con el Servicio del Defensor del Contribuyente al número gratuito 877-777-4778.

Los preparadores de impuestos pueden ser ladrones de identidad

El profesional de impuestos también puede ser un individuo que robará la información del contribuyente. Esto puede suceder de las siguientes maneras:

➤ Filing a fraudulent return.
➤ Sending part of the taxpayer's refund to their personal bank account.
➤ Filing a tax return without the permission of the taxpayer.
➤ Taxpayers' refund is deposited to the tax preparer's business or personal bank account.

IRS is Helping Victims

The IRS is increasing efforts to help ID victims in the following ways:

➤ Resolving ID theft cases quickly.
➤ Expanding the IP PIN program.
➤ IP PIN changes.

Clients who are victims of identity theft must contact the IRS and should be assigned an IP PIN. The problem arises if they forget all about this when they come in to file their taxes. Then the return is rejected for electronic filing due to lack of this IP PIN.

The reality is that a case can take up to a year to get resolved depending on its complexity. The key is to stress to the client that this is an IRS issue and not a tax preparer issue. It wouldn't have mattered where the tax return had been completed. The frustration of the taxpayer is the delay in receiving their refund, which they were counting on getting in a timely fashion.

Phishing and Vishing

Phishing is a scam in which an individual may receive a fraudulent email designed to steal an identity or personal information such as credit card numbers, bank account numbers, debit card PINs, and account passwords. The email may state the account has been compromised or that one of the accounts was charged incorrectly. The email will instruct the individual to click on a link in the email or reply with their bank account number to confirm identity or verify the account. The email may even threaten to disable their account if the individual does not reply; this should not be believed.

Legitimate companies never ask for your password or account number via email. This could be a phishing email. Here are several actions that should be taken:

➤ Don't click on any links in the email. They can contain a virus that can harm the computer. Even if links in the email say the name of the company, don't trust them. They may redirect to a fraudulent website.
➤ Don't reply to the email itself. Instead forward the email to the Federal Trade Commission at spam@uce.gov.
➤ If you believe the email is valid, contact the company using the phone numbers listed on the statements, on the company's website, or in the phone book. Tell the customer service representative about the email and ask if the account has been compromised. One can also contact the company online by typing the company's web address directly into the address bar; never click the links provided in the email.

➢ Presentar una declaración fraudulenta.
➢ Envío de parte del reembolso del contribuyente a su cuenta bancaria personal.
➢ Presentar una declaración de impuestos sin el permiso del contribuyente.
➢ El reembolso de los contribuyentes se deposita en la cuenta bancaria comercial o personal del preparador de impuestos.

El IRS está ayudando a las víctimas

El IRS está aumentando los esfuerzos para ayudar a las víctimas de identificación de las siguientes maneras:

➢ Resolver casos de robo de identidad rápidamente.
➢ Expansión del programa IP PIN.
➢ Cambios en el PIN IP.

Los clientes que son víctimas de robo de identidad deben comunicarse con el IRS y se les debe asignar un IP PIN. El problema surge si se olvidan de todo esto cuando vienen a presentar sus impuestos. Luego, la declaración se rechaza para su presentación electrónica debido a la falta de este IP PIN.

La realidad es que un caso puede tardar hasta un año en resolverse dependiendo de su complejidad. La clave es enfatizar al cliente que este es un problema del IRS y no un problema del preparador de impuestos. No habría importado dónde se hubiera completado la declaración de impuestos. La frustración del contribuyente es la demora en recibir su reembolso, que contaban con obtener de manera oportuna.

Phishing y Vishing

El phishing es una estafa en la que una persona puede recibir un correo electrónico fraudulento diseñado para robar una identidad o información personal, como números de tarjetas de crédito, números de cuentas bancarias, PIN de tarjetas de débito y contraseñas de cuentas. El correo electrónico puede indicar que la cuenta se ha visto comprometida o que una de las cuentas se cargó incorrectamente. El correo electrónico le indicará a la persona que haga clic en un enlace en el correo electrónico o responda con su número de cuenta bancaria para confirmar la identidad o verificar la cuenta. El correo electrónico puede incluso amenazar con deshabilitar su cuenta si el individuo no responde; Esto no debe creerse.

Las compañías legítimas nunca le piden su contraseña o número de cuenta por correo electrónico. Esto podría ser un correo electrónico de phishing. Aquí hay varias acciones que deben tomarse:

➢ No haga clic en ningún enlace del correo electrónico. Pueden contener un virus que puede dañar la computadora. Incluso si los enlaces en el correo electrónico dicen el nombre de la empresa, no confíe en ellos. Pueden redirigir a un sitio web fraudulento.
➢ No respondas al correo electrónico en sí. En su lugar, reenvíe el correo electrónico a la Comisión Federal de Comercio en spam@uce.gov.
➢ Si cree que el correo electrónico es válido, comuníquese con la compañía usando los números de teléfono que figuran en los estados de cuenta, en el sitio web de la compañía o en la guía telefónica. Informe al representante de servicio al cliente sobre el correo electrónico y pregunte si la cuenta ha sido comprometida. También se puede contactar a la empresa en línea escribiendo la dirección web de la empresa directamente en la barra de direcciones; Nunca haga clic en los enlaces proporcionados en el correo electrónico.

> ➤ If one has clicked on any links in the phishing email or replied with the requested personal information, contact the company directly to let them know about the email and ask to have fraud alerts placed on your accounts, have new credit cards issued, or set new passwords.

Vishing scammers seek to get an individual to provide personal information. However, vishing scams use the phone to make their requests instead of email. The individual may be directed to call a phone number to verify an account or to reactivate a debit or credit card. If you have received one of these calls, report it to the Internet Crime Complaint Center.

3.2 Safeguarding Taxpayer Data (Pub 4557)

Identity theft occurs when someone uses another individual's personally identifiable information (like their name, Social Security number, or credit card number) without their permission to commit fraud or other crimes. As a tax return preparer, you must obtain and store data and information about your clients both electronically and in paper records. This personally identifiable information must be secure. Taxpayer information is furnished in any form or manner in person, over the phone, or by mail or fax for or by the taxpayer for preparing their tax return. It includes, but is not limited to, the taxpayer's following information:

> ➤ Name
> ➤ Address
> ➤ Identification number
> ➤ Income
> ➤ Receipts
> ➤ Deductions
> ➤ Dependents
> ➤ Tax liability

Under Title 26 IRC §301 7216.1, criminal penalties may be imposed on any person engaged in the business of preparing or providing services in connection with the preparation of tax returns who knowingly or recklessly makes unauthorized disclosures or uses information furnished to him or her in connection with the preparation of an income tax return. Title 26 can also impose monetary penalties on the unauthorized disclosures or uses of taxpayer information by any person engaged in the business of preparing tax returns.

Some common safeguarding ideas are:

> ➤ Locking doors to restrict access to paper or electronic files.
> ➤ Requiring passwords to restrict access to computer files.
> ➤ Encrypting electronically stored taxpayer data.
> ➤ Keeping a backup of electronic data for recovery purposes.
> ➤ Shredding paper containing taxpayer information before throwing it in the trash.

> ➢ Si uno ha hecho clic en cualquier enlace en el correo electrónico de phishing o ha respondido con la información personal solicitada, comuníquese directamente con la compañía para informarles sobre el correo electrónico y solicite que se coloquen alertas de fraude en sus cuentas, que se emitan nuevas tarjetas de crédito o que se establezcan nuevas contraseñas.

Los estafadores de Vishing buscan que una persona proporcione información personal. Sin embargo, las estafas de vishing usan el teléfono para hacer sus solicitudes en lugar de enviar correos electrónicos. Se le puede indicar a la persona que llame a un número de teléfono para verificar una cuenta o para reactivar una tarjeta de débito o crédito. Si ha recibido una de estas llamadas, repórtela al Centro de Quejas de Delitos en Internet.

3.2 Protección de los datos del contribuyente (Pub 4557)

El robo de identidad ocurre cuando alguien usa la información de identificación personal de otra persona (como su nombre, número de Seguro Social o número de tarjeta de crédito) sin su permiso para cometer fraude u otros delitos. Como preparador de declaraciones de impuestos, debe obtener y almacenar datos e información sobre sus clientes tanto electrónicamente como en registros en papel. Esta información de identificación personal debe estar segura. La información del contribuyente se proporciona de cualquier forma o manera en persona, por teléfono, o por correo o fax para o por el contribuyente para preparar su declaración de impuestos. Incluye, pero no se limita a, la siguiente información del contribuyente:

> ➢ Nombre
> ➢ Dirección
> ➢ Número de identificación
> ➢ Renta
> ➢ Ingresos
> ➢ Deducciones
> ➢ Dependientes
> ➢ Deuda tributaria

Bajo el Título 26 IRC §301 7216.1, se pueden imponer sanciones penales a cualquier persona involucrada en el negocio de preparar o proporcionar servicios en relación con la preparación de declaraciones de impuestos que a sabiendas o imprudentemente hace divulgaciones no autorizadas o utiliza la información que se le proporciona en relación con la preparación de una declaración de impuestos sobre la renta. El Título 26 también puede imponer sanciones monetarias por las divulgaciones o usos no autorizados de la información del contribuyente por parte de cualquier persona involucrada en el negocio de preparar declaraciones de impuestos.

Algunas ideas comunes de salvaguardia son:

> ➢ Cerrar las puertas para restringir el acceso a archivos en papel o electrónicos.
> ➢ Requerir contraseñas para restringir el acceso a los archivos de la computadora.
> ➢ Encriptación de datos de contribuyentes almacenados electrónicamente.
> ➢ Mantener una copia de seguridad de los datos electrónicos con fines de recuperación.
> ➢ Triturar papel que contenga información del contribuyente antes de tirarlo a la basura.

An Introduction to the Gramm-Leach-Bliley Act & The Safeguards Rule

To comply with the Safeguards Rule, companies must have measures in place to secure customer information. The Safeguards Rule requires tax return preparers to develop a written information security plan that describes their program to protect consumer information.

The Federal Trade Commission is the federal agency that Congress tasked with implementing the Safeguards Rule within GLBA. Surprisingly the Safeguards Rule is very simple. It just requires tax return preparers to ensure their information security plan be appropriate to the company's size and complexity, the nature and scope of its activities, and the sensitivity of the customer information it handles.

Additionally, it specifies that this written plan must:

- ➢ designate one or more employees to coordinate its information security program;
- ➢ identify and assess the risks to customer information in each relevant area of the company's operation, and evaluate the effectiveness of the current safeguards for controlling these risks;
- ➢ design and implement a safeguards program, and regularly monitor and test it;
- ➢ select service providers that can maintain appropriate safeguards, make sure your contract requires them to maintain safeguards, and oversee their handling of customer information; and
- ➢ evaluate and adjust the program in light of relevant circumstances, including changes in the firm's business or operations, or the results of security testing and monitoring.

Since tax return preparers come in many different sizes and have very different organizational structures, each preparer may implement the Safeguards Rule differently, but it is important that each tax return preparer think about their business. The IRS provides a checklist from the Federal Trade Commission for tax preparers to use to test the completeness of their program in the Publication 4557. Another great way to use that publication is to read through it before you develop your information security program to identify areas that you want to include in your program.

For more information about safeguarding personal information, visit the Federal Trade Commission website at www.ftc.gov.

Helpful Tips When Using Email

Use of the internet is one of the most important parts of business today. As tax return preparers, you need the internet to use your tax software and to file tax returns. For many tax preparers, the internet and email communication exceed phone calls and physical visits. As part of a written security plan, you must develop policies and procedures that govern how you and your employees use the internet in the office. Many of the computer viruses and data breaches start because someone in an organization clicks on an email or otherwise gives a cybercriminal access to their computer.

Una introducción a la Ley Gramm-Leach-Bliley y la Regla de Salvaguardias

Para cumplir con la Regla de Salvaguardias, las empresas deben contar con medidas para proteger la información del cliente. La Regla de Salvaguardas requiere que los preparadores de declaraciones de impuestos desarrollen un plan escrito de seguridad de la información que describa su programa para proteger la información del consumidor.

La Comisión Federal de Comercio es la agencia federal que el Congreso encargó de implementar la Regla de Salvaguardias dentro de GLBA. Sorprendentemente, la Regla de Salvaguardias es muy simple. Solo requiere que los preparadores de declaraciones de impuestos se aseguren de que su plan de seguridad de la información sea apropiado para el tamaño y la complejidad de la empresa, la naturaleza y el alcance de sus actividades y la sensibilidad de la información del cliente que maneja.

Además, especifica que este plan escrito debe:

> ➢ designar a uno o más empleados para coordinar su programa de seguridad de la información;
> ➢ identificar y evaluar los riesgos para la información del cliente en cada área relevante de la operación de la empresa, y evaluar la efectividad de las salvaguardas actuales para controlar estos riesgos;
> ➢ diseñar e implementar un programa de salvaguardias, y monitorearlo y probarlo regularmente;
> ➢ seleccionar proveedores de servicios que puedan mantener las salvaguardas adecuadas, asegurarse de que su contrato les exija mantener las salvaguardas y supervisar su manejo de la información del cliente; y
> ➢ Evaluar y ajustar el programa a la luz de las circunstancias relevantes, incluidos los cambios en el negocio u operaciones de la empresa, o los resultados de las pruebas y el monitoreo de seguridad.

Dado que los preparadores de declaraciones de impuestos vienen en muchos tamaños diferentes y tienen estructuras organizativas muy diferentes, cada preparador puede implementar la Regla de Salvaguardias de manera diferente, pero es importante que cada preparador de declaraciones de impuestos piense en su negocio. El IRS proporciona una lista de verificación de la Comisión Federal de Comercio para que los preparadores de impuestos la usen para probar la integridad de su programa en la Publicación 4557. Otra excelente manera de usar esa publicación es leerla antes de desarrollar su programa de seguridad de la información para identificar las áreas que desea incluir en su programa.

Para obtener más información sobre cómo proteger la información personal, visite el sitio web de la Comisión Federal de Comercio en www.ftc.gov.

Consejos útiles al usar el correo electrónico

El uso de Internet es una de las partes más importantes de los negocios hoy en día. Como preparadores de declaraciones de impuestos, necesita Internet para usar su software de impuestos y presentar declaraciones de impuestos. Para muchos preparadores de impuestos, la comunicación por Internet y correo electrónico excede las llamadas telefónicas y las visitas físicas. Como parte de un plan de seguridad escrito, debe desarrollar políticas y procedimientos que rijan cómo usted y sus empleados usan Internet en la oficina. Muchos de los virus informáticos y las violaciones de datos comienzan porque alguien en una organización hace clic en un correo electrónico o le da acceso a un ciberdelincuente a su computadora.

Just like an office has risks of someone breaking and entering, using the internet has risks. These cybercriminals are using tactics known as spear-phishing to attempt to trick people into giving them access to their computers or accounts. Spear-phishing is when the cybercriminal knows a little about the person they are trying to trick into allowing them access to their systems. For example, if they know that you are a tax return preparer, they can send emails pretending to be from tax software companies, state governments, the IRS, or even new customers. Since tax return preparers have such valuable data, you must be vigilant in protecting the information. Your written security plan needs to be detailed to prevent you or your employees from inviting a cybercriminal into your systems.

There are many examples of cybercriminals sending emails to tax return preparers posing as a new customer. Of course, the tax return preparer is happy to have a new customer and will correspond with the cybercriminal who sent the email. During the communication, the cybercriminal will send what they claim is a copy of their prior year tax returns or other tax return documents. When the tax return preparer opens the document that is attached to the email, there are no tax return documents but a computer virus or spyware.

By opening this document that claims to be tax information for a new customer, the tax preparer infects their computer systems. Once that happens, the cybercriminal can lock up the tax preparer's data and demand a ransom for it to be released (ransomware), or they can spy on the tax return preparer's activity and steal the taxpayer information to use it for other crimes (spyware). It is very important that you never open email attachments from people you do not know or attachments you receive from people you do know but do not expect.

There are many tricks to identify these types of email scams, but there are also certain practices that you can adopt to stop them.

➢ Only open attachments expected from people you know. Often the criminal will pose to be someone you may know or a new acquaintance, or they may have compromised a friend, colleague, or client's account. If you are not expecting an email attachment, call the sender to verify it, or if you do not know the sender personally, do not open attachments.
➢ Do not click links in emails, unless you are sure they are intended for you. An example of an acceptable link to click is a password reset email when you were just on the website of the service and requested the link. Never click the link of an unsolicited password reset or other email. Often the links may look legitimate, but the actual website the link takes you to is not legitimate.
➢ Type the website address instead of clicking the link. Most times links in emails will direct you to a website you know and trust. There are ways in email to display a link that looks familiar, but then takes you to a different website when you click it. To avoid this click redirection, you can enter the website referenced in the email manually instead of clicking the link.
➢ Verify phone numbers before you call. If you get an email from your tax software company or your bank asking you to verify a transaction or to call if you did not request the message, be suspicious of the phone number in the message. It is easy to go to the company's website and find their customer service number and call the number from the website.

Al igual que una oficina tiene riesgos de que alguien rompa y entre, el uso de Internet tiene riesgos. Estos ciberdelincuentes están utilizando tácticas conocidas como spear-phishing para intentar engañar a las personas para que les den acceso a sus computadoras o cuentas. El spear-phishing es cuando el ciberdelincuente sabe un poco sobre la persona a la que está tratando de engañar para que le permita acceder a sus sistemas. Por ejemplo, si saben que usted es un preparador de declaraciones de impuestos, pueden enviar correos electrónicos que pretenden ser de compañías de software de impuestos, gobiernos estatales, el IRS o incluso nuevos clientes. Dado que los preparadores de declaraciones de impuestos tienen datos tan valiosos, debe estar atento para proteger la información. Su plan de seguridad escrito debe ser detallado para evitar que usted o sus empleados inviten a un ciberdelincuente a sus sistemas.

Hay muchos ejemplos de ciberdelincuentes que envían correos electrónicos a preparadores de declaraciones de impuestos haciéndose pasar por un nuevo cliente. Por supuesto, el preparador de declaraciones de impuestos está feliz de tener un nuevo cliente y se comunicará con el ciberdelincuente que envió el correo electrónico. Durante la comunicación, el ciberdelincuente enviará lo que afirma que es una copia de sus declaraciones de impuestos del año anterior u otros documentos de declaración de impuestos. Cuando el preparador de la declaración de impuestos abre el documento que se adjunta al correo electrónico, no hay documentos de declaración de impuestos, sino un virus informático o spyware.

Al abrir este documento que dice ser información fiscal para un nuevo cliente, el preparador de impuestos infecta sus sistemas informáticos. Una vez que eso sucede, el ciberdelincuente puede bloquear los datos del preparador de impuestos y exigir un rescate para que se liberen (rescate), o puede espiar la actividad del preparador de declaraciones y robar la información del contribuyente para usarla para otros delitos (spyware). Es muy importante que nunca abra archivos adjuntos de correo electrónico de personas que no conoce o archivos adjuntos que recibe de personas que sí conoce pero que no espera.

Hay muchos trucos para identificar este tipo de estafas por correo electrónico, pero también hay ciertas prácticas que puede adoptar para detenerlas.

- ➤ Solo se esperan archivos adjuntos abiertos de personas que conoces. A menudo, el criminal se hará pasar por alguien que puede conocer o un nuevo conocido, o puede haber comprometido la cuenta de un amigo, colega o cliente. Si no espera un archivo adjunto de correo electrónico, llame al remitente para verificarlo o, si no conoce al remitente personalmente, no abra los archivos adjuntos.
- ➤ No haga clic en los enlaces de los correos electrónicos, a menos que esté seguro de que están destinados a usted. Un ejemplo de un enlace aceptable para hacer clic es un correo electrónico de restablecimiento de contraseña cuando estaba en el sitio web del servicio y solicitó el enlace. Nunca haga clic en el enlace de un restablecimiento de contraseña no solicitado u otro correo electrónico. A menudo, los enlaces pueden parecer legítimos, pero el sitio web real al que lo lleva el enlace no es legítimo.
- ➤ Escriba la dirección del sitio web en lugar de hacer clic en el vínculo. La mayoría de las veces, los enlaces en los correos electrónicos lo dirigirán a un sitio web que conoce y en el que confía. Hay formas en el correo electrónico de mostrar un enlace que parece familiar, pero que luego lo lleva a un sitio web diferente cuando hace clic en él. Para evitar esta redirección de clics, puede ingresar el sitio web al que se hace referencia en el correo electrónico manualmente en lugar de hacer clic en el enlace.
- ➤ Verifique los números de teléfono antes de llamar. Si recibe un correo electrónico de su compañía de software de impuestos o de su banco pidiéndole que verifique una transacción o que llame si no solicitó el mensaje, sospeche del número de teléfono en el mensaje. Es fácil ir al sitio web de la compañía y encontrar su número de servicio al cliente y llamar al número desde el sitio web.

The key message to all of these guidelines is the contents of an email generally cannot be trusted. You can think of it the same as paper mail. Just because an envelope has a return address for your tax software company does not mean it came from them. Also, when you read the letter, there is no guarantee that whoever is on the return address wrote that letter. Anyone can draft a letter, put it in an envelope, put any return address, and drop it in the mail. Once you get it, you must decide if it is legitimate or not; email is no different.

A Guide to Using Security Software

One of the most important ways to protect your systems' and your clients' data is to install data security and use security software on your computers. There are different types of security software you need:

➢ Anti-virus – detects bad software, such as malware, from causing damage to a computer.
➢ Anti-spyware – prevents unauthorized software from stealing information that is on a computer or processed through the system.
➢ Firewall – protects data flow. A properly configured firewall will prevent information from leaving your computer or entering your computer.
➢ Drive encryption – protects information from being stolen from your computer. If a criminal steals your computer, or if you throw it or a disk drive away, encryption will protect the information from being read.

Modern operating systems like Windows and MacOS come with these security features. It is important that you do not disable the features of these tools and familiarize yourself with how they operate.

There are also options to third-party products like Norton or McAfee. These products have some additional features that you can investigate. For product recommendations, check with colleagues, professional associations, or the insurance carrier, if you have data theft insurance protection.

Never select "security software" from a pop-up advertisement while surfing the web. Download security software only from the chosen vendor's site. If you purchase third-party security products, buy them from a store you trust or at the manufacturer's website. Downloading free or discounted security software from an unknown website or store could be a trick to install spyware or other software that can compromise your computer or device. Any time you install software on your computer you should be sure you trust where it came from. Because when you install software on your computer, if that software is not legitimate, it can send information from your computer of what you do to an unintended recipient.

Set security software to update automatically. This step is critical to ensuring the software has the latest protections against emerging threats. For additional safety, ensure that your internet browser (Google Chrome, MS Edge, Firefox, Safari, etc.) is set to update automatically so that it remains secure.

Create Strong Passwords

It is critical that all tax return preparers establish strong, unique passwords for all accounts, whether it's to access a device, tax software products, cloud storage, wireless networks, or encryption technology. Here's how to get started:

El mensaje clave de todas estas pautas es que generalmente no se puede confiar en el contenido de un correo electrónico. Puedes pensar en ello igual que el correo en papel. El hecho de que un sobre tenga una dirección de devolución para su compañía de software de impuestos no significa que provenga de ellos. Además, cuando lea la carta, no hay garantía de que quien esté en la dirección de devolución haya escrito esa carta. Cualquiera puede redactar una carta, ponerla en un sobre, poner cualquier dirección de devolución y enviarla por correo. Una vez que lo consigas, debes decidir si es legítimo o no; El correo electrónico no es diferente.

Una guía para usar software de seguridad

Una de las formas más importantes de proteger los datos de sus sistemas y de sus clientes es instalar la seguridad de los datos y utilizar software de seguridad en sus computadoras. Hay diferentes tipos de software de seguridad que necesita:

a. Antivirus: detecta software defectuoso, como programa maligno, para que no cause daños a una computadora.
b. Anti-spyware: evita que el software no autorizado robe información que se encuentra en una computadora o que se procesa a través del sistema.
c. Firewall: protege el flujo de datos. Un firewall configurado correctamente evitará que la información salga de su computadora o ingrese a su computadora.
d. Cifrado de unidades: protege la información de ser robada de su computadora. Si un delincuente roba su computadora, o si la tira o una unidad de disco, el cifrado protegerá la información de ser leída.

Los sistemas operativos modernos como Windows y MacOS vienen con estas características de seguridad. Es importante que no deshabilite las funciones de estas herramientas y se familiarice con su funcionamiento.

También hay opciones para productos de terceros como Norton o McAfee. Estos productos tienen algunas características adicionales que puede investigar. Para obtener recomendaciones de productos, consulte con colegas, asociaciones profesionales o la compañía de seguros, si tiene protección de seguro contra robo de datos.

Nunca seleccione "software de seguridad" de un anuncio emergente mientras navega por la web. Descargue el software de seguridad solo desde el sitio del proveedor elegido. Si compra productos de seguridad de terceros, cómprelos en una tienda de confianza o en el sitio web del fabricante. Descargar software de seguridad gratuito o con descuento de un sitio web o tienda desconocido podría ser un truco para instalar spyware u otro software que pueda comprometer su computadora o dispositivo. Cada vez que instale software en su computadora, debe asegurarse de confiar en su origen. Porque cuando instala software en su computadora, si ese software no es legítimo, puede enviar información desde su computadora de lo que hace a un destinatario no deseado.

Configure el software de seguridad para que se actualice automáticamente. Este paso es fundamental para garantizar que el software tenga las últimas protecciones contra las amenazas emergentes. Para mayor seguridad, asegúrese de que su navegador de Internet (Google Chrome, MS Edge, Firefox, Safari, etc.) esté configurado para actualizarse automáticamente para que permanezca seguro.

Crear contraseñas seguras

Es fundamental que todos los preparadores de declaraciones de impuestos establezcan contraseñas seguras y únicas para todas las cuentas, ya sea para acceder a un dispositivo, productos de software de impuestos, almacenamiento en la nube, redes inalámbricas o tecnología de cifrado. A continuación, le indicamos cómo empezar:

➤ Use a minimum of eight characters; longer is better.
➤ Use a combination of letters, numbers, and symbols (e.g., ABC, 123, !@#).
➤ Avoid personal information or common passwords; opt for phrases.
➤ Change default/temporary passwords that come with accounts or devices, including printers.
➤ Do not reuse passwords. Changing Bgood!17 to Bgood!18 is not good enough; use unique usernames and passwords for accounts and devices.
➤ Do not use your email address as your username if that is an option.
➤ Store any password list in a secure location such as a safe or locked file cabinet.
➤ Do not disclose your passwords to anyone for any reason.
➤ Use a password manager program to track passwords, but protect it with a strong password.

Whenever it is an option, a multi-factor authentication process for returning users should be used to access accounts. Most providers of tax software products for tax professionals offer two-factor. Use the most secure option available, not only for your tax software, but other products such as email accounts and storage provider accounts. An example of two-factor authentication: you must enter your credentials (username and password) plus a security code sent as a text to your mobile phone before you can access an account.

If hosting your own website, also consider some other form of multifactor authentication to further increase your login security. Taxpayers expect that you will require stronger forms of authentication like this two-factor authentication to access their personal information. They see it at their bank and if they create an account with the IRS. While it may seem that adding this feature will be a burden and turn people away, it actually builds trust with taxpayers since they see you working to protect their information.

Securing Wireless Networks

Maintaining a wireless network used to attach computers or storage that handle taxpayer data is a great risk. With a wired network, a criminal will need physical access to your network to connect to it. This means they would have to break into your office and use a wire to connect their computer to your networks. If you use a wireless network, they can see your network traffic from anywhere outside your office, perhaps even from inside a car in the parking lot. Many wireless networks offer data encryption or password security, but the encryptions or passwords are only effective to a point. In most cases a determined criminal can gain access to a wireless network, especially if you do not continuously maintain the security of the wireless network.

Failing to protect your wireless network makes the network or data vulnerable to attack or interception by cybercriminals. Thieves could be stealing your data without your knowledge. You can take these protective steps by reviewing your router manual. Here are basic steps to protect your wireless network:

➤ Change default administrative password of your wireless router; use a strong, unique password.
➤ Reduce the power (wireless range) so you are not broadcasting further than you need. Log into your router to WLAN settings, advanced settings and look for Transmit (TX) power. The lower the number, the lower the power.

- ➢ Utilice un mínimo de ocho caracteres; Más tiempo es mejor.
- ➢ Use una combinación de letras, números y símbolos (por ejemplo, ABC, 123,!@#).
- ➢ Evitar información personal o contraseñas comunes; Opta por frases.
- ➢ Cambie las contraseñas predeterminadas/temporales que vienen con cuentas o dispositivos, incluidas las impresoras.
- ➢ No reutilice las contraseñas. Cambiar Bgood!17 a Bgood!18 no es suficiente; Utilice nombres de usuario y contraseñas únicos para cuentas y dispositivos.
- ➢ No use su dirección de correo electrónico como nombre de usuario si esa es una opción.
- ➢ Almacene cualquier lista de contraseñas en un lugar seguro, como un archivador seguro o cerrado.
- ➢ No revele sus contraseñas a nadie por ningún motivo.
- ➢ Use un programa de administración de contraseñas para rastrear contraseñas, pero protéjalo con una contraseña segura.

Siempre que sea una opción, se debe utilizar un proceso de autenticación de factor múltiple para los usuarios que regresan para acceder a las cuentas. La mayoría de los proveedores de productos de software de impuestos para profesionales de impuestos ofrecen dos factores. Utilice la opción más segura disponible, no solo para su software de impuestos, sino también para otros productos como cuentas de correo electrónico y cuentas de proveedores de almacenamiento. Un ejemplo de autenticación de dos factores: debe ingresar sus credenciales (nombre de usuario y contraseña) más un código de seguridad enviado como texto a su teléfono móvil antes de poder acceder a una cuenta.

Si aloja su propio sitio web, también considere alguna otra forma de autenticación multifactorial para aumentar aún más su seguridad de inicio de sesión. Los contribuyentes esperan que usted requiera formas más fuertes de autenticación como esta autenticación de dos factores para acceder a su información personal. Lo ven en su banco y si crean una cuenta con el IRS. Si bien puede parecer que agregar esta función será una carga y alejará a las personas, en realidad genera confianza con los contribuyentes, ya que lo ven trabajando para proteger su información.

Protección de redes inalámbricas

Mantener una red inalámbrica utilizada para conectar computadoras o almacenamiento que manejan datos de los contribuyentes es un gran riesgo. Con una red cableada, un delincuente necesitará acceso físico a su red para conectarse a ella. Esto significa que tendrían que irrumpir en su oficina y usar un cable para conectar su computadora a sus redes. Si usa una red inalámbrica, pueden ver el tráfico de su red desde cualquier lugar fuera de su oficina, tal vez incluso desde el interior de un automóvil en el estacionamiento. Muchas redes inalámbricas ofrecen cifrado de datos o seguridad de contraseña, pero los cifrados o contraseñas solo son efectivos hasta cierto punto. En la mayoría de los casos, un delincuente determinado puede obtener acceso a una red inalámbrica, especialmente si no mantiene continuamente la seguridad de la red inalámbrica.

No proteger su red inalámbrica hace que la red o los datos sean vulnerables a ataques o interceptaciones por parte de los ciberdelincuentes. Los ladrones podrían estar robando sus datos sin su conocimiento. Puede seguir estos pasos de protección revisando el manual del router. Estos son los pasos básicos para proteger su red inalámbrica:

- ➢ Cambiar la contraseña administrativa predeterminada de su router inalámbrico; Utilice una contraseña segura y única.
- ➢ Reduzca la potencia (alcance inalámbrico) para que no esté transmitiendo más de lo necesario. Inicie sesión en su enrutador en la configuración de WLAN, configuración avanzada y busque el Encendedor de Transmisor (TX). Cuanto menor sea el número, menor será la potencia.

➢ Change the name of your router (Service Set Identifier - SSID) to something that is not personally identifying (e.g., BobsTaxService), and disable the SSID broadcast so that it cannot be seen by those who have no need to use your network.

➢ Use Wi-Fi Protected Access 2 (WPA-2), with the Advanced Encryption Standard (AES) for encryption.

➢ Do not use Wired-Equivalent Privacy (WEP) to connect your computers to the router; WEP is not considered secure.

➢ Do not use a public wi-fi (for example, at a coffee café or airport) to access business email or sensitive documents.

If firm employees must occasionally connect to unknown networks or work from home, establish an encrypted Virtual Private Network (VPN) to allow for a more secure connection. A VPN provides a secure, encrypted tunnel to transmit data between a remote user via the internet and the company network. If you are considering a VPN, many business internet routers have this feature built in. Do not download free VPN software onto your business computer; use only products from trusted vendors where you download directly from the vendor website.

Protecting Stored Client Data

Cybercriminals work hard through various tactics to penetrate your network or trick you into disclosing passwords. They may steal the data, hold the data for ransom, or use your own computers to complete and file fraudulent tax returns. Here are a few basic steps to protect client data stored on your systems:

➢ Use drive encryption to lock files and all devices; encrypted files require a password to open. Most computers can encrypt files and network-attached storage allow you to set it up with encryption.

➢ Backup encrypted copies of client data to external hard drives (USBs, CDs, DVDs) or use cloud storage; keep external drives in a secure location; encrypt data before uploading to the cloud.

➢ Avoid inserting USB drives and external drives with client data into public computers.

➢ Avoid installing unnecessary software or applications to the business network; avoid offers for "free" software, especially security software, which is often a ruse by criminals; download software or applications only from official sites.

➢ Perform an inventory of devices where client tax data are stored, e.g., laptops, smart phones, tablets, external hard drives, etc.; inventory software used to process or send tax data, e.g., operating systems, browsers, applications, tax software, websites, etc.

➢ Limit or disable internet access capabilities for devices that have stored taxpayer data.

➢ Delete all information from devices, hard drives, USBs (flash drives), printers, tablets, or phones before disposing of devices; some security software include a "shredder" that electronically destroys stored files.

➢ Physically destroy hard drives, tapes, USBs, CDs, tablets, or phones by crushing, shredding, or burning; shred or burn all documents containing taxpayer information before throwing away.

➢ Cambie el nombre de su enrutador (Service Set Identifier - SSID) a algo que no sea de identificación personal (por ejemplo, BobsTaxService) y deshabilite la transmisión SSID para que no pueda ser vista por aquellos que no tienen necesidad de usar su red.

➢ Utilice Wi-Fi Protected Access 2 (WPA-2), con el Estándar de cifrado avanzado (AES) para el cifrado.

➢ No utilice Wired-Equivalent Privacy (WEP) para conectar sus computadoras al router; WEP no se considera seguro.

➢ No utilice una red Wi-Fi pública (por ejemplo, en una cafetería o en un aeropuerto) para acceder al correo electrónico de la empresa o a documentos confidenciales.

Si los empleados de la empresa deben conectarse ocasionalmente a redes desconocidas o trabajar desde casa, establezca una red privada virtual (VPN) cifrada para permitir una conexión más segura. Una VPN proporciona un túnel seguro y cifrado para transmitir datos entre un usuario remoto a través de Internet y la red de la empresa. Si está considerando una VPN, muchos enrutadores de Internet comerciales tienen esta función incorporada. No descargue software VPN gratuito en la computadora de su empresa; Utilice solo productos de proveedores de confianza que descarguen directamente desde el sitio web del proveedor.

Protección de los datos de cliente almacenados

Los ciberdelincuentes trabajan duro a través de varias tácticas para penetrar en su red o engañarlo para que revele contraseñas. Pueden robar los datos, retener los datos para pedir un rescate o usar sus propias computadoras para completar y presentar declaraciones de impuestos fraudulentas. Estos son algunos pasos básicos para proteger los datos de cliente almacenados en sus sistemas:

➢ Utilice el cifrado de la unidad para bloquear archivos y todos los dispositivos; Los archivos cifrados requieren una contraseña para abrirse. La mayoría de las computadoras pueden cifrar archivos y el almacenamiento conectado a la red le permite configurarlo con cifrado.

➢ Haga copias de seguridad cifradas de los datos del cliente en discos duros externos (USB, CD, DVD) o utilice el almacenamiento en la nube; mantener las unidades externas en un lugar seguro; Cifre los datos antes de cargarlos en la nube.

➢ Evite insertar unidades USB y unidades externas con datos de cliente en equipos públicos.

➢ Evite instalar software o aplicaciones innecesarias en la red empresarial; evitar las ofertas de software "gratuito", especialmente el software de seguridad, que a menudo es una artimaña de los delincuentes; Descargue software o aplicaciones solo desde sitios oficiales.

➢ Realizar un inventario de dispositivos donde se almacenan los datos fiscales del cliente, por ejemplo, computadoras portátiles, teléfonos inteligentes, tabletas, discos duros externos, etc.; Software de inventario utilizado para procesar o enviar datos fiscales, por ejemplo, sistemas operativos, navegadores, aplicaciones, software de impuestos, sitios web, etc.

➢ Limite o deshabilite las capacidades de acceso a Internet para dispositivos que han almacenado datos de contribuyentes.

➢ Elimine toda la información de dispositivos, discos duros, USB (unidades flash), impresoras, tabletas o teléfonos antes de deshacerse de los dispositivos; Algunos programas de seguridad incluyen una "trituradora" que destruye electrónicamente los archivos almacenados.

➢ Destruir físicamente discos duros, cintas, USB, CD, tabletas o teléfonos aplastando, triturando o quemando; Triture o queme todos los documentos que contengan información del contribuyente antes de tirarlos.

Developing A Security Plan

The National Institute of Standards and Technology (NIST) was tasked by the Executive Branch to develop a set of information security standards for government agencies to follow to protect their systems. The guidance they developed is in use by most all federal government agencies and recently it was recommended that private industry, specifically critical infrastructure, begin to implement these standards.

Currently the IRS requires states that receive taxpayer information from the IRS to implement these standards. The major tax software companies that participate in the IRS Security Summit have all agreed to implement these standards. The Federal Financial Institutions Examination Council (FFIEC) that develops the requirements for FDIC and NUCA place on banks and credit unions also adopted the NIST standards.

These NIST standards are becoming the default standard for protecting taxpayer data in the United States. They were first adopted by government agencies. Financial institution regulators began requiring that banks implement a NIST program or validating their information security program meets NIST requirements. Now most critical infrastructure operators and providers also test their systems against the NIST requirements. Since the tax software companies have also started to use the NIST requirements to develop their security plans, it makes sense for tax return preparers to consider it for their own programs.

The standards can look quite intimidating as they are robust and designed for complex government agencies and big companies. If you remember, the Safeguards Rule requires that a security plan be appropriate to the company's size and complexity, so for most tax return preparers the implementation of the program is a lot less complex than how it looks.

The first step to building a security plan is to conduct a risk assessment. NIST provides special publication 800-30 that talks about how to conduct a risk assessment. The objective of this step is to produce a list of information security risks that can be prioritized by risk level and used to inform risk response decisions. Conducting risk assessments includes the following specific tasks:

- ➢ Identify threat sources that are relevant to organizations;
- ➢ Identify threat events that could be produced by those sources;
- ➢ Identify vulnerabilities within organizations that could be exploited by threat sources through specific threat events and the predisposing conditions that could affect successful exploitation;
- ➢ Determine the likelihood of the identified threat sources would initiate specific threat events and the likelihood of the threat events would be successful;
- ➢ Determine the adverse impacts to organizational operations and assets, individuals, other organizations, resulting from the exploitation of vulnerabilities by threat sources (through specific threat events); and
- ➢ Determine information security risks as a combination of likelihood of threat exploitation of vulnerabilities and the impact of such exploitation, including any uncertainties associated with the risk determinations.

The specific tasks are presented in a sequential manner for clarity. However, in practice, some iteration among the tasks is both necessary and expected.

Desarrollo de un plan de seguridad

El Poder Ejecutivo encargó al Instituto Nacional de Estándares y Tecnología (NIST) desarrollar un conjunto de estándares de seguridad de la información para que las agencias gubernamentales los siguieran para proteger sus sistemas. La guía que desarrollaron está en uso por la mayoría de las agencias del gobierno federal y recientemente se recomendó que la industria privada, específicamente la infraestructura crítica, comience a implementar estos estándares.

Actualmente, el IRS requiere que los estados que reciben información del contribuyente del IRS implementen estos estándares. Las principales compañías de software de impuestos que participan en la Cumbre de Seguridad del IRS han acordado implementar estos estándares. El Consejo Federal de Examen de Instituciones Financieras (FFIEC) que desarrolla los requisitos para la colocación de FDIC y NUCA en bancos y cooperativas de crédito también adoptó los estándares NIST.

Estos estándares NIST se están convirtiendo en el estándar predeterminado para proteger los datos de los contribuyentes en los Estados Unidos. Fueron adoptados por primera vez por agencias gubernamentales. Los reguladores de las instituciones financieras comenzaron a exigir que los bancos implementaran un programa NIST o validaran que su programa de seguridad de la información cumpliera con los requisitos del NIST. Ahora, la mayoría de los operadores y proveedores de infraestructura crítica también prueban sus sistemas contra los requisitos del NIST. Dado que las compañías de software de impuestos también han comenzado a usar los requisitos del NIST para desarrollar sus planes de seguridad, tiene sentido que los preparadores de declaraciones de impuestos lo consideren para sus propios programas.

Los estándares pueden parecer bastante intimidantes, ya que son robustos y están diseñados para agencias gubernamentales complejas y grandes empresas. Si recuerda, la Regla de Salvaguardas requiere que un plan de seguridad sea apropiado para el tamaño y la complejidad de la empresa, por lo que, para la mayoría de los preparadores de declaraciones de impuestos, la implementación del programa es mucho menos compleja de lo que parece.

El primer paso para construir un plan de seguridad es realizar una evaluación de riesgos. NIST proporciona la publicación especial 800-30 que habla sobre cómo llevar a cabo una evaluación de riesgos. El objetivo de este paso es producir una lista de riesgos de seguridad de la información que puedan priorizarse por nivel de riesgo y utilizarse para informar las decisiones de respuesta al riesgo. La realización de evaluaciones de riesgos incluye las siguientes tareas específicas:

> ➢ Identificar fuentes de amenazas que sean relevantes para las organizaciones;
> ➢ Identificar eventos de amenaza que podrían ser producidos por esas fuentes;
> ➢ Identificar vulnerabilidades dentro de las organizaciones que podrían ser explotadas por fuentes de amenazas a través de eventos de amenazas específicos y las condiciones predisponentes que podrían afectar la explotación exitosa;
> ➢ Determinar la probabilidad de que las fuentes de amenazas identificadas inicien eventos de amenaza específicos y la probabilidad de que los eventos de amenaza tengan éxito;
> ➢ Determinar los impactos adversos a las operaciones y activos de la organización, individuos y otras organizaciones, resultantes de la explotación de vulnerabilidades por parte de fuentes de amenazas (a través de eventos de amenazas específicos); y
> ➢ Determinar los riesgos de seguridad de la información como una combinación de la probabilidad de explotación de amenazas de vulnerabilidades y el impacto de dicha explotación, incluidas las incertidumbres asociadas con las determinaciones de riesgo.

Las tareas específicas se presentan de manera secuencial para mayor claridad. Sin embargo, en la práctica, alguna iteración entre las tareas es necesaria y esperada.

Once you have an idea and inventory of your risks in the risk assessment you can select and build the security controls that you plan to implement in your business. NIST provided a publication 800-53 that has a list of security controls. Not all the security controls are relevant or necessary for your business, but when you look at the controls and consider them relative to your business and risk assessment, you will be able to find the controls that are right for you and your business.
NIST broke the controls into control families. Those families are:

    A. Access Control
    B. Media Protection
    C. Awareness and Training
    D. Physical and Environmental Protection
    E. Audit and Accountability
    F. Planning
    G. Security Assessment and Authorization
    H. Personnel Security
    I. Configuration Management
    J. Risk Assessment
    K. Contingency Planning
    L. System and Services Acquisition
    M. Identification and Authentication
    N. System and Communications Protection
    O. Incident Response
    P. System and Information Integrity
    Q. Maintenance
    R. Program Management

Each of the control families contain a number of controls that you can elect to implement in your business. In most cases you probably already do many of the things the controls select. For example, if you have employees, you may already allow different employees to have access to different parts of your business. For example, some employees may be able to file tax returns, while others cannot. Another example is that some employees may have permission to charge or credit customer credit cards, but others may not. Selecting controls that are applicable to your business, documenting them, and then enforcing them in your business will make you more effective in protecting your customer's information and may help you to run your business.

Not every control is right for every business. If you take a risk-based approach to developing your security plan, you will find areas that need focus when you conduct your risk assessment. In fact, as you go through the controls in the NIST publication 800-53, you will find that a lot of them are not applicable to your business or the risks you have identified. This is why the IRS Publication 4557 is very helpful. The IRS selected a number of the controls from the control families they believe are most relevant to tax return preparers, and they listed them in checklist form in the publication.

If you read through the IRS Publication 4557 you should think about the checklist items and how they relate to your business. For example, a checklist item may be something you do in practice, but you have not documented that practice into a procedure. You might also find that some checklist items are not part of how you protect taxpayer information. Most businesses, even large businesses, find themselves in these situations. The Safeguards Rule and the IRS require you to document in procedure how you comply with each of those checklist items.

Una vez que tenga una idea e inventario de sus riesgos en la evaluación de riesgos, puede seleccionar y construir los controles de seguridad que planea implementar en su negocio. NIST proporcionó una publicación 800-53 que tiene una lista de controles de seguridad. No todos los controles de seguridad son relevantes o necesarios para su negocio, pero cuando observa los controles y los considera en relación con su negocio y la evaluación de riesgos, podrá encontrar los controles adecuados para usted y su negocio.

El NIST dividió los controles en familias de control. Esas familias son:

A. Control de acceso
B. Protección de medios
C. Sensibilización y formación
D. Protección física y ambiental
E. Auditoría y rendición de cuentas
F. Planificación
G. Evaluación y autorización de seguridad
H. Seguridad del personal
I. Gestión de la configuración
J. Evaluación de riesgos
K. Planificación de contingencias
L. Adquisición de sistemas y servicios
M. Identificación y autenticación
N. Protección de sistemas y comunicaciones
O. Respuesta a incidentes
P. Integridad del sistema y de la información
Q. Mantenimiento
R. Gestión de programas

Cada una de las familias de controles contiene una serie de controles que puede elegir implementar en su negocio. En la mayoría de los casos, probablemente ya haga muchas de las cosas que seleccionan los controles. Por ejemplo, si tiene empleados, es posible que ya permita que diferentes empleados tengan acceso a diferentes partes de su negocio. Por ejemplo, algunos empleados pueden presentar declaraciones de impuestos, mientras que otros no pueden. Otro ejemplo es que algunos empleados pueden tener permiso para cargar o acreditar tarjetas de crédito de clientes, pero otros no. Seleccionar controles que sean aplicables a su negocio, documentarlos y luego aplicarlos en su negocio lo hará más efectivo en la protección de la información de su cliente y puede ayudarlo a administrar su negocio.

No todos los controles son adecuados para todas las empresas. Si adopta un enfoque basado en el riesgo para desarrollar su plan de seguridad, encontrará áreas que necesitan atención cuando realice su evaluación de riesgos. De hecho, a medida que avanza en los controles de la publicación 800-53 del NIST, encontrará que muchos de ellos no son aplicables a su negocio o a los riesgos que ha identificado. Es por eso por lo que la Publicación 4557 del IRS es muy útil. El IRS seleccionó varios de los controles de las familias de control que creen que son más relevantes para los preparadores de declaraciones de impuestos, y los enumeraron en forma de lista de verificación en la publicación.

Si lee la Publicación 4557 del IRS, debe pensar en los elementos de la lista de verificación y cómo se relacionan con su negocio. Por ejemplo, un elemento de la lista de verificación puede ser algo que usted hace en la práctica, pero no ha documentado esa práctica en un procedimiento. También puede encontrar que algunos elementos de la lista de verificación no son parte de cómo protege la información del contribuyente. La mayoría de las empresas, incluso las grandes, se encuentran en estas situaciones. La Regla de Salvaguardas y el IRS requieren que documente en el procedimiento cómo cumple con cada uno de esos elementos de la lista de verificación.

If you do not currently implement the checklist item, then you need to either consider adding it to how you do business or explain why you do not intend to implement that practice. In general, you can determine that practice is not applicable to you. For example, if there are checklist items about using wireless internet, but you do not have wireless internet in your office, those checks are not applicable. You can also indicate that you have compensating controls in place. Compensating controls are things you may do that do not meet the letter of the control or checklist item, but achieve the same outcome. For example, if the checklist item requires that you secure information using a password, you could use other identifiers like a fingerprint scan or require a physical security key for access. The important part is that you document the areas where you are in compliance with the security controls and where you might choose not to follow the rule completely, especially if it does not apply to your business.

Developing security controls documentation will help you meet Safeguards Rule requirements to "identify and assess the risks to customer information in each relevant area of the company's operation, and evaluate the effectiveness of the current safeguards for controlling these risks." This will be a key part of the written information security program as required by the Safeguards Rule.

The Safeguards Rule also requires you to designate one or more employees to coordinate the information security program. You will want to make sure that whoever is designated has the technical knowledge of security and your business to coordinate the program. You will also need to communicate with this person or team regularly to make sure they have the resources and authority to implement the program. In some cases, the program may require that you change how you conduct part of your business or that you alter contracts with your vendors or technology providers, so it is very important the designated person coordinating the program has the authority to do so. Of course, you can designate yourself to do it.

Once you have the controls documented and an empowered individual to coordinate the program, you must test it. Some examples of testing the program include a tabletop exercise where you simulate one of the identified risks occurring and testing employees' reactions and responses relative to your policies and procedures. There are also services you can subscribe to that can test your company's adherence to the policies and procedures that you established.

The FTC guidance also requires that you pass these requirements to your vendors. Most vendors that store or process taxpayer data can provide a statement to maintain safeguards as they handle the customer data and help you operate your business. In general, the best place to do this is with your contract. You should identify any vendors or service providers that have access to information about your customers or sensitive information about your business. You should ask them to explain to you how they protect the customer information that you share with them. This is important because your business may not survive if there is a data breach by one of your vendors. If your customers learn that you did not do everything to protect their data and criminals steal from their bank accounts or their tax refund, it will be hard for you to regain their trust or to obtain new customers. It is important that you write down how you plan to ensure that your vendors comply with the Safeguards Rule in your information security plan.

Si actualmente no implementa el elemento de la lista de verificación, debe considerar agregarlo a la forma en que hace negocios o explicar por qué no tiene la intención de implementar esa práctica. En general, puede determinar que la práctica no es aplicable a usted. Por ejemplo, si hay elementos de la lista de verificación sobre el uso de Internet inalámbrico, pero no tiene Internet inalámbrico en su oficina, esos controles no son aplicables. También puede indicar que tiene controles de compensación en su lugar. Los controles de compensación son cosas que puede hacer que no cumplan con la letra del elemento de control o lista de verificación, pero logran el mismo resultado. Por ejemplo, si el elemento de la lista de comprobación requiere que proteja la información mediante una contraseña, puede utilizar otros identificadores como un escaneo de huellas digitales o requerir una clave de seguridad física para el acceso. La parte importante es que documente las áreas en las que cumple con los controles de seguridad y donde puede optar por no seguir la regla por completo, especialmente si no se aplica a su negocio.

El desarrollo de la documentación de controles de seguridad lo ayudará a cumplir con los requisitos de la Regla de Salvaguardas para "identificar y evaluar los riesgos para la información del cliente en cada área relevante de la operación de la compañía, y evaluar la efectividad de las salvaguardas actuales para controlar estos riesgos". Esta será una parte clave del programa escrito de seguridad de la información según lo requerido por la Regla de Salvaguardias.

La Regla de Salvaguardas también requiere que designe a uno o más empleados para coordinar el programa de seguridad de la información. Usted querrá asegurarse de que quien sea designado tenga el conocimiento técnico de seguridad y su negocio para coordinar el programa. También deberá comunicarse con esta persona o equipo regularmente para asegurarse de que tengan los recursos y la autoridad para implementar el programa. En algunos casos, el programa puede requerir que cambie la forma en que lleva a cabo parte de su negocio o que altere los contratos con sus proveedores o proveedores de tecnología, por lo que es muy importante que la persona designada que coordina el programa tenga la autoridad para hacerlo. Por supuesto, puedes designarte a ti mismo para hacerlo.

Una vez que tenga los controles documentados y una persona capacitada para coordinar el programa, debe probarlo. Algunos ejemplos de pruebas del programa incluyen un ejercicio de mesa en el que simula uno de los riesgos identificados que ocurren y prueba las reacciones y respuestas de los empleados en relación con sus políticas y procedimientos. También hay servicios a los que puede suscribirse que pueden probar la adhesión de su empresa a las políticas y procedimientos que estableció.

La guía de la FTC también requiere que pase estos requisitos a sus proveedores. La mayoría de los proveedores que almacenan o procesan datos de los contribuyentes pueden proporcionar una declaración para mantener las medidas de seguridad mientras manejan los datos del cliente y lo ayudan a operar su negocio. En general, el mejor lugar para hacer esto es con su contrato. Debe identificar a cualquier proveedor o proveedor de servicios que tenga acceso a información sobre sus clientes o información confidencial sobre su negocio. Debe pedirles que le expliquen cómo protegen la información del cliente que comparte con ellos. Esto es importante porque es posible que su empresa no sobreviva si hay una violación de datos por parte de uno de sus proveedores. Si tus clientes se enteran de que no hiciste todo lo posible para proteger sus datos y los delincuentes roban de sus cuentas bancarias o su declaración de impuestos, te será difícil recuperar su confianza u obtener nuevos clientes. Es importante que escriba cómo planea asegurarse de que sus proveedores cumplan con la Regla de salvaguardas en su plan de seguridad de la información.

The last and most important part of your plan is for you to constantly evaluate your program. Each year doing taxes changes because the tax laws change. The technology around us is constantly changing and how criminals want to use stolen information change. Their tactics to trick people into releasing information change and so should the ways you protect the information. Regular review of your information security plan and program is the only way for you to stay ahead, and it is required under the Safeguards Rule.

The FTC on their website suggest you consider the following when developing your security plan, policies, and procedures:

➢ Checking references or doing background checks before hiring employees who will have access to customer information.
➢ Asking every new employee to sign an agreement to follow your company's confidentiality and security standards for handling customer information.
➢ Limiting access to customer information to employees who have a business reason to see it. For example, give employees who respond to customer inquiries access to customer files, but only to the extent they need it to do their jobs.
➢ Controlling access to sensitive information by requiring employees to use "strong" passwords that must be changed on a regular basis. (Tough-to-crack passwords require the use of at least six characters, upper- and lower-case letters, and a combination of letters, numbers, and symbols.)
➢ Using password-activated screen savers to lock employee computers after a period of inactivity.
➢ Developing policies for appropriate use and protection of laptops, PDAs, cell phones, or other mobile devices. For example, make sure employees store these devices in a secure place when not in use. Also, consider that customer information in encrypted files will be better protected in case of theft of such a device.
➢ Training employees to take basic steps to maintain the security, confidentiality, and integrity of customer information, including:
  o Locking rooms and file cabinets where records are kept;
  o Not sharing or openly posting employee passwords in work areas;
  o Encrypting sensitive customer information when it is transmitted electronically via public networks;
  o Referring calls or other requests for customer information to designated individuals who have been trained in how your company safeguards personal data; and
  o Reporting suspicious attempts to obtain customer information to designated personnel.
➢ Regularly reminding all employees of your company's policy — and the legal requirement — to keep customer information secure and confidential. For example, consider posting reminders about their responsibility for security in areas where customer information is stored, like file rooms.
➢ Developing policies for employees who telecommute. For example, consider whether or how employees should be allowed to keep or access customer data at home. Also, require employees who use personal computers to store or access customer data to use protections against viruses, spyware, and other unauthorized intrusions.
➢ Imposing disciplinary measures for security policy violations.

La última y más importante parte de su plan es que usted evalúe constantemente su programa. Cada año hacer cambios de impuestos porque las leyes fiscales cambian. La tecnología que nos rodea cambia constantemente y la forma en que los delincuentes quieren usar la información robada cambia. Sus tácticas para engañar a las personas para que divulguen información cambian y también deberían hacerlo las formas en que protege la información. La revisión regular de su plan y programa de seguridad de la información es la única manera de mantenerse a la vanguardia, y es requerido por la Regla de Salvaguardias.

La FTC en su sitio web sugiere que considere lo siguiente al desarrollar su plan de seguridad, políticas y procedimientos:

- Verificar referencias o hacer verificaciones de antecedentes antes de contratar empleados que tendrán acceso a la información del cliente.
- Pedir a cada nuevo empleado que firme un acuerdo para seguir los estándares de confidencialidad y seguridad de su empresa para manejar la información del cliente.
- Limitar el acceso a la información del cliente a los empleados que tienen una razón comercial para verla. Por ejemplo, proporcione a los empleados que responden a las consultas de los clientes acceso a los archivos de los clientes, pero solo en la medida en que lo necesiten para hacer su trabajo.
- Controlar el acceso a información confidencial al exigir a los empleados que usen contraseñas "seguras" que deben cambiarse regularmente. (Las contraseñas difíciles de descifrar requieren el uso de al menos seis caracteres, letras mayúsculas y minúsculas, y una combinación de letras, números y símbolos).
- Usar protectores de pantalla activados por contraseña para bloquear las computadoras de los empleados después de un período de inactividad.
- Desarrollar políticas para el uso adecuado y la protección de computadoras portátiles, PDA, teléfonos celulares u otros dispositivos móviles. Por ejemplo, asegúrese de que los empleados almacenen estos dispositivos en un lugar seguro cuando no estén en uso. Además, tenga en cuenta que la información del cliente en archivos cifrados estará mejor protegida en caso de robo de dicho dispositivo.
- Capacitar a los empleados para que tomen medidas básicas para mantener la seguridad, confidencialidad e integridad de la información del cliente, que incluyen:
  - Cerrar las salas y archivadores donde se guardan los registros;
  - No compartir o publicar abiertamente las contraseñas de los empleados en las áreas de trabajo;
  - Cifrar la información confidencial del cliente cuando se transmite electrónicamente a través de redes públicas;
  - Remitir llamadas u otras solicitudes de información del cliente a personas designadas que hayan sido capacitadas sobre cómo su empresa protege los datos personales; y
  - Reportar intentos sospechosos de obtener información del cliente al personal designado.
- Recordar regularmente a todos los empleados la política de su empresa, y el requisito legal, para mantener la información del cliente segura y confidencial. Por ejemplo, considere publicar recordatorios sobre su responsabilidad por la seguridad en áreas donde se almacena la información del cliente, como salas de archivos.
- Desarrollar políticas para los empleados que teletrabajan. Por ejemplo, considere si se debe permitir a los empleados mantener o acceder a los datos de los clientes en casa. Además, exija a los empleados que usan computadoras personales que almacenen o accedan a los datos de los clientes que usen protecciones contra virus, spyware y otras intrusiones no autorizadas.
- Imponer medidas disciplinarias por violaciones de la política de seguridad.

➤ Preventing terminated employees from accessing customer information by immediately deactivating their passwords and usernames and taking other appropriate measures.

Information Systems

Information systems include network and software design, and information processing, storage, transmission, retrieval, and disposal. Here are some suggestions on maintaining security throughout the life cycle of customer information, from data entry to data disposal:

➤ Know where sensitive customer information is stored and store it securely. Make sure only authorized employees have access. For example:
  o Ensure that storage areas are protected against destruction or damage from physical hazards, like fire or floods.
  o Store records in a room or cabinet that is locked when unattended.
  o When customer information is stored on a server or other computer, guarantee the computer is accessible only with a "strong" password and is kept in a physically-secure area.
  o Where possible, avoid storing sensitive customer data on a computer with an internet connection.
  o Maintain secure backup records and keep archived data secure by storing it off-line and in a physically-secure area.
  o Maintain a careful inventory of your company's computers and any other equipment on which customer information may be stored.

➤ Take steps to ensure the secure transmission of customer information. For example:
  o When you transmit credit card information or other sensitive financial data, use a Secure Sockets Layer (SSL) or other secure connection, so the information is protected in transit.
  o If you collect information online directly from customers, make secure transmission automatic. Caution customers against transmitting sensitive data, like account numbers, via email or in response to an unsolicited email or pop-up message.
  o If you must transmit sensitive data by email over the internet, be sure to encrypt the data.

➤ Dispose of customer information in a secure way and, where applicable, consistent with the FTC's Disposal Rule. For example:
  o Consider designating or hiring a records retention manager to supervise the disposal of records containing customer information. If you hire an outside disposal company, conduct due diligence beforehand by checking references or requiring the company be certified by a recognized industry group.
  o Burn, pulverize, or shred papers containing customer information so the information cannot be read or reconstructed.
  o Destroy or erase data when disposing of computers, disks, CDs, magnetic tapes, hard drives, laptops, PDAs, cell phones, or any other electronic media or hardware containing customer information.

➤ Detecting and Managing System Failures. Effective security management requires your company to deter, detect, and defend against security breaches.
  o That means taking reasonable steps to prevent attacks, quickly diagnosing a security incident, and having a plan in place for responding effectively. Consider implementing the following procedures:

➢ Evitar que los empleados despedidos accedan a la información del cliente desactivando inmediatamente sus contraseñas y nombres de usuario y tomando otras medidas apropiadas.

Sistemas de Información

Los sistemas de información incluyen el diseño de redes y software, y el procesamiento, almacenamiento, transmisión, recuperación y eliminación de información. Aquí hay algunas sugerencias para mantener la seguridad durante todo el ciclo de vida de la información del cliente, desde la entrada de datos hasta la eliminación de datos:

➢ Sepa dónde se almacena la información confidencial del cliente y almacénela de forma segura. Asegúrese de que solo los empleados autorizados tengan acceso. Por ejemplo:
  o Asegúrese de que las áreas de almacenamiento estén protegidas contra la destrucción o el daño causado por peligros físicos, como incendios o inundaciones.
  o Almacene los registros en una habitación o gabinete que esté cerrado con llave cuando esté desatendido.
  o Cuando la información del cliente se almacena en un servidor u otra computadora, asegúrese de que la computadora sea accesible solo con una contraseña "segura" y se mantenga en un área físicamente segura.
  o Siempre que sea posible, evite almacenar datos confidenciales del cliente en una computadora con conexión a Internet.
  o Mantenga registros de copia de seguridad seguros y mantenga seguros los datos archivados almacenándolos fuera de línea y en un área físicamente segura.
  o Mantenga un inventario cuidadoso de las computadoras de su empresa y cualquier otro equipo en el que se pueda almacenar la información del cliente.

➢ Tomar medidas para garantizar la transmisión segura de la información del cliente. Por ejemplo:
  o Cuando transmita información de tarjetas de crédito u otros datos financieros confidenciales, utilice Secure Sockets Layer (SSL) u otra conexión segura, para que la información esté protegida en tránsito.
  o Si recopila información en línea directamente de los clientes, haga que la transmisión segura sea automática. Advierta a los clientes que no transmitan datos confidenciales, como números de cuenta, por correo electrónico o en respuesta a un correo electrónico no solicitado o mensaje emergente.
  o Si debe transmitir datos confidenciales por correo electrónico a través de Internet, asegúrese de cifrar los datos.

➢ Deseche la información del cliente de manera segura y, cuando corresponda, de conformidad con la Regla de Eliminación de la FTC. Por ejemplo:
  o Considere designar o contratar a un administrador de retención de registros para supervisar la eliminación de registros que contienen información del cliente. Si contrata a una empresa de eliminación externa, realice la debida diligencia de antemano verificando las referencias o exigiendo que la empresa esté certificada por un grupo industrial reconocido.
  o Queme, pulverice o triture papeles que contengan información del cliente para que la información no pueda ser leída o reconstruida.
  o Destruir o borrar datos al desechar computadoras, discos, CD, cintas magnéticas, discos duros, computadoras portátiles, PDA, teléfonos celulares o cualquier otro medio electrónico o hardware que contenga información del cliente.

➢ Detección y gestión de fallos del sistema. La gestión eficaz de la seguridad requiere que su empresa disuada, detecte y defienda contra las violaciones de seguridad.
  o Eso significa tomar medidas razonables para prevenir ataques, diagnosticar rápidamente un incidente de seguridad y tener un plan para responder de manera efectiva. Considere la posibilidad de implementar los siguientes procedimientos:

- Monitoring the websites of your software vendors and reading relevant industry publications for news about emerging threats and available defenses.
➢ Maintaining up-to-date and appropriate programs and controls to prevent unauthorized access to customer information. Be sure to:
    o check with software vendors regularly to get and install patches that resolve software vulnerabilities;
    o use anti-virus and anti-spyware software that updates automatically;
    o maintain up-to-date firewalls, particularly if you use a broadband internet connection or allow employees to connect to your network from home or other off-site locations;
    o regularly ensure that ports not used for your business are closed; and
    o promptly pass along information and instructions to employees regarding any new security risks or possible breaches.
➢ Using appropriate oversight or audit procedures to detect the improper disclosure or theft of customer information. It's wise to:
    o keep logs of activity on your network and monitor them for signs of unauthorized access to customer information;
    o use an up-to-date intrusion detection system to alert you of attacks;
    o monitor both in- and out-bound transfers of information for indications of a compromise, such as unexpectedly large amounts of data being transmitted from your system to an unknown user; and
    o insert a dummy account into each of your customer lists and monitor the account to detect any unauthorized contacts or charges.
➢ Taking steps to preserve the security, confidentiality, and integrity of customer information in the event of a breach. If a breach occurs:
    o take immediate action to secure any information that has or may have been compromised. For example, if a computer connected to the internet is compromised, disconnect the computer from the internet;
    o preserve and review files or programs that may reveal how the breach occurred; and
    o if feasible and appropriate, bring in security professionals to help assess the breach as soon as possible.
➢ Consider notifying consumers, law enforcement, and/or businesses in the event of a security breach. For example:
    o notify consumers if their personal information is subject to a breach that poses a significant risk of identity theft or related harm;
    o notify law enforcement if the breach may involve criminal activity or there is evidence the breach has resulted in identity theft or related harm;
    o notify the credit bureaus and other businesses that may be affected by the breach. See Information Compromise and the Risk of Identity Theft: Guidance for Your Business; and
    o check to see if breach notification is required under applicable state law.

- Monitorear los sitios web de sus proveedores de software y leer publicaciones relevantes de la industria para obtener noticias sobre amenazas emergentes y defensas disponibles.

➢ Mantener programas y controles actualizados y apropiados para evitar el acceso no autorizado a la información del cliente. Asegúrese de:
  - consulte con los proveedores de software regularmente para obtener e instalar parches que resuelvan las vulnerabilidades del software;
  - utilizar software antivirus y antispyware que se actualice automáticamente;
  - mantener firewalls actualizados, especialmente si utiliza una conexión a Internet de banda ancha o permite que los empleados se conecten a su red desde su hogar u otras ubicaciones externas;
  - asegúrese regularmente de que los puertos no utilizados para su negocio estén cerrados; y
  - Transmita rápidamente información e instrucciones a los empleados con respecto a cualquier nuevo riesgo de seguridad o posibles infracciones.

➢ Usar procedimientos apropiados de supervisión o auditoría para detectar la divulgación indebida o el robo de información del cliente. Es prudente:
  - mantener registros de actividad en su red y monitorearlos para detectar signos de acceso no autorizado a la información del cliente;
  - utilizar un sistema de detección de intrusos actualizado para alertarle de los ataques;
  - supervisar las transferencias de información entrantes y salientes en busca de indicios de un compromiso, como cantidades inesperadamente grandes de datos que se transmiten desde su sistema a un usuario desconocido; y
  - Inserte una cuenta ficticia en cada una de sus listas de clientes y supervise la cuenta para detectar contactos o cargos no autorizados.

➢ Tomar medidas para preservar la seguridad, confidencialidad e integridad de la información del cliente en caso de una violación. Si se produce una infracción:
  - Tome medidas inmediatas para proteger cualquier información que haya sido o pueda haber sido comprometida. Por ejemplo, si una computadora conectada a Internet está comprometida, desconecte la computadora de Internet;
  - conservar y revisar archivos o programas que puedan revelar cómo ocurrió la violación; y
  - Si es factible y apropiado, traiga profesionales de seguridad para ayudar a evaluar la violación lo antes posible.

➢ Considere notificar a los consumidores, las fuerzas del orden público y / o las empresas en caso de una violación de seguridad. Por ejemplo:
  - notificar a los consumidores si su información personal está sujeta a una violación que representa un riesgo significativo de robo de identidad o daño relacionado;
  - notificar a la policía si la violación puede involucrar actividad criminal o si hay evidencia de que la violación ha resultado en robo de identidad o daño relacionado;
  - Notificar a las agencias de crédito y otras empresas que puedan verse afectadas por la violación. Consulte Compromiso de información y el riesgo de robo de identidad: orientación para su negocio; y
  - Verifique si la ley estatal aplicable requiere una notificación de incumplimiento.

3.3 Overview and Expiration of Individual Taxpayer Identification Number (ITINs) (Notice 2016-48)

An ITIN is a tax processing number, issued by the IRS, for certain resident and nonresident aliens, their spouses, and their dependents. It is a nine-digit number beginning with the number 9. The IRS started issuing ITINs in 1996 and required foreign individuals to use an ITIN as their unique identification number on federal tax returns. With ITINs, taxpayers can be effectively identified, and their tax returns processed efficiently.

ITINs play a critical role in the tax administration process and assist with the collection of taxes from foreign nationals, nonresident aliens, and others who have filing or payment obligations under U.S. tax law. Even when other institutions might use ITINs for other purposes, the IRS states that ITINs are for federal tax reporting only and are not intended to serve any other purpose. The IRS issues ITINs to help individuals comply with the U.S. tax laws, and to provide a means to efficiently process and account for tax returns and payments for those not eligible for Social Security numbers (SSNs).

Only individuals who have a valid filing requirement, a withholding requirement, or are filing a U.S. federal income tax return to claim a refund of over-withheld tax are eligible to receive an ITIN. The ITIN does not provide Social Security benefits, is not valid for identification outside of the tax system and does not change immigration status. The ITIN holder enters their ITIN in the space provided for the SSN when completing and filing their federal income tax return.

The IRS is enhancing compliance activities relating to certain credits, including the child tax credit. The changes will improve the ability of the IRS to review returns claiming this credit, including those returns utilizing ITINs for dependents. For example, additional residency information will be required on Schedule 8812, Child Tax Credit, to ensure the eligibility criteria for the credit has been met. For more information: https://www.irs.gov/individuals/individual-taxpayer-identification-number.

Information derived from the ITIN process will be better utilized in the refund verification process. New pre-refund screening filters were put in place during filing season 2013 to flag returns for audits that claimed questionable refundable credits. Increased compliance resources will also be deployed to address questionable returns in this area. As part of these overall efforts, ITIN holders may be asked to revalidate their ITIN status as part of certain audits to help ensure the numbers are used appropriately.

ITINs not used on a federal tax return at least once during the past three years are no longer valid.

The new, more uniform policy applies to any ITIN regardless of when it was issued. Only about a quarter of the 21 million ITINs issued since the program began in 1996 are being used on tax returns. The new policy will ensure that anyone who legitimately uses an ITIN for tax purposes can continue to do so while at the same time resulting in the likely eventual expiration of millions of unused ITINs.

3.3 Descripción general y vencimiento del número de identificación individual del contribuyente (ITIN) (Aviso 2016-48)

Un ITIN es un número de procesamiento de impuestos, emitido por el IRS, para ciertos extranjeros residentes y no residentes, sus cónyuges y sus dependientes. Es un número de nueve dígitos que comienza con el número 9. El IRS comenzó a emitir ITIN en 1996 y requirió que las personas extranjeras usaran un ITIN como su número de identificación único en las declaraciones de impuestos federales. Con los ITIN, los contribuyentes pueden ser identificados de manera efectiva y sus declaraciones de impuestos procesadas de manera eficiente.

Los ITIN desempeñan un papel fundamental en el proceso de administración tributaria y ayudan con la recaudación de impuestos de ciudadanos extranjeros, extranjeros no residentes y otros que tienen obligaciones de presentación o pago bajo la ley tributaria de los Estados Unidos. Incluso cuando otras instituciones pueden usar ITIN para otros fines, el IRS establece que los ITIN son solo para informes de impuestos federales y no están destinados a servir para ningún otro propósito. El IRS emite ITIN para ayudar a las personas a cumplir con las leyes tributarias de los Estados Unidos y para proporcionar un medio para procesar y contabilizar de manera eficiente las declaraciones de impuestos y los pagos para aquellos que no son elegibles para los números de Seguro Social (SSN).

Solo las personas que tienen un requisito de presentación válido, un requisito de retención o que presentan una declaración de impuestos federales de los Estados Unidos para reclamar un reembolso de impuestos retenidos en exceso son elegibles para recibir un ITIN. El ITIN no proporciona beneficios del Seguro Social, no es válido para la identificación fuera del sistema tributario y no cambia el estatus migratorio. El titular de ITIN ingresa su ITIN en el espacio provisto para el SSN al completar y presentar su declaración de impuestos federales.

El IRS está mejorando las actividades de cumplimiento relacionadas con ciertos créditos, incluido el crédito tributario por hijos. Los cambios mejorarán la capacidad del IRS para revisar las declaraciones que reclaman este crédito, incluidas las declaraciones que utilizan ITIN para dependientes. Por ejemplo, se requerirá información adicional de residencia en el Anexo 8812, Crédito tributario por hijos, para garantizar que se cumplan los criterios de elegibilidad para el crédito. Para más información: https://www.irs.gov/individuals/individual-taxpayer-identification-number.

La información derivada del proceso ITIN se utilizará mejor en el proceso de verificación de reembolso. Se implementaron nuevos filtros de detección previos al reembolso durante la temporada de presentación de 2013 para marcar las declaraciones de auditorías que reclamaban créditos reembolsables cuestionables. También se desplegarán mayores recursos de cumplimiento para abordar las declaraciones cuestionables en esta área. Como parte de estos esfuerzos generales, se les puede pedir a los titulares de ITIN que revaliden su estado de ITIN como parte de ciertas auditorías para ayudar a garantizar que los números se utilicen adecuadamente.

Los ITIN que no se usan en una declaración de impuestos federales al menos una vez durante los últimos tres años ya no son válidos.

La nueva política, más uniforme, se aplica a cualquier ITIN, independientemente de cuándo se emitió. Solo alrededor de una cuarta parte de los 21 millones de ITIN emitidos desde que comenzó el programa en 1996 se están utilizando en las declaraciones de impuestos. La nueva política garantizará que cualquier persona que utilice legítimamente un ITIN con fines fiscales pueda continuar haciéndolo y, al mismo tiempo, resultará en la probable expiración eventual de millones de ITIN no utilizados.

➢ Your ITIN may expire before you file a tax return in 2022. All ITINs not used on a federal tax return at least once in the last three years expired on December 31, 2020.

➢ If you need to file a tax return in 2022, the IRS recommends you submit a Form W-7, Application for IRS Individual Taxpayer Identification Number, or Formulario W-7 (SP), Solicitud de Número del Identificación Personal del Contribuyente del Servicio de Impuestos Internos, now to renew your ITIN.

The IRS has implemented a change to the list of document types that Certifying Acceptance Agents (CAAs) are authorized to authenticate and submit with Individual Taxpayer Identification Number (ITIN) client's applications.

A recent audit by the Treasury Inspector General for Tax Administration found there was no forensic training on foreign military identification cards available to CAAs. Based on these findings, the IRS has eliminated the foreign military identification card from the list of 13 types of documents that a CAA may authenticate for an ITIN application. Foreign military identification cards represent a nominal percentage of submissions from all applicants. After the proposed change is implemented, applicants will continue to be able to use these documents to obtain ITINs if they present them directly to the IRS either by mail or in person at a Taxpayer Assistance Center.

3.4 Preparer Penalties (inflation adjustments to penalty amounts found in Rev Proc 2022-38)

This section will cover penalties that a paid tax preparer could be assessed based on the tax return preparation.

Failure to Furnish Tax Return Copy to Taxpayer

The penalty for the paid tax preparer is $50 for each failure to comply with IRC §6107 regarding furnishing a copy of a return or claim to a taxpayer. The maximum penalty imposed on any tax return preparer shall not exceed $27,000 (tax year 2022) in a calendar year. See IRC, §6695(a).

Failure to Sign Return

The penalty for each failure to sign a return or claim for refund as required by regulations is $55 for the paid tax preparer. The maximum penalty imposed on any tax return preparer shall not exceed $28,000 (tax year 2023) in a calendar year. See IRC, §6695(b).

A tax return is not considered valid unless it is signed. If the filing status is MFJ, both the taxpayer and spouse must sign the return. If the taxpayer and spouse have a representative sign the return for them, Form 2848 must be attached. If the taxpayer is filing a joint return, and he/she is the surviving spouse, the taxpayer must sign the return stating he/she is filing as the surviving spouse. The taxpayer and spouse (if filing jointly) must date the return and enter their occupation(s) and a daytime phone number. See Publication 501 and IRC §6695(b).

> ➤ Su ITIN puede expirar antes de presentar una declaración de impuestos en 2022. Todos los ITIN no utilizados en una declaración de impuestos federales al menos una vez en los últimos tres años expiraron el 31 de diciembre de 2020.
> ➤ Si necesita presentar una declaración de impuestos en 2022, el IRS recomienda que presente un Formulario W-7, Solicitud de Número de Identificación Personal del Contribuyente del Servicio de Impuestos Internos del IRS, o Formulario W-7 (SP), Solicitud de Número de Identificación Personal del Contribuyente del Servicio de Impuestos Internos, ahora para renovar su ITIN.

El IRS ha implementado un cambio en la lista de tipos de documentos que los Agentes de Aceptación Certificadores (CAA) están autorizados a autenticar y enviar con las solicitudes del cliente del Número de Identificación Personal del Contribuyente (ITIN).

Una auditoría reciente realizada por el Inspector General del Tesoro para la Administración Tributaria encontró que no había capacitación forense en tarjetas de identificación militar extranjeras disponibles para las CAA. Con base en estos hallazgos, el IRS ha eliminado la tarjeta de identificación militar extranjera de la lista de 13 tipos de documentos que una CAA puede autenticar para una solicitud ITIN. Las tarjetas de identificación militar extranjeras representan un porcentaje nominal de las presentaciones de todos los solicitantes. Después de que se implemente el cambio propuesto, los solicitantes continuarán pudiendo usar estos documentos para obtener ITIN si los presentan directamente al IRS, ya sea por correo o en persona en un Centro de Asistencia al Contribuyente.

3.4 Sanciones del preparador (ajustes por inflación a los montos de las multas que se encuentran en Rev Proc 2022-38)

Esta sección cubrirá las multas que un preparador de impuestos pagado podría evaluar en función de la preparación de la declaración de impuestos.

No proporcionar copia de la declaración de impuestos al contribuyente

La multa para el preparador de impuestos pagado es de $50 por cada incumplimiento con IRC §6107 con respecto a proporcionar una copia de una declaración o reclamo a un contribuyente. La multa máxima impuesta a cualquier preparador de declaraciones de impuestos no excederá los $27,000 (año fiscal 2022) en un año calendario. Véase IRC, §6695(a).

Falta de firma de la declaración

La multa por cada falta de firma de una declaración o reclamo de reembolso según lo requerido por las regulaciones es de $55 para el preparador de impuestos pagado. La multa máxima impuesta a cualquier preparador de declaraciones de impuestos no excederá los $28,000 (año tributario 2023) en un año calendario. Véase IRC, §6695(b).

Una declaración de impuestos no se considera válida a menos que esté firmada. Si el estado civil es MFJ, tanto el contribuyente como el cónyuge deben firmar la declaración. Si el contribuyente y el cónyuge tienen un representante que firma la declaración por ellos, se debe adjuntar el Formulario 2848. Si el contribuyente está presentando una declaración conjunta, y él / ella es el cónyuge sobreviviente, el contribuyente debe firmar la declaración indicando que está presentando como el cónyuge sobreviviente. El contribuyente y el cónyuge (si presentan conjuntamente) deben fechar la declaración e ingresar su(s) ocupación(es) y un número de teléfono durante el día. Consulte la Publicación 501 y el IRC §6695(b).

If the taxpayer received an identity protection PIN (IP PIN), he/she would enter it in the boxes. The tax professional does not enter it for the taxpayer. If the taxpayer has misplaced his/her IP PIN, the taxpayer should notify the IRS by telephone at 1-800-908-4490. The IP PIN is a 6-digit number.

When filing the return electronically, the return must still be signed using a personal identification number (PIN)—this is not the same number as the IP PIN. There are two ways to enter the PIN: self-select or practitioner PIN. The self-select PIN method allows the taxpayer and spouse (if filing jointly) to create their own PIN and enter it as their electronic signature. The practitioner PIN method allows the taxpayer to authorize the tax practitioner to generate or enter the PIN for the taxpayer(s). A PIN is a five-digit combination that can be any number except all zeros.

> *Señor 1040 Says:* There is a difference between the electronically-filed PIN and the IP PIN. Do not mix up these numbers.

Preparers Failure to Furnish Identifying Number

The penalty is $55 for each failure to comply with IRC §6109(a)(4) regarding furnishing an identifying number on a return or claim. The maximum penalty imposed on any tax return preparer shall not exceed $28,000 (tax year 20232) in a calendar year. See IRC §6695(c).

Preparer's Failure to Retain a Copy or List of Tax Return

The penalty is $55 for each failure to comply with IRC §6107(b) regarding retaining a copy or list of a return or claim. The maximum penalty imposed on any tax return preparer shall not exceed $28,000 in a return period. See IRC §6695(d). This list is which tax returns you completed for the current tax year. The preparer must maintain records for 4 years.

Preparers Filing Information Returns Incorrectly

If the tax professional is negligent or intentionally files incorrect information returns, the penalty is $55 per return or item on the return, with a maximum penalty of $28,000 (tax year 2023). See IRC §6695(e).

Preparer Endorses Others Checks

If the tax preparer endorses or negotiates any check payable to another person, the penalty is $560.00 per check. See IRC §6695(f).

Failure to be Thorough in Due Diligence

The penalty is $560 for each failure if the tax preparer prepares an erroneous tax return for a head of household filing status and is claiming any of the following credits:

Si el contribuyente recibiera un PIN de protección de identidad (IP pin), lo ingresaría en las casillas. El profesional de impuestos no lo ingresa para el contribuyente. Si el contribuyente ha extraviado su IP PIN, el contribuyente debe notificar al IRS por teléfono al 1-800-908-4490. El IP PIN es un número de 6 dígitos.

Al presentar la declaración electrónicamente, la declaración aún debe firmarse con un número de identificación personal (PIN), que no es el mismo número que el IP PIN. Hay dos formas de introducir el PIN: autoselección o PIN de practicante. El método de autoselección de PIN permite al contribuyente y al cónyuge (si presentan una declaración conjunta) crear su propio PIN e ingresarlo como su firma electrónica. El método PIN del practicante permite al contribuyente autorizar al profesional de impuestos a generar o ingresar el PIN para el(los) contribuyente(s). Un PIN es una combinación de cinco dígitos que puede ser cualquier número excepto todos los ceros.

Señor 1040 dice: Hay una diferencia entre el PIN archivado electrónicamente y el PIN IP. No mezcle estos números.

Los preparadores no proporcionan el número de identificación

La multa es de $55 por cada incumplimiento del IRC §6109(a)(4) con respecto a proporcionar un número de identificación en una declaración o reclamo. La multa máxima impuesta a cualquier preparador de declaraciones de impuestos no excederá los $28,000 (año tributario 20232) en un año calendario. Consulte IRC §6695(c).

El preparador no retiene una copia o lista de la declaración de impuestos

La multa es de $55 por cada incumplimiento de IRC §6107(b) con respecto a retener una copia o lista de una declaración o reclamo. La multa máxima impuesta a cualquier preparador de declaraciones de impuestos no excederá los $28,000 en un período de declaración. Consulte IRC §6695(d). Esta lista es las declaraciones de impuestos que completó para el año fiscal actual. El preparador debe mantener registros durante 4 años.

Los preparadores presentan declaraciones de información incorrectamente

Si el profesional de impuestos es negligente o presenta intencionalmente declaraciones de información incorrectas, la multa es de $55 por declaración o artículo en la declaración, con una multa máxima de $28,000 (año fiscal 2023). Consulte IRC §6695(e).

El preparador respalda los cheques de otros

Si el preparador de impuestos endosa o negocia cualquier cheque pagadero a otra persona, la multa es de $560.00 por cheque. Consulte IRC §6695(f).

Falta de minuciosidad en la debida diligencia

La multa es de $560 por cada falla si el preparador de impuestos prepara una declaración de impuestos errónea para un Cabeza de familia y reclama cualquiera de los siguientes créditos:

- ➢ Additional Child Tax Credit (ACTC) and Child Tax Credit (CTC)
- ➢ American Opportunity Credit (AOC)
- ➢ Earned Income Tax Credit (EITC)
- ➢ Lifetime Learning Credit

See IRC §6695(g).

Preparer's Fraud and False Statements

Fraud is an act of intentional deception designed to exploit a victim. The tax preparer could be guilty of a felony and, upon conviction, a fine of not more than $100,000 ($500,000 in the case of a corporation), imprisonment of not more than three years, and are required to pay for the cost of prosecution. See IRC §7206.

Preparer's Fraudulent Returns, Statements, or Other Documents

Fraud involves the false representation of facts, whether by intentionally withholding important information. The tax preparer could be guilty of a misdemeanor and, upon conviction, a fine of not more than $10,000 ($50,000 in the case of a corporation), imprisonment of not more than one year. See IRC §7207.

Preparer's Disclosure or Use of Information of Client's Tax Return

The perpetrator of fraud is aware of information that is intended to deceive the victim. The tax preparer could be guilty of a misdemeanor for knowingly or recklessly disclosing information furnished about a tax return or using such information for any purpose other than preparing or assisting in the preparation of such return. Upon conviction, the tax preparer will receive a fine of not more than $1,000, imprisonment for not more than one year, or both as well as paying the costs of prosecution. See IRC §7216.

Preparers Disclosure or Use of Taxpayer Information

This penalty applies to disclosures or uses made on or after July 1, 2019. The tax preparer who uses or disclose taxpayer information without permission will be penalized $250 for each unauthorized disclosure and up to $10,000 in a calendar year. The following is an example of unauthorized disclosure. Watson gave his personal information to Chuck to prepare his tax return. Chuck is also an insurance agent. He added Watson's information to his insurance database, without Watson agreement.

If Chuck used Watson's information to commit identity theft, then the penalty is $1,000 for each use or disclosure and the maximum assessed is not greater than $50,000 in a calendar year. See IRC §6713.

Preparer's Incompetence and Disreputable Conduct

The following is a summary of what is incompetent and disreputable conduct for which a practitioner may be sanctioned. The following was extracted from Circular 230 §10.51.

1. Conviction of any criminal offense under federal tax laws.
2. Conviction of any criminal offense involving dishonesty or breach of trust.

> ➤ Crédito tributario adicional por hijos (ACTC) y crédito tributario por hijos (CTC)
> ➤ Crédito de Oportunidad Americana (AOC)
> ➤ Crédito Tributario por Ingreso del Trabajo (EITC)
> ➤ Crédito de aprendizaje de por vida

Consulte IRC §6695(g).

Fraude del preparador y declaraciones falsas

El fraude es un acto de engaño intencional diseñado para explotar a una víctima. El preparador de impuestos podría ser culpable de un delito grave y, tras la condena, una multa de no más de $100,000 ($500,000 en el caso de una corporación), prisión de no más de tres años, y debe pagar el costo del enjuiciamiento. Consulte IRC §7206.

Devoluciones, estados de cuenta u otros documentos fraudulentos del preparador

El fraude implica la representación falsa de los hechos, ya sea mediante la retención intencional de información importante. El preparador de impuestos podría ser culpable de un delito menor y, tras la condena, una multa de no más de $10,000 ($50,000 en el caso de una corporación), prisión de no más de un año. Consulte IRC §7207.

Divulgación o uso por parte del preparador de la información de la declaración de impuestos del cliente

El autor del fraude es consciente de la información que tiene la intención de engañar a la víctima. El preparador de impuestos podría ser culpable de un delito menor por revelar a sabiendas o imprudentemente información proporcionada sobre una declaración de impuestos o usar dicha información para cualquier otro propósito que no sea preparar o ayudar en la preparación de dicha declaración. Tras la condena, el preparador de impuestos recibirá una multa de no más de $1,000, prisión por no más de un año, o ambos, así como el pago de los costos del enjuiciamiento. Consulte IRC §7216.

Divulgación o uso de la información del contribuyente por parte de los preparadores

Esta multa se aplica a las divulgaciones o usos realizados a partir del 1 de julio de 2019. El preparador de impuestos que use o divulgue información del contribuyente sin permiso será penalizado con $250 por cada divulgación no autorizada y hasta $10,000 en un año calendario. El siguiente es un ejemplo de divulgación no autorizada. Watson le dio su información personal a Chuck para preparar su declaración de impuestos. Chuck también es agente de seguros. Agregó la información de Watson a su base de datos de seguros, sin el acuerdo de Watson.

Si Chuck usó la información de Watson para cometer robo de identidad, entonces la multa es de $1,000 por cada uso o divulgación y el máximo evaluado no es mayor de $50,000 en un año calendario. Consulte IRC §6713.

Incompetencia y conducta de mala reputación del preparador

El siguiente es un resumen de lo que es una conducta incompetente y de mala reputación por la cual un profesional puede ser sancionado. Lo siguiente fue extraído de la Circular 230 §10.51.

1. Condena por cualquier delito penal bajo las leyes fiscales federales.
2. Condena de cualquier delito penal que implique deshonestidad o abuso de confianza.

3. Conviction of any felony under federal or state law for which the conduct involved renders the practitioner unfit to practice before the IRS.
4. Giving false or misleading information or participating in any way in the giving of false or misleading information to the Department of the Treasury or any officer or employee.
5. Solicitation of employment as prohibited under section §10.30, the use of false or misleading representations with intent to deceive a client or prospective client to gain employment or insinuate that the practitioner can obtain special consideration with the IRS, or any officer or employee.
6. Willfully failing to make a federal tax return in violation of the federal tax laws or willfully evading or attempting to evade any assessment or payment of any federal tax.
7. Willfully assisting, counseling, encouraging a client or prospective client to violate any federal tax law, or knowingly counseling or suggesting to a client an illegal plan to evade paying federal tax.
8. Misappropriation of, or failure to remit properly or promptly, funds received from a client for the payment of taxes or other obligations due the United States.
9. Directly or indirectly attempting to influence or offer or agree to attempt to influence the official action of any officer or employee of the IRS using threats, false accusations, duress, or coercion, or any special inducement or promise of an advantage or by bestowing of any gift, favor, or item of value.
10. Disbarment or suspension from practice as an attorney, certified public accountant, public accountant, or actuary by any duly constituted authority of any state, territory, or possession of the United States, including a commonwealth or the District of Columbia, any federal court of record, or any federal agency, body, or board.
11. Knowingly aiding and abetting another person to practice before the IRS during a suspension, disbarment, or ineligibility of such other individual.
12. Contemptuous conduct in connection with practice before the IRS, including the use of abusive language, making false accusations or statements, knowing them to be false, or circulating or publishing malicious or libelous matter.
13. Giving a false opinion, knowingly recklessly or through gross incompetence including an opinion that is intentionally or recklessly misleading or engaging in a pattern of providing incompetent opinions on questions arising from federal tax laws.
14. Willfully failing to sign a tax return prepared by the practitioner when the practitioner's signature is required by federal tax laws unless the failure is due to reasonable cause and not due to neglect.
15. Willfully disclosing or otherwise using a tax return or tax return information in a manner not authorized by the IRC, contrary to the order of a court of competent jurisdiction or contrary to the order of an administrative law judge in a proceeding instituted under §10.60.
16. Willfully failing to file on magnetic or other electronic media a tax return prepared by the practitioner when the practitioner is required to do so by federal tax laws unless the failure is due to reasonable cause and not due to neglect.
17. Willfully preparing all or substantially all, or signing, a tax return or claim for refund when the practitioner does not possess a current or otherwise valid PTIN or other prescribed identifying number.
18. Willfully representing a taxpayer before an officer or employee of the IRS unless the practitioner is authorized to do so.

3. Condena de cualquier delito grave bajo la ley federal o estatal para la cual la conducta involucrada hace que el profesional no sea apto para ejercer ante el IRS.

4. Dar información falsa o engañosa o participar de cualquier manera en la entrega de información falsa o engañosa al Departamento del Tesoro o a cualquier funcionario o empleado.

5. Solicitud de empleo según lo prohibido por la sección §10.30, el uso de representaciones falsas o engañosas con la intención de engañar a un cliente o posible cliente para obtener empleo o insinuar que el profesional puede obtener una consideración especial con el IRS, o cualquier funcionario o empleado.

6. No hacer intencionalmente una declaración de impuestos federales en violación de las leyes fiscales federales o evadir o intentar evadir intencionalmente cualquier evaluación o pago de cualquier impuesto federal.

7. Ayudar intencionalmente, aconsejar, alentar a un cliente o posible cliente a violar cualquier ley tributaria federal, o aconsejar o sugerir a sabiendas a un cliente un plan ilegal para evadir el pago de impuestos federales.

8. Apropiación indebida de, o falta de remitir adecuada o rápidamente, fondos recibidos de un cliente para el pago de impuestos u otras obligaciones adeudadas a los Estados Unidos.

9. Directa o indirectamente intentar influir u ofrecer o intentar influir en la acción oficial de cualquier funcionario o empleado del IRS usando amenazas, acusaciones falsas, coacción o coerción, o cualquier incentivo especial o promesa de una ventaja u otorgando cualquier regalo, favor o artículo de valor.

10. Inhabilitación o suspensión de la práctica como abogado, contador público certificado, contador público o actuario por cualquier autoridad debidamente constituida de cualquier estado, territorio o posesión de los Estados Unidos, incluido un estado libre asociado o el Distrito de Columbia, cualquier tribunal federal de registro o cualquier agencia, organismo o junta federal.

11. Ayudar e instigar a sabiendas a otra persona a practicar ante el IRS durante una suspensión, inhabilitación o inelegibilidad de dicha otra persona.

12. Conducta despectiva en relación con la práctica ante el IRS, incluido el uso de lenguaje abusivo, hacer acusaciones o declaraciones falsas, saber que son falsas o circular o publicar material malicioso o difamatorio.

13. Dar una opinión falsa, a sabiendas imprudentemente o por incompetencia grave, incluida una opinión que sea intencional o imprudentemente engañosa o participar en un patrón de proporcionar opiniones incompetentes sobre cuestiones que surjan de las leyes fiscales federales.

14. No firmar intencionalmente una declaración de impuestos preparada por el profesional cuando la firma del practicante es requerida por las leyes fiscales federales, a menos que el incumplimiento se deba a una causa razonable y no a negligencia.

15. Divulgar intencionalmente o utilizar de otra manera una declaración de impuestos o información de declaración de impuestos de una manera no autorizada por el IRC, contraria a la orden de un tribunal de jurisdicción competente o contraria a la orden de un juez de derecho administrativo en un procedimiento iniciado bajo §10.60.

16. No presentar intencionalmente en medios magnéticos u otros medios electrónicos una declaración de impuestos preparada por el profesional cuando el profesional está obligado a hacerlo por las leyes fiscales federales, a menos que la falla se deba a una causa razonable y no a negligencia.

17. Preparar intencionalmente todo o sustancialmente todo, o firmar, una declaración de impuestos o reclamo de reembolso cuando el profesional no posee un PTIN actual o válido u otro número de identificación prescrito.

18. Representar intencionalmente a un contribuyente ante un funcionario o empleado del IRS a menos que el profesional esté autorizado para hacerlo.

Penalties vary depending on the type of incompetence and disreputable conduct. For example, if the preparer understated based on unreasonable position the penalty could be the greater of $250 or 50% of income obtained.

Preparers Understatement Due to Unreasonable Positions

If the preparer takes an unreasonable position for the tax return or claim for a refund, the penalty is $1,000 or 50% (whichever is greater). See IRC §6694(a).

Preparer's Understatement Due to Willful or Reckless Conduct

The penalty is the greater of $5,000 or 75% of the income derived by the tax return preparer with respect to the return or claim for refund. See IRC §6694(b).

Chapter 17 Action to Enjoin Tax Return Preparers

A federal district court may enjoin a tax return preparer from engaging in certain proscribed conduct, or in extreme cases, from continuing to act as a tax return preparer altogether. See IRC §7407.

Chapter 18 Action to Enjoin a Specified Conduct Related to Tax Shelters and Reportable Transactions

A federal district court may enjoin a person from engaging in certain proscribed conduct including any action, or failure to take action, that is in violation of Circular 230. See IRC §7407.

How the IRS Calculates Penalties

The IRS may calculate tax preparer penalties based on the following:

1. Number of violations
2. Amount of regulations violated
3. Inflation rates
4. How many tax years involved in the penalties

3.5 Tax Preparation Due Diligence (for filing as head of household, earned income tax credit, child tax credit, and American opportunity credit)

Due diligence requirements for Form 8867 include checking the child tax credit, the American opportunity tax credit, the other dependent credit, the earned income tax credit, and the client's eligibility to file as head of household. The paid preparer's due diligence and recordkeeping requirements under IRC section 6695(g) allow for the penalty to be adjusted yearly. If the tax professional does not complete their due diligence, a $560 penalty for each failure can be assessed to the tax preparer.

Las sanciones varían según el tipo de incompetencia y conducta de mala reputación. Por ejemplo, si el preparador subestimó en base a una posición irrazonable, la multa podría ser el mayor de $250 o 50% de los ingresos obtenidos.

Subestimación de los preparadores debido a posiciones irrazonables

Si el preparador toma una posición irrazonable para la declaración de impuestos o reclamo de un reembolso, la multa es de $1,000 o 50% (lo que sea mayor). Consulte IRC §6694(a).

Subestimación del preparador debido a una conducta intencional o imprudente

La multa es la mayor de $5,000 o el 75% de los ingresos derivados por el preparador de la declaración de impuestos con respecto a la declaración o reclamo de reembolso. Consulte IRC §6694(b).

Acción para prohibir a los preparadores de declaraciones de impuestos

Un tribunal federal de distrito puede prohibir a un preparador de declaraciones de impuestos que participe en cierta conducta prohibida o, en casos extremos, que continúe actuando como preparador de declaraciones de impuestos por completo. Consulte IRC §7407.

Acción para prohibir una conducta específica relacionada con refugios fiscales y transacciones reportables

Un tribunal federal de distrito puede prohibir a una persona que participe en cierta conducta proscrita, incluida cualquier acción, o falta de acción, que viole la Circular 230. Consulte IRC §7407.

Cómo calcula el IRS las multas

El IRS puede calcular las multas del preparador de impuestos basándose en lo siguiente:

1. Número de violaciones
2. Cantidad de regulaciones violadas
3. Tasas de inflación
4. Cuántos ejercicios fiscales intervienen en las sanciones

3.5 Diligencia debida de preparación de impuestos (para presentar como cabeza de familia, crédito tributario por ingreso del trabajo, crédito tributario por hijos y crédito por oportunidad estadounidense)

Los requisitos de diligencia debida para el Formulario 8867 incluyen verificar el crédito tributario por hijos, el crédito tributario por oportunidad estadounidense, el otro crédito por dependiente, el crédito tributario por ingreso del trabajo y la elegibilidad del cliente para presentar como cabeza de familia. Los requisitos de diligencia debida y mantenimiento de registros del preparador pagado bajo la sección 6695 (g) del IRC permiten que la multa se ajuste anualmente. Si el profesional de impuestos no completa su diligencia debida, se puede aplicar una multa de $560 por cada falla al preparador de impuestos.

3.6 E-file requirements (e.g., no pay stub filing, when to get signature form, timing for handling rejects)

Electronic filing (also referred to as e-file and e-filing) is the process of submitting tax returns over the internet via properly-certified tax software. The e-file system has made tax preparation significantly easier, and the IRS notifies software users within 24-48 hours if they accepted or rejected the tax return. E-filing is not available year-round but rather begins sometime in January and ends sometime in October; the IRS determines when exactly e-filing begins and ends each year, and states must follow these dates. An electronic return originator (ERO) is the individual who originates the electronic submission of the tax return. To file a return electronically, the individual needs to be an Authorized IRS e-File Provider.

Electronic filing is mandatory for tax preparers who file 11 or more Form 1040 returns during any calendar year. If the firm has more than one preparer, all individual returns prepared by the firm contribute to that number. For example, Javier is the owner of a tax preparation company and does not prepare returns. His employee, Rosemarie, prepares 5 tax returns that contain a Schedule C. Oscar prepares 10 returns, and Mario prepares 100 individual tax returns. Javier's company needs to file the returns electronically because the firm as a whole prepared more than 11 returns.

All authorized IRS e-file providers must ensure that returns are promptly processed on or before due date of the return (including extensions). An ERO must ensure that a stockpiling of returns does not occur at their firm. "Stockpiling" is both collecting returns from taxpayers prior to official acceptance in the IRS e-file program and waiting more than three calendar days to submit a return to the IRS once the ERO has all the necessary information for an e-file submission. Tax professionals who are EROs must advise their clients that they cannot transmit returns to the IRS until the IRS begins accepting transmissions. Tax returns held prior to that date are not considered "stockpiled".

No Pay Stub Filing

A Provider must not advertise that individual income tax returns may be electronically filed prior to the Provider's receipt of Forms W-2, W-2G, and 1099-R, as the Provider is generally prohibited from electronically filing returns prior to receipt of Forms W-2, W-2G, and 1099-R. Advertisements must not imply the Provider does not need Forms W-2, W-2G, and 1099-R or they can use pay stubs or other documentation of earnings to e-file individual income tax returns.

"When to Get Signature" Form

As with an income tax return submitted to the IRS in paper form, an electronic income tax return must be signed by the taxpayer (and the paid preparer, if applicable). The taxpayer must sign income tax returns electronically. The taxpayer must sign and date the "Declaration of Taxpayer" to authorize the origination of the electronic submission of the return to the IRS prior to the transmission of the tax return.

3.6 Requisitos de presentación electrónica (por ejemplo, no presentar talones de pago, cuándo obtener el formulario de firma, tiempo para manejar los rechazos)

La presentación electrónica (también conocida como presentación electrónica y presentación electrónica) es el proceso de presentar declaraciones de impuestos a través de Internet a través de un software de impuestos debidamente certificado. El sistema de presentación electrónica ha hecho que la preparación de impuestos sea significativamente más fácil, y el IRS notifica a los usuarios de software dentro de las 24-48 horas si aceptaron o rechazaron la declaración de impuestos. La presentación electrónica no está disponible durante todo el año, sino que comienza en algún momento de enero y termina en algún momento de octubre; el IRS determina cuándo comienza y termina exactamente la presentación electrónica cada año, y los estados deben seguir estas fechas. Un originador de declaración electrónica (ERO) es la persona que origina la presentación electrónica de la declaración de impuestos. Para presentar una declaración electrónicamente, la persona debe ser un proveedor autorizado de e-file del IRS.

La presentación electrónica es obligatoria para los preparadores de impuestos que presentan 11 o más declaraciones del Formulario 1040 durante cualquier año calendario. Si la empresa tiene más de un preparador, todas las declaraciones individuales preparadas por la empresa contribuyen a ese número. Por ejemplo, Javier es el propietario de una empresa de preparación de impuestos y no prepara declaraciones. Su empleada, Rosemarie, prepara 5 declaraciones de impuestos que contienen un Anexo C. Oscar prepara 10 declaraciones y Mario prepara 100 declaraciones de impuestos individuales. La empresa de Javier necesita presentar las declaraciones electrónicamente porque la empresa en su conjunto preparó más de 11 declaraciones.

Todos los proveedores autorizados de e-file del IRS deben asegurarse de que las declaraciones se procesen con prontitud en o antes de la fecha de vencimiento de la declaración (incluidas las extensiones). Una ERO debe asegurarse de que no se produzca una acumulación de rendimientos en su empresa. "Almacenamiento" es tanto cobrar declaraciones de los contribuyentes antes de la aceptación oficial en el programa e-file del IRS como esperar más de tres días calendario para presentar una declaración al IRS una vez que la ERO tenga toda la información necesaria para una presentación electrónica. Los profesionales de impuestos que son ERO deben informar a sus clientes que no pueden transmitir declaraciones al IRS hasta que el IRS comience a aceptar transmisiones. Las declaraciones de impuestos mantenidas antes de esa fecha no se consideran "almacenadas".

Sin presentación de talón de pago

Un Proveedor no debe anunciar que las declaraciones de impuestos individuales pueden presentarse electrónicamente antes de que el Proveedor reciba los Formularios W-2, W-2G y 1099-R, ya que el Proveedor generalmente tiene prohibido presentar declaraciones electrónicamente antes de recibir los Formularios W-2, W-2G y 1099-R. Los anuncios no deben implicar que el Proveedor no necesita los Formularios W-2, W-2G y 1099-R o pueden usar talones de pago u otra documentación de ganancias para presentar electrónicamente declaraciones de impuestos individuales.

Formulario "Cuándo obtener la firma"

Al igual que con una declaración de impuestos presentada al IRS en papel, una declaración electrónica de impuestos debe ser firmada por el contribuyente (y el preparador pagado, si corresponde). El contribuyente debe firmar las declaraciones de impuestos sobre la renta electrónicamente. El contribuyente debe firmar y fechar la "Declaración del contribuyente" para autorizar el origen de la presentación electrónica de la declaración al IRS antes de la transmisión de la declaración de impuestos.

The taxpayer must sign a new declaration if the electronic return data on an individual's income tax return was changed after the taxpayer signed the Declaration of Taxpayer and the amounts differ by more than $50 to "total income" of AGI or $14 to "total tax," "federal income tax withheld," "refund," or "amount you owe."

Electronic Signature Methods

There are two methods of signing individual income tax returns with an electronic signature. One is the self-select PIN by the taxpayer, and the other is the practitioner PIN. The self-selected PIN is when the taxpayer authorizes the ERO to enter or generate the taxpayer's PIN.

Electronic Signatures for EROs

If the taxpayer signs their return using either of the electronic signature methods, the ERO must also sign with a PIN. EROs should use the same PIN for the entire tax year. The PIN may be input manually or software-generated in the electronic record in the location designed for the ERO EFIN or PIN. The ERO is attesting to the ERO declaration by entering a PIN in the EFIN and PIN field. For returns prepared by the ERO's firm, the return preparer is declaring under penalty of perjury the return was reviewed and is true, correct, and complete. For returns prepared by someone other than the ERO's firm, the ERO attests the return preparer signed the copy of the return and the electronic return contains tax information identical to that contained in the paper return. The paid preparer's identifying information (name, address, and SSN or PTIN) must also be entered in the e-file return.

Timing for Handling Rejects

If the IRS rejects the electronic portion of a taxpayer's individual income tax return for processing and if the reason for the rejection cannot be rectified, the ERO must take reasonable steps to inform the taxpayer of the rejection within 24 hours. When the ERO advises the taxpayer their return was rejected, the ERO must provide the taxpayer with the reject code(s) along with an explanation. If the taxpayer chooses not to have the electronic portion of the return corrected and transmitted to the IRS or if it cannot be accepted for processing by the IRS, the taxpayer must file a paper return.

The paper return must be filed by the due date of the return or 10 calendar days after the date the IRS gives notification the electronic portion of the return has been rejected or cannot be accepted for processing, whichever is later. The paper return should include an explanation of why the return is being filed after the due date.

Acknowledgment of Transmitted Returns

The IRS electronically acknowledges the receipt of all transmissions and will either accept or reject the transmitted returns for specific reasons. Accepted returns meet the processing criteria and are considered "filed" as soon as the return is signed electronically or by hand. Rejected returns fail to meet processing criteria and are considered "not filed." Publication 1345, Handbook for Authorized IRS e-File Providers of Individuals Tax Returns, is issued annually and contains information to help identify the cause of the rejection.

El contribuyente debe firmar una nueva declaración si los datos de la declaración electrónica en la declaración de impuestos de un individuo se cambiaron después de que el contribuyente firmó la Declaración del contribuyente y los montos difieren en más de $50 a "ingreso total" de AGI o $14 a "impuesto total", "impuesto federal sobre la renta retenido", "reembolso" o "monto que debe".

Métodos de firma electrónica

Hay dos métodos para firmar declaraciones de impuestos individuales con una firma electrónica. Uno es el PIN autoseleccionado por el contribuyente, y el otro es el PIN del practicante. El PIN autoseleccionado es cuando el contribuyente autoriza al ERO a ingresar o generar el PIN del contribuyente.

Firmas electrónicas para ERO

Si el contribuyente firma su declaración utilizando cualquiera de los métodos de firma electrónica, la ERO también debe firmar con un PIN. Las ERO deben usar el mismo PIN para todo el año fiscal. El PIN puede ser ingresado manualmente o generado por software en el registro electrónico en la ubicación diseñada para el ERO EFIN o PIN. El ERO certifica la declaración ERO ingresando un PIN en el campo EFIN y PIN. Para las declaraciones preparadas por la firma de la ERO, el preparador de declaraciones declara bajo pena de perjurio que la declaración fue revisada y es verdadera, correcta y completa. Para las declaraciones preparadas por alguien que no sea la firma de la ERO, la ERO certifica que el preparador de declaraciones firmó la copia de la declaración y la declaración electrónica contiene información fiscal idéntica a la contenida en la declaración en papel. La información de identificación del preparador pagado (nombre, dirección y SSN o PTIN) también debe ingresarse en la declaración de e-file.

Tiempo para manejar rechazos

Si el IRS rechaza la parte electrónica de la declaración de impuestos individuales de un contribuyente para su procesamiento y si la razón del rechazo no se puede rectificar, la ERO debe tomar medidas razonables para informar al contribuyente del rechazo dentro de las 24 horas. Cuando la ERO informa al contribuyente que su declaración fue rechazada, la ERO debe proporcionar al contribuyente el (los) código (s) de rechazo junto con una explicación. Si el contribuyente elige que la parte electrónica de la declaración no sea corregida y transmitida al IRS o si no puede ser aceptada para su procesamiento por el IRS, el contribuyente debe presentar una declaración en papel.

La declaración en papel debe presentarse antes de la fecha de vencimiento de la declaración o 10 días calendario después de la fecha en que el IRS notifica que la parte electrónica de la declaración ha sido rechazada o no puede ser aceptada para su procesamiento, lo que ocurra más tarde. La declaración en papel debe incluir una explicación de por qué la declaración se presenta después de la fecha de vencimiento.

Acuse de recibo de las declaraciones transmitidas

El IRS acusa recibo electrónicamente de todas las transmisiones y aceptará o rechazará las declaraciones transmitidas por razones específicas. Las declaraciones aceptadas cumplen con los criterios de procesamiento y se consideran "presentadas" tan pronto como la declaración se firma electrónicamente o a mano. Las declaraciones rechazadas no cumplen con los criterios de procesamiento y se consideran "no presentadas". La Publicación 1345, Manual para proveedores autorizados de declaraciones de impuestos individuales de e-file del IRS, se publica anualmente y contiene información para ayudar a identificar la causa del rechazo.

The acknowledgment record of accepted returns contains other useful information for originators such as if the IRS accepted a PIN, if the taxpayer's refund will be applied to a debt, if an elected electronic funds withdrawal was paid, and if the IRS approved a request for extension on Form 4868. EROs should check the acknowledgment records stored by their tax software regularly to identify returns that require follow-up action and then take reasonable steps to address the issues specified in those records. For example, if the IRS does not accept a PIN on an individual income tax return, the ERO must provide a completed and signed Form 8453 for the return.

Rejected returns can be corrected and retransmitted without new signatures or authorizations if changes do not differ from the amount in the electronic portion of the electronic return by more than $50 to "total income" or AGI or more than $14 to "total tax," "federal income tax withheld," "refund," or "amount you owe." The taxpayer must be given copies of the new electronic return data if changes are made. If the required changes are greater than the amounts discussed above, new signatures will be required, and the taxpayer must be given copies of their new signatures.

Returns Not Eligible for IRS e-File

The following individual income tax returns and related return conditions must be paper filed and they cannot be processed using IRS e-file:

➤ Tax returns with fiscal-year tax periods.
➤ Amended tax returns.
➤ Returns containing forms or schedules that cannot be processed by IRS e-file.

Refund Offsets

When taxpayers owe a prior-year balance, the IRS will offset their current-year refund to pay the balance due on the following items:

➤ Back taxes.
➤ Child support.
➤ Federal agency non-tax debts such as student loans.
➤ State income tax obligations.

If taxpayers owe any of these debts, their refund will be offset until the debt has been paid off or the refund has been spent, whichever occurs first.

3.7 Annual Filing Season Program Requirements (Pub 5227)

This voluntary program recognizes the efforts of return preparers who are not attorneys, certified public accountants, or enrolled agents. The IRS issues an Annual Filing Season Program Record of Completion to return preparers who obtain a certain number of continuing education hours in preparation for a specific tax year.

The Annual Federal Tax Refresher (AFTR) course is a 6-Hour course that gets the tax preparer ready for the coming year tax season. The AFTR also has a 100-question, 3-hour test, which covers the three domains. Students must pass the test with a 70% or better.

El registro de acuse de recibo de las declaraciones aceptadas contiene otra información útil para los originadores, como si el IRS aceptó un PIN, si el reembolso del contribuyente se aplicará a una deuda, si se pagó un retiro electrónico de fondos elegido y si el IRS aprobó una solicitud de extensión en el Formulario 4868. Las ERO deben verificar regularmente los registros de reconocimiento almacenados por su software de impuestos para identificar las declaraciones que requieren una acción de seguimiento y luego tomar medidas razonables para abordar los problemas especificados en esos registros. Por ejemplo, si el IRS no acepta un PIN en una declaración de impuestos sobre la renta individual, el ERO debe proporcionar un Formulario 8453 completado y firmado para la declaración.

Las declaraciones rechazadas pueden corregirse y retransmitirse sin nuevas firmas o autorizaciones si los cambios no difieren del monto en la parte electrónica de la declaración electrónica en más de $50 a "ingreso total" o AGI o más de $14 a "impuesto total", "impuesto federal sobre la renta retenido", "reembolso" o "monto que debes". El contribuyente debe recibir copias de los nuevos datos de la declaración electrónica si se realizan cambios. Si los cambios requeridos son mayores que los montos discutidos anteriormente, se requerirán nuevas firmas, y el contribuyente debe recibir copias de sus nuevas firmas.

Declaraciones no elegibles para e-file del IRS

Las siguientes declaraciones de impuestos individuales y las condiciones de declaración relacionadas deben presentarse en papel y no se pueden procesar utilizando e-file del IRS:

- ➢ Declaraciones de impuestos con períodos impositivos del año fiscal.
- ➢ Declaraciones de impuestos modificadas.
- ➢ Declaraciones que contienen formularios o anexos que no pueden ser procesados por e-file del IRS.

Compensaciones de reembolso

Cuando los contribuyentes deben un saldo del año anterior, el IRS compensará su reembolso del año en curso para pagar el saldo adeudado en los siguientes elementos:

- ➢ Impuestos atrasados.
- ➢ Manutención de los hijos.
- ➢ Deudas no tributarias de agencias federales, como préstamos estudiantiles.
- ➢ Obligaciones del impuesto estatal sobre la renta.

Si los contribuyentes deben alguna de estas deudas, su reembolso se compensará hasta que la deuda haya sido pagada o el reembolso se haya gastado, lo que ocurra primero.

3.7 Requisitos del Programa de la Temporada Anual de Presentación (Pub 5227)

Este programa voluntario reconoce los esfuerzos de los preparadores de declaraciones que no son abogados, contadores públicos certificados o agentes inscritos. El IRS emite un Registro de Finalización del Programa de la Temporada Anual de Presentación de Impuestos para los preparadores de declaraciones que obtienen un cierto número de horas de educación continua en preparación para un año tributario específico.

El curso anual de actualización de impuestos federales (AFTR) es un curso de 6 horas que prepara al preparador de impuestos para la temporada de impuestos del próximo año. El AFTR también tiene una prueba de 100 preguntas y 3 horas, que cubre los tres dominios. Los estudiantes deben aprobar la prueba con un 70% o más.

The RPO (Return Preparer Office) determines which topics need to be "refreshed" for the upcoming tax season. The IRS does not administer the test; only approved vendors administer the timed test. The IRS sets the test parameters that must be followed by the approved vendors. The student must pass the test by December 31 midnight the student's local time. Vendor has 10 days to upload hours.

3.7.1 Circular 230 and Consent to Circular 230 rules

The Internal Revenue Service has also established ethical guidelines and practices. These guidelines, laws, and standards, in part, protect the *Taxpayer Bill of Rights* and are detailed in Circular 230, the consistent, definitive standard of tax professional responsibility that protects not only the taxpayer but the tax professional as well.

After completing the continuing education hours and applying for or renewing the PTIN, the tax preparer needs to consent to adhere to specific obligations outlined in Subpart B and §10.51 of Circular 230. To do this, they must use the "Manage my PTIN Account" section on the IRS website to select the AFSP record of completion option from the drop-down menu that allows them to agree to be bound by the Circular 230 Subpart B guidelines and check the appropriate box.

3.7.2 Limited Representation

Chapter 19 Unlimited Representation Rights

Enrolled agents, certified public accountants, and attorneys have unlimited representation rights before the IRS and may represent their clients on any matters including audits, payment and collection issues, and appeals.

Enrolled Agents – Individuals with this credential are licensed by the IRS and specifically trained in federal tax planning, preparation, and representation. Enrolled agents hold the most expansive license that the IRS grants and must pass a suitability check, as well as a three-part Special Enrollment Examination, a comprehensive exam that covers individual tax, business tax, and representation issues. EAs must also complete 72 hours of continuing education every 3 years.

Certified Public Accountants – Individuals with this credential are licensed by state boards of accountancy, the District of Columbia, and U.S. territories and have passed the Uniform CPA Examination. They also must meet education, experience, and good character requirements established by their boards of accountancy. In addition, CPAs must comply with ethical requirements as well as complete specified levels of continuing education to maintain an active CPA license. CPAs may offer a range of services, and some CPAs specialize in tax preparation and planning.

Attorneys – Individuals with this credential are licensed by state courts or their designees, such as the state bar. Generally, requirements include the completion of a degree in law, passage of a bar exam, and ongoing continuing education and professional character standards. Attorneys may offer a range of services, and some attorneys specialize in tax preparation and planning.

La RPO (Oficina de Preparación de Devoluciones) determina qué temas deben ser "actualizados" para la próxima temporada de impuestos. El IRS no administra la prueba; Solo los proveedores aprobados administran la prueba programada. El IRS establece los parámetros de prueba que deben seguir los proveedores aprobados. El estudiante debe aprobar el examen antes del 31 de diciembre a la medianoche hora local del estudiante. El proveedor tiene 10 días para cargar horas.

3.7.1 Circular 230 y aprobación de las reglas de la Circular 230

El Servicio de Impuestos Internos también ha establecido pautas y prácticas éticas. Estas directrices, leyes y normas, en parte, protegen la *Carta de Derechos del Contribuyente y* se detallan en la Circular 230, el estándar consistente y definitivo de responsabilidad profesional tributaria que protege no solo al contribuyente sino también al profesional de impuestos.

Después de completar las horas de educación continua y solicitar o renovar el PTIN, el preparador de impuestos debe dar su consentimiento para cumplir con las obligaciones específicas descritas en la Subparte B y §10.51 de la Circular 230. Para hacer esto, deben usar la sección "Administrar mi cuenta PTIN" en el sitio web del IRS para seleccionar la opción de registro de finalización AFSP en el menú desplegable que les permite aceptar estar sujetos a las pautas de la Circular 230 Subparte B y marcar la casilla correspondiente.

3.7.2 Representación limitada

Derechos de representación ilimitados

Los agentes inscritos, contadores públicos certificados y abogados tienen derechos de representación ilimitados ante el IRS y pueden representar a sus clientes en cualquier asunto, incluidas auditorías, problemas de pago y cobro y apelaciones.

Agentes inscritos: las personas con esta credencial tienen licencia del IRS y están específicamente capacitadas en planificación, preparación y representación de impuestos federales. Los agentes inscritos tienen la licencia más amplia que otorga el IRS y deben aprobar una verificación de idoneidad, así como un examen especial de inscripción de tres partes, un examen integral que cubre impuestos individuales, impuestos comerciales y asuntos de representación. Los EA también deben completar 72 horas de educación continua cada 3 años.

Contadores públicos certificados: las personas con esta credencial tienen licencia de las juntas estatales de contabilidad, el Distrito de Columbia y los territorios de los Estados Unidos y han aprobado el Examen Uniforme de CPA. También deben cumplir con los requisitos de educación, experiencia y buen carácter establecidos por sus juntas de contabilidad. Además, los CPA deben cumplir con los requisitos éticos, así como completar niveles específicos de educación continua para mantener una licencia activa de CPA. Los CPA pueden ofrecer una gama de servicios, y algunos CPA se especializan en la preparación y planificación de impuestos.

Abogados: las personas con esta credencial tienen licencia de los tribunales estatales o sus designados, como el colegio de abogados del estado. En general, los requisitos incluyen la finalización de un título en derecho, la aprobación de un examen de barra y la educación continua y los estándares de carácter profesional. Los abogados pueden ofrecer una variedad de servicios, y algunos abogados se especializan en la preparación y planificación de impuestos.

Chapter 20 Limited Representation Rights

Preparers without any of the above credentials (also known as "unenrolled preparers") have limited practice rights. They may only represent clients whose returns they prepared and signed and can only represent them before revenue agents, customer service representatives, and similar IRS employees, including the Taxpayer Advocate Service. If the tax preparer is not an enrolled agent, certified public accountant, or an attorney, they cannot represent their clients in an appeal or collection issues, even if they prepared the return.

For more information about representation rights, see https://www.irs.gov/tax-professionals/understanding-tax-return-preparer-credentials-and-qualifications.

Paid tax preparers who have an Annual Filing Season Program (AFSP) Record of Completion and have maintained a PTIN are able to represent the tax returns that they have prepared with limitations. PTIN holders without an AFSP-Record of Completion or without professional credentials will not be able to represent clients before the IRS in any matter or in any capacity.

To participate in the AFSP, preparers need to adhere to the requirements outlined in Circular 230 Subpart B and section 10.51. The completion of the AFSP is required annually by December 31. PTIN holders without the AFSP Record of Completion or some other professional credential will only be permitted to prepare tax returns. The individual will not be allowed to represent clients before the IRS.

For more information on the Annual Filing Season Program, please visit https://www.irs.gov/pub/irs-pdf/p5227.pdf.

Domain 3 Review Questions

To obtain the maximum benefit from this chapter, LTP recommends that you complete each of the following questions, and then compare them to the answers with feedback that immediately follows. Under governing self-study standards, vendors are required to present review questions intermittently throughout each self-study course.

These questions and explanations are not part of the final examination and will not be graded by LTP.

1. Gramm-Leach-Bliley Act classifies tax return preparers as:

    a. Financial institutions
    b. Too big to fail
    c. Subject to CFPB rules
    d. Get an audit of your security program

2. The Safeguards Rule requires tax return preparers to develop a(n) _____ information security plan.

    a. written
    b. NIST 800-53-based
    c. modern
    d. audited

Derechos de representación limitados

Los preparadores sin ninguna de las credenciales anteriores (también conocidos como "preparadores no inscritos") tienen derechos de práctica limitados. Solo pueden representar a clientes cuyas declaraciones prepararon y firmaron y solo pueden representarlos ante agentes de ingresos, representantes de servicio al cliente y empleados similares del IRS, incluido el Servicio del Defensor del Contribuyente. Si el preparador de impuestos no es un agente inscrito, contador público certificado o abogado, no puede representar a sus clientes en una apelación o asuntos de cobranza, incluso si prepararon la declaración.

Para obtener más información sobre los derechos de representación, consulte https://www.irs.gov/tax-professionals/understanding-tax-return-preparer-credentials-and-qualifications.

Los preparadores de impuestos pagados que tienen un Registro de Finalización del Programa de Temporada Anual de Presentación (AFSP) y han mantenido un PTIN pueden representar las declaraciones de impuestos que han preparado con limitaciones. Los titulares de PTIN sin un Registro AFSP de Finalización o sin credenciales profesionales no podrán representar a los clientes ante el IRS en ningún asunto ni en ninguna capacidad.

Para participar en el AFSP, los preparadores deben cumplir con los requisitos descritos en la Circular 230 Subparte B y la sección 10.51. La finalización del AFSP se requiere anualmente antes del 31 de diciembre.
Los titulares de PTIN sin el Registro de Finalización AFSP o alguna otra credencial profesional solo podrán preparar declaraciones de impuestos. El individuo no podrá representar a los clientes ante el IRS.

Para obtener más información sobre el Programa Anual de Temporada de Presentación de Impuestos, visite https://www.irs.gov/pub/irs-pdf/p5227.pdf.

Dominio 3 Preguntas de repaso

Para obtener el máximo beneficio de este capítulo, LTP recomienda que complete cada una de las siguientes preguntas y luego las compare con las respuestas con los comentarios que siguen inmediatamente. Bajo los estándares de autoestudio vigentes, los proveedores deben presentar preguntas de revisión intermitentemente a lo largo de cada curso de autoestudio.

Estas preguntas y explicaciones no son parte del examen final y no serán calificadas por LTP.

1. La Ley Gramm-Leach-Bliley clasifica a los preparadores de declaraciones de impuestos como:

    a. Instituciones financieras
    b. Demasiado grande para fallar
    c. Sujeto a las reglas de CFPB
    d. Obtenga una auditoría de su programa de seguridad

2. La Regla de Salvaguardias requiere que los preparadores de declaraciones de impuestos desarrollen un plan de seguridad de la información ____.

    a. escrito
    b. Basado en NIST 800-53
    c. moderno
    d. Auditado

3. Unenrolled PTIN holders who do not possess the AFSP Record of Completion can only do which of the following?

    a. Prepare tax returns
    b. Represent the tax returns they prepared in tax court
    c. Negotiate a check for their clients
    d. Talk to the IRS about how the return was prepared

4. Which individual is not enrolled to practice before the IRS?

    a. An Enrolled agent
    b. An Enrolled retirement plan agent
    c. An Enrolled taxpayer
    d. An Enrolled actuary

5. Jose's return was filed electronically by Ruben's Tax Service. Jose's return was rejected by the IRS due to name mismatch. How long does Ruben's Tax Service have to inform Jose about his rejected return?

    a. 5 minutes
    b. 24 hours
    c. 36 hours
    d. 48 hours

Domain 3 Review Questions Answers

1. Gramm-Leach-Bliley Act classifies tax return preparers as:

    a. Financial institutions
    b. Too big to fail
    c. Subject to CFPB rules
    d. Get an audit of your security program

2. The Safeguards Rule requires tax return preparers to develop a(n) _____ information security plan.

    a. written
    b. NIST 800-53-based
    c. modern
    d. audited

3. Unenrolled PTIN holders who do not possess the AFSP Record of Completion can only do which of the following?

    a. Prepare tax returns
    b. Represent the tax returns they prepared in tax court
    c. Negotiate a check for their clients
    d. Talk to the IRS about how the return was prepared

3. Los titulares de PTIN no inscritos que no poseen el Registro de finalización de AFSP solo pueden hacer lo siguiente?

    a. Preparar declaraciones de impuestos
    b. Representar las declaraciones de impuestos que prepararon en el tribunal fiscal
    c. Negociar un cheque para sus clientes
    d. Hable con el IRS sobre cómo se preparó la declaración

4. ¿Qué persona no está inscrita para ejercer ante el IRS?

    a. Un agente inscrito
    b. Un agente de planes de jubilación inscrito
    c. Un contribuyente inscrito
    d. Un actuario inscrito

5. La declaración de José fue presentada electrónicamente por el Servicio de Impuestos de Rubén. La declaración de José fue rechazada por el IRS debido a la falta de coincidencia de nombres. ¿Cuánto tiempo tiene el Servicio de Impuestos de Rubén para informar a José sobre su declaración rechazada?

    a. 5 minutos
    b. 24 horas
    c. 36 horas
    d. 48 horas

Dominio 3 Respuestas a las preguntas de repaso

1. La Ley Gramm-Leach-Bliley clasifica a los preparadores de declaraciones de impuestos como:

    a. Instituciones financieras
    b. Demasiado grande para fallar
    c. Sujeto a las reglas de CFPB
    d. Obtenga una auditoría de su programa de seguridad

2. La Regla de Salvaguardias requiere que los preparadores de declaraciones de impuestos desarrollen un plan de seguridad de la información ___.

    a. escrito
    b. Basado en NIST 800-53
    c. moderno
    d. Auditado

3. **Los** titulares de PTIN no inscritos que no poseen el Registro de finalización de AFSP solo pueden hacer cuál de las siguientes acciones.

    a. Preparar declaraciones de impuestos
    b. Representar las declaraciones de impuestos que prepararon en el tribunal fiscal
    c. Negociar un cheque para sus clientes
    d. Hable con el IRS sobre cómo se paró la declaración

4. Which individual is not enrolled to practice before the IRS?

    a. An Enrolled agent
    b. An Enrolled retirement plan agent
    c. An Enrolled taxpayer
    d. An Enrolled actuary

5. Jose's return was filed electronically by Ruben's Tax Service. Jose's return was rejected by the IRS due to name mismatch. How long does Ruben's Tax Service have to inform Jose about his rejected return?

    a. 5 minutes
    b. 24 hours
    c. 36 hours
    d. 48 hours

4. ¿Qué persona no está inscrita para ejercer ante el IRS?

    a. Un agente inscrito
    b. Un agente de planes de jubilación inscrito
    c. Un contribuyente inscrito
    d. Un actuario inscrito

5. La declaración de José fue presentada electrónicamente por el Servicio de Impuestos de Rubén. La declaración de José fue rechazada por el IRS debido a la falta de coincidencia de nombres. ¿Cuánto tiempo tiene el Servicio de Impuestos de Rubén para informar a José sobre su declaración rechazada?

    a. 5 minutos
    b. 24 horas
    c. 36 horas
    d. 48 horas

AFTR Test Instructions

The AFTR comprehension test is a 3-hour continuous timed test, consisting of 100 questions covering all 3 domains.

Some important things you need to know:

1. This test works best with high-speed internet and a compatible browser, such as Google Chrome or Mozilla Firefox.
2. This AFTR course/test must be completed by midnight (local time of the student), December 31 of the current calendar year.
3. Verify your PTIN is entered correctly in your profile on Prendo365.com
4. Verify that your name in your profile on Prendo365.com is the same name on your PTIN account.
5. The system could automatically log you out if you remain idle or log out yourself. If the system logs you out automatically, you must begin a new test; you will not be able to resume where you left off.
6. If you step away from the test, for instance, to answer a call or use the restroom, the timer continues; if the timer runs out while you are gone, you will have to restart the test.
7. Evaluative feedback is only allowed when a participant fails a test attempt. No specific evaluative feedback that includes the test question or answer is allowed.
8. If you have not passed the test in two tries, the IRS requires that you be given another test. Please call LTPA at 866-936-2587 so we can upload a new timed test to your account.
9. Once you have passed the timed test with a 70% or better, your hours will be uploaded to the IRS within 10 business days.
10. After you have completed the course and printed your certificate, complete the course survey.
11. To be included in the national database, you must have a current PTIN number and adhere to the practice requirements for tax practitioners outlined in Subpart B and section 10.51 of Circular 230.

If you need more courses, go to the course catalog and view the other courses that are available to help you increase your knowledge of tax preparation. Visit www.latinotaxpro.org and click the courses tab at the top of the page.

Thank you for choosing Prendo365!

Instrucciones de la prueba AFTR

La prueba de comprensión AFTR es una prueba cronometrada continua de 3 horas, que consta de 100 preguntas que cubren los 3 dominios.

Algunas cosas importantes que necesita saber:

1. Esta prueba funciona mejor con Internet de alta velocidad y un navegador compatible, como Google Chrome o Mozilla Firefox.
2. Este curso / prueba AFTR debe completarse antes de la medianoche (hora local del estudiante), 31 de diciembre del año calendario actual.
3. Verifique que su PTIN esté ingresado correctamente en su perfil en Prendo365.com
4. Verifique que su nombre en su perfil en Prendo365.com sea el mismo nombre en su cuenta PTIN.
5. El sistema podría cerrar sesión automáticamente si permanece inactivo o cierra sesión usted mismo. Si el sistema cierra la sesión automáticamente, debe comenzar una nueva prueba; No podrá reanudar donde lo dejó.
6. Si se aleja de la prueba, por ejemplo, para responder una llamada o usar el baño, el temporizador continúa; Si el temporizador se agota mientras no estás, tendrás que reiniciar la prueba.
7. La retroalimentación evaluativa solo se permite cuando un participante falla un intento de prueba. No se permite ninguna retroalimentación evaluativa específica que incluya la pregunta o respuesta de la prueba.
8. Si no ha aprobado la prueba en dos intentos, el IRS requiere que se le haga otra prueba. Llame a LTPA al 866-936-2587 para que podamos cargar una nueva prueba cronometrada en su cuenta.
9. Una vez que haya pasado la prueba cronometrada con un 70% o más, sus horas se cargarán al IRS dentro de los 10 días hábiles.
10. Una vez que haya completado el curso e impreso su certificado, complete la encuesta del curso.
11. Para ser incluido en la base de datos nacional, debe tener un número PTIN actual y cumplir con los requisitos de práctica para los profesionales de impuestos descritos en la Subparte B y la sección 10.51 de la Circular 230.

Si necesita más cursos, vaya al catálogo de cursos y vea los otros cursos que están disponibles para ayudarle a aumentar su conocimiento de la preparación de impuestos. Visita www.latinotaxpro.org y haz clic en la pestaña de cursos en la parte superior de la página.

¡Gracias por elegir Prendo365!

The Latino Tax Professionals Association (LTPA) es una asociación profesional dedicada a la excelencia en el servicio a profesionales de impuestos que trabajan en todas las áreas de la práctica tributaria, incluyendo profesionales individuales, servicios de tenencia de libros y contabilidad, agentes inscritos, contadores públicos certificados y abogados de inmigración. Nuestro exclusivo e-book interactivo y sistema de formación en línea proporciona la única formación fiscal y contable tanto en inglés como en español. Nuestra misión es proporcionar conocimiento, profesionalismo y comunidad a aquellos que sirven al contribuyente latino, para ayudarle a hacer crecer su práctica y aumentar sus ganancias atrayendo a más clientes latinos, y para proporcionar la mejor capacitación de preparación de impuestos disponible.

Latino Tax Professionals Association, LLC
1588 Moffett Street, Suite F
Salinas, California 93905
866-936-2587
www.latinotaxpro.com

Si necesita ayuda: edsupport@latinotaxpro.org

Made in the USA
Monee, IL
08 July 2023